Humanitäre Sternschnuppen

zusammengestellt von

Josef Nussbaumer

3. verbesserter Nachdruck

Studia Verlag Innsbruck 2023

ZUR BLUME am Cover: Dabei handelt es sich um eine Passionsblume, die mit ihren Bestandteilen (Blütenblätter, Umrandung der Blütenmitte, Staubgefäße, etc.) an Symbole des ans Kreuz geschlagenen Jesus erinnern soll. Sie blüht nur einen Tag: Eigentlich ein trauriges Geschehen, dass dieses kleine Wunder von nur so kurzer Dauer ist. Aber meist nimmt eine neue Blüte am darauffolgenden Tag ihren Platz wieder ein, und der Zauber beginnt von neuem. Insofern ist sie auch ein Zeichen der Hoffnung und passt so gut zum Inhalt des Buches.

gedruckt mit freudlicher Unterstützung durch

Kulturabteilung des Landes Tirol   Fakultät für Volkswirtschaft

Die Erlöse aus dem Buchverkauf werden zu 100% gespendet. Verwendungs-nachweis der Spendengelder finden Sie auf www.teamglobo.net

Covergestaltung: Sternschnuppenaufnahme Perseiden-Spuren
Fotograf: Sebastian Voltmer mit GNU-Lizenz
in Kombination mit einer Privatafotografie der Passionsblume Gundi Nussbaumer
Copyright © 2023
STUDIA Verlag,
Herzog-Siegmund-Ufer 15, A-6020 Innsbruck

Druck und Buchbinderei: Kraler Druck, Vahrn, Südtirol, Italien

INHALTVERZEICHNIS

INHALTVERZEICHNIS

Zur Intention dieses Buches

Immer wieder gibt es Menschen, die beweisen, dass man auch als Einzelperson im humanitären Bereich fast unmöglich Scheinendes leisten kann. Sie helfen selbstlos anderen oder setzen sich oft mit viel Mut für die Rechte von anderen, meist ungerecht Behandelten, ein. Oft ist ihr An- und Einsatz von Gewaltlosigkeit, immer aber von Altruismus und Empathie geprägt.

Es handelt sich dabei um hoffnungsschenkende Vorbilder, die vielfach auch im Stillen wirken und in der Öffentlichkeit kaum (oder zu wenig) wahrgenommen werden. Aus der faktisch unüberschaubaren (!) Fülle an humanitären Aktivitäten wurden in der folgenden Zusammenstellung einige wenige Beispiele ausgewählt und kurz skizziert. Der Begriff »humanitär« versteht sich dabei sehr weit und enthält auch ökologische Aspekte, die ja für uns Menschen immer immer wichtiger werden. Die Beispiele sind dabei recht heterogen: Man findet Unternehmer:innen, Klosterschwestern, Priester, Heilige, Träger:innen von Nobelpreisen, einen Fußballer, Ärzt:innen, Friedens- und Menschenrechtsaktivist:innen, einen Lehrer, der mit seinen Eseln zu den Kindern Bücher bringt, etc., etc. Dass die Auswahl willkürlich erfolgte, darauf deutet auch der Titel »humanitäre Sternschnuppen« hin. Sternschnuppen sind bekanntlich optische Phänomene, die man (nur) in klaren Nächten ganz kurz und zufällig beobachten kann.

Aber in Zeiten wie diesen ist der Einsatz für das HUMANE wichtiger denn je. Dazu nur zwei Zahlen aus dem Jahr 2022: Noch nie waren global so viele Menschen auf der Flucht wie in diesem Jahr. Erstmals gibt es nach Angaben der UNO weltweit mehr als

100 Millionen Flüchtlinge und Vertriebene. Zudem waren mehr als 230 Millionen Menschen weltweit auf humanitäre Nothilfe angewiesen. Besonders schlimm ist dabei die Lage der Hungernden, denn in sehr vielen Ländern hat sich der Hunger zu einem »Flächenbrand« entwickelt. Darauf hat Martin Frick, Direktor des Welternährungsprogramms der Vereinten Nationen (WFP) in Deutschland, im Jänner 2023 hingewiesen.[1]

In einer Welt, in der viele Menschen das Gefühl haben, dass Krieg, Gewalt und Egoismus zu den dominierenden Erscheinungen des Alltags zählen, sollte das zufällige Auftreten von humanitären Sternschnuppen zumindest einen kleinen Anker darstellen, an dem man sich festhalten kann und darf. So gesehen sollen die hier angeführten Beispiele wichtige motivierende Hoffnungstropfen sein, die darauf hinweisen, dass auch andere Wege möglich sind und sogar immer wieder gegangen werden. Dahinter verbirgt sich auch der Traum des Autors, dass eine atomisierte Gesellschaft – in der die Menschen nur in sich selbst einen Sinn sehen – langfristig keine Zukunftsperspektive habe. Der Philosoph Emmanuel Lévinas (1906-1995) meinte einmal, dass das menschliche Ich die »eigentliche Würde« erst dann erlange, wenn es »Verantwortung für den anderen Menschen« übernimmt[2] Die hier angeführten Beispiele sollen dafür Vorbilder sein. Dass es noch sehr viele weitere diesbezügliche Sternschnuppen gäbe, die in diesem Buch nicht erwähnt werden, obwohl sie dies auch verdient hätten, liegt – wie schon oben erwähnt – an der Willkür der Auswahl und an der nur sehr beschränkt zur Verfügung stehenden Seitenzahl. Die Reihung bzw. Auflistung der Beispiele erfolgte dabei alphabetisch nach den Familiennamen, 19 Frauen, 17 Männer und noch 5 andere Einheiten werden skizziert. Die Darstellungen selbst sind nur kurz und chiffrenartig, eben wie Sternschnuppen. Ausgewählt wurden Beispiele aus allen fünf Kontinenten, denn humanitäre Sternschnuppen lassen sich – wie die realen Sternschnuppen – global finden, quer über alle Kulturen hinweg. Vielleicht können durch die hier zusammengestellten Sternschnuppen und realisierten Möglichkeiten auch die vielen traurigen Tatsachen und Ereignisse auf unserem

Globus ein wenig leichter ertragen werden, ja vielleicht regen sie sogar auch an, selber immer wieder kleinste Schritte im Sinne von humanitären Sternschnuppen zu setzen.

Josef Nussbauer im März 2023

INTENTION

ABOULEISH Ibrahim (1937–2017)

SEKEM: Eine Sternschnuppe in der Wüste

1977 gründete Dr. Ibrahim Abouleish die SEKEM-Initiative auf einem unberührten Teil der ägyptischen Wüste (70 Hektar), 60 km nordöstlich von Kairo. Der Name Sekem wurde in Anlehnung an das Sechem-Zepter gewählt, einem altägyptischen Kommandostab.

Ibrahim Abouleish wurde 1937 in Ägypten geboren und wanderte 1956 dann zwischenzeitlich nach Österreich aus. In Graz studierte er Chemie und Medizin.[3] In Österreich hat Ibrahim Abouleish nicht nur seine Frau Gudrun kennen gelernt, hier wurden auch seine beiden Kinder Mona und Helmy geboren. Helmy übernahm nach seinem Tod 2017 auch die Leitung von Sekem.

Ibrahim Abouleish hatte in Österreich auch den auf Rudolf Steiner zurückgehenden biodynamischen Landbau entdeckt und war mit einer landwirtschaftlich-ökonomischen und sozialkulturellen Vision Ende der 70er Jahre in seine Heimat zurückgekehrt. Als 40-jähriger (1977) ging er mit seiner Familie wieder nach Ägypten, um dort gegen dringende Probleme des Landes: Armut, Überbevölkerung und Umweltverschmutzung etwas zu unternehmen. Er gründete die Sekem-Initiative auf einem Stück Wüste, das er käuflich erwarb.

In der Folge hatte er mit einem wachsenden Team in vielen Jahren eine einzigartige Oase geschaffen. Es entstand ein Modell-Projekt aus Wirtschafts- und Ausbildungsbetrieben, landwirtschaftlicher

Produktion, medizinischen Einrichtungen, Schulen, Therapieange-
boten und Forschungsstätten. Weit über 2.000 Menschen arbeiten
und lernen hier mittlerweile; noch viele mehr sind in ganz Ägypten
mit Sekem vernetzt. Selbst eine Universität wurde gegründet. Diese
befindet sich in Heliopolis und beherbergt zahlreiche Fakultäten.[4]

Die Sekem-Initiative gründete nach und nach mehrere Unternehmen, um die landwirtschaftlichen Produkte weiterzuverarbeiten.
So entstanden Atos Pharma (Phytopharmazeutika), Lotus (Verar-
beitung von Kräutern und Gewürzen), NatureTex (Herstellung von
Kleidung aus organischer Baumwolle), El Mizan (Veredelung von
Pflanzen und Aufzucht von jungen Obst- und Gemüsepflanzen),
Libra (Export von Obst und Gemüse) und ISIS Organic (Produktion
von Bio-Lebensmitteln). Im Jahr 2000 wurden diese Unternehmen
unter dem Dach der Sekem Holding zusammengefasst.[5]

In Wahat, 400 km südwestlich von Kairo, machte Sekem nach
der Entdeckung einer Wasserquelle weitere hunderte Hektar Wüs-
tenland mit ökologischer Landwirtschaft urbar und leistet so einen
wichtigen Beitrag zur Ernährungssicherung. Auf der Wahat-Farm
werden v. a. auch Datteln für die Dattel-Trüffel angebaut. Der
Anbau erfolgt biodynamisch nach Demeter-Standards. Dazu ein
Augenzeuge: »Als ich 2010 auf die Wahat-Farm kam, war es Wüs-
tenland, begrenzt von wenigen kleinen Kasuarinen-Bäumen. Jetzt
gibt es viele grüne Flächen. Der Bio-Landbau in der Wüste ist eine
Herausforderung, die aber auch viel Glück und Hoffnung mit sich
bringt.«[6] So der Bauer El-Shahat Sahri. Die neue landwirtschaftliche Fläche in der Oase Wahat bindet durch den biologisch-dy-
namischen Bodenaufbau und die Pflanzung von 10.000 Bäumen
jährlich über 975 Tonnen CO_2. Sekem ist somit inzwischen kli-
mapositiv, kompensiert also mehr CO_2, als es verursacht.[7]

Um die Idee der biodynamischen Landwirtschaft in Ägypten wei-
terzuverbreiten, wurden verschiedene Verbände gegründet. So die
Egyptian Biodynamic Association (EBDA), um Bauern bei der Um-
stellung von konventioneller auf biodynamische Landwirtschaft zu
beraten und zu unterstützen. Das Centre of Organic Agriculture in

ABOULEISH IBRAHIM

ABOULEISH IBRAHIM

Egypt (COAE) wurde von Sekem aufgebaut, um landwirtschaftliche Betriebe zu zertifizieren und Bildungskurse anzubieten.[8]

Neben den wirtschaftlichen Aktivitäten engagiert sich Sekem auch im sozialen Bereich. Man gründete eine Schule, ein Berufsbildungszentrum, ein medizinisches Zentrum, eine gemeinnützige Stiftung und eine Universität. Sekem unterstützt seine weiblichen Mitarbeiter in dem Bestreben, Beruf und Familie miteinander zu verbinden, indem es Kindergartenplätze und Kindertagesstätten zur Verfügung stellt.[9]

Die Sekem-Initiative pflegt Partnerschaften mit Institutionen und Unternehmen weltweit. Sie ist z.B. Mitglied und Mitbegründer in der Internationalen Vereinigung für Partnerschaft für Ökologie und Handel (IAP). Dieses Netzwerk wurde 1996 von Sekem und seinen europäischen Partnern ins Leben gerufen, um über Strategien und Marktentwicklungen zu beraten, mit dem Ziel, dem Verbraucher bessere Bio-Produkte anbieten zu können. Auch in diversen anderen internationalen Verbänden und Organisationen ist Sekem Mitglied oder engagiert sich mit ihnen.

Einen großen Erfolg feierte Sekem auch im Kampf gegen Pestizide. In Ägypten war es gängige Praxis, diese per Flugzeug über allen Feldern zu versprühen. 1991 konnte Ibrahim Abouleish mit seinem Team den Erfolg natürlicher Schädlingsbekämpfung nachweisen und setzte sich für ein Verbot chemischer Schädlingsbekämpfung beim Baumwollanbau ein, das die ägyptische Regierung dann auch umsetzte. Seitdem wurde der Gebrauch von Pestiziden um 90 % verringert, was etwa 35.000 t entspricht.[10]

Das Sekem Businessmodell wurde in den letzten Jahren international mehrfach prämiert und gewürdigt. 2003 erhielt Ibrahim Abouleish für sein Engagement den »Alternativen Nobelpreis«. Im selben Jahr erhielten der Sekem-Gründer und sein Sohn Helmy Abouleish den Preis als »Social Entrepreneur des Jahres« von der Schwab Foundation. 2015 wurde Sekem zudem von der UNO (UNCCD) mit dem »Land for Life Award« ausgezeichnet. Zudem sei auch noch erwähnt, dass Ramon Pachernegg und Jasmine Wagner 2019 einen rund halbstündigen österreichischen Dokumentarfilm »SEKEM – Das Wunder in der Wüste« produzierten.

Lassen wir abschließend den Gründer von Sekem noch einmal zu Wort kommen. Seine Vision von Sekem beschreibt er einmal als »nachhaltige Entwicklung zu einer Zukunft, in der jeder Mensch sein individuelles Potenzial entfalten kann, in der die Menschheit in sozialen Formen lebt, welche die Würde des Menschen widerspiegeln und in der alle wirtschaftlichen Tätigkeiten nach ökologischen und ethischen Prinzipien durchgeführt werden«.[11]

Nach dem Tod von Ibrahim Abouleish im Jahr 2017 übernahm sein Sohn Helmy die Leitung von Sekem und es scheint außer Zweifel zu stehen, dass er die Visionen seines Vaters weiterverfolgen und in die Tat umsetzen will.

Dazu Helmy persönlich: »Wir müssen nun verstärkt in der Gemeinschaft daran arbeiten, seine Vision in die Zukunft zu tragen. Dazu nutzen wir den »Zukunftsrat«, der sich mit der Frage einer neuen Führungs- und Organisationsstruktur beschäftigt. Der Rat besteht aus der Mitgründer-Generation und einigen jungen Menschen, die in SEKEM leben und arbeiten. Gemeinsam analysieren wir zunächst das große SEKEM-Gefüge, das aus dem Zusammenspiel von vielen einzelnen Institutionen lebt. Damit dieses Gefüge in Zukunft weiter in Verbindung und Austausch bleibt, müssen wir Klarheit und Transparenz schaffen, um dann Führungsaufgaben neu zu verteilen. Der Zukunftsrat organisiert sich dazu in unterschiedlichen Rollen und Kreisen, wodurch dynamischere und vereinfachte Kooperationsformen gestärkt werden und die Alleinentscheider-Funktion entlastet wird. Diesen neuen Entwicklungsprozess haben wir »SEKEMsophia« getauft und bereits wenige Tage nach dem Tod meines Vaters aufgenommen.«[12]

So unternimmt Sekam bereits konkrete Schritte für den Klimaschutz und die CO2-Reduktion. Das Unternehmen will spätestens im Jahr 2027 ausschließlich erneuerbare Energien in allen

Bereichen einsetzen; schon heute liefern Photovoltaik-Anlagen den Strom für ressourcenschonende Bewässerungssysteme.[13] Und in den »Sekem Inspirationen« beschreibt Helmy Visionsziele, mit denen sich Ägypten bis 2057 in ein nachhaltiges Vorzeigeland entwickeln soll.[14]

Beenden wir diese kurze Skizze zu Sekem mit einem bezeichnenden Statement vom jetzigen Leiter Helmy Abouleish über seinen Vater Ibrahim Abouleish. Er schreibt: »Für mich war er nicht nur Vater, sondern gleichzeitig ein Bruder im Geiste und mein wichtigster Lehrer. Er hat mich gelehrt, dass die Möglichkeit der Entwicklung das Schönste ist, was uns das Leben auf Erden bietet. Und, dass wir alles schaffen können, wenn wir mit einer Vision, mit Mut und Ausdauer daran arbeiten.«[15]

Sternschnuppen sind zwar nur kurze Hinweise, aber bisweilen gelingt es ihnen, die Richtung anzugeben, in die es eigentlich gehen sollte.

ABOULEISH IBRAHIM

ADDAMS Jane (1860-1935)[16]

Eine frühe Kämpferin für Frauen, Frieden und Sozialreformen

Jane Addams' Vater war Mühlenbesitzer, ihre Mutter schenkte acht Kindern das Leben. Allerdings starb sie schon, als Jane erst zwei Jahre alt war. In ihrer Kindheit wurde Jane in der »Society of Friends« (Quäker) erzogen. 1883 machte sie (zuerst mit Ihrer Stiefmutter) und dann nochmals mit einem Freund eine ausgedehrte Europareise. Nach diesen Reisen begann sie mit ihrer sozialen Arbeit in den USA, die sehr vielfältig und umfangreich war. So betreute sie afroamerikanische Waisenkinder in Baltimore und war in mehreren karitativen Organisationen tätig. Mit der Erbschaft ihres Vaters kaufte sie ein Haus für die »Settlementbewegung« (inspiriert von der Toynbee Hall im südlichen London).[17] Die »Siedlungshäuser« waren Zentren, die den Armen eines Viertels Bildungs- und Sozialleistungen anboten und soziale Reformen vorantrieben.

Soziologische Fragen (damals v.a. auch Fragen der Sozialarbeit) und Sozialreformen, Feminismus und Friedensfragen waren ihr ein großes Anliegen. Allerdings: Addams »nur« als Pazifistin, Sozialreformerin und Feministin zu bezeichnen, wird ihren vielen Aufgaben und Themen, denen sie sich gewidmet hat, nicht gerecht. Sie beschäftigte sich mit allen gesellschaftspolitischen Fragen ihrer Zeit.[18]

Privat lernte Jane Addams 1890 Mary Rozet Smith, die Tochter eines wohlhabenden Papierfabrikanten, kennen und führte mit ihr eine Partnerschaft, die bis zu Smiths Tod 1933 andauerte. Sie bezeichnete die Beziehung als »Ehe«, auch wenn diese weder gesetzliche noch kirchliche Anerkennung hatte.

Jane Addams lebte in Chicago zur Zeit der Industrialisierung mit all den damit entstehenden sozialen Problemen, denen sie sich stellte. Sie lebte bewusst in einem Chicagoer Armenviertel, denn sie wollte am Leben der Armen teilnehmen und deren Lebensbedingungen verbessern. Es ist Addams ein großes Anliegen aufzuzeigen, dass Armut keine Frage persönlicher Schwächen, sondern Ergebnis gesellschaftlicher Verhältnisse ist, die zu ändern sind.[19]

Für Ihre vielfältigen Aktivitäten und auch ihre Ideen zur Lösung von sozialen Fragen wurde ihr im Jahr 1910 als erster Frau ein Ehrendoktortitel (Honorary Degree) der Universität Yale verliehen.

Addams war an diversen Organisationen z.T. auch als Gründungsmitglied aktiv. 1929 wurde sie Ehrenpräsidentin der Women's International League for Peace and Freedom und zwei Jahre später erhielt sie als erste Amerikanerin und zweite Frau (nach Bertha von Suttner) den Friedensnobelpreis für ihr soziales Engagement. Den Preis selber konnte sie wegen einer 1929 erlittenen Herzattacke nicht mehr persönlich entgegen nehmen.[20]

Hunger und Krieg bezeichnete sie als größte Bedrohungen für die Menschheit und zählte daher deren Bekämpfung zur zentralen Aufgabe von sozialem Handeln.[21] Gerade auch in diesem Bereich blieb sie leider bis zum heutigen Zeitpunkt aktueller denn je. Schon deshalb sollte man sie und ihren großen Einsatz für die vielfältigen sozialen Belange nicht völlig vergessen.

ADDAMS JANE

AKIRA Endo (* 1933)

Ein verhinderter Nobelpreisträger als Menschenretter

Aus der (fast) unüberschaubaren Fülle medizinischer Forschung, die das Leben der Menschen erleichterten und verbesserten, die somit einen großen indirekten Beitrag zur Humanität leisteten, sei nur ein Beispiel erwähnt und zwar der Fall von Akira Endo. 1985 bekamen die amerikanischen Genetiker Michael Brown und Joseph Goldstein den verdienten Nobelpreis für Medizin.[22] Es ging dabei um die Bekämpfung des zu hohen Blutdrucks bzw. eine wichtige Ursache dafür, die Bekämpfung eines zu hohen Cholesterinspiegels, der eine große Gefahr für Herzinfarkte darstellt. 1961 war in einer US-Studie festgestellt worden, dass ein hoher Cholesterinspiegel eine der größten Gefährdungen für das Herz sei. Bis Ende der 1960er Jahre stieg in den USA die Rate der koronaren Herzerkrankungen an, seither sank sie wieder »kontinuierlich und liegt heute pro Kopf bei rund einem Drittel des Höchstwertes vor einem halben Jahrhundert.«[23] Dazu beigetragen haben gesündere Ernährung, mehr Sport, weniger Rauchen, aber vor allem auch cholesterinsenkende Medikamente, sogenannte Statine. Diese gehören heute zu den umsatzstärksten Medikamenten überhaupt. Für ihre Arbeiten zu Cholesterinstoffwechsel und Statine bekamen Brown und Goldstein den oben erwähnten Nobelpreis für Medizin. Ein dritter Wissenschaftler, der Japaner Akira Endo,[24] der sich den Nobelpreis auch verdient hätte, wurde dabei aber (leider) übergangen. Denn die Basis für den Durchbruch der Statine hatte eigentlich er Anfang der 1970er Jahre geschaffen. Akira Endo war ein Kind einer Bauernfamilie, geboren 1933, und hatte sich schon als Junge sehr für Wissenschaftsgeschichte und Pilze interessiert. Im Jahr 1966 kam er als 33-Jähriger für zwei Jahre als Gastwissenschaftler an das Albert Einstein College für Medizin in New York. Er arbeitete damals für die pharmazeutische Sparte des japanischen Mischkonzerns Sankyo. Das Einstein College war einer der Hotspots der Cholesterinforschung. Als Akira Endo in die USA kam, war er überrascht, wie viele Menschen dort »wie Sumo-Ringer« aussahen.[25]

Wieder zurück in Japan machte sich Akira Endo mit z.T. filigranen Testapparaturen auf die Suche nach einem geeigneten Cholesterinmedikament. Er versuchte es mit dem Pilz »penicillinum citrinum«. Allerdings war das Timing für seine Forschungen damals äußerst schlecht, da unter Pharmakologen und Biologen sich die Meinung mittlerweile durchgesetzt hatte, dass cholesterinsenkende Mittel sehr gefährlich seien und Entzug von Cholesterin die biologischen Abläufe in den Zellen komplett durcheinanderbringen würde. Mit anderen Worten: Die Disziplin der Cholesterinsenker war vom Hoffnungsträger zum hoffnungslosen Fall für Forschende geworden. Als Akira Endo Mitte der 1970er Jahre seine Forschungsergebnisse bei Konferenzen präsentierte, hatten die Zuhörer jeweils die Vortragsäle verlassen.

Akira Endo fürchtete, dass auch sein Arbeitgeber Sankyo sich von ihm abwenden würde, ja er bereitete sich bereits innerlich auf die Kündigung vor. Mit seiner Frau traf er die Vereinbarung, dass sie die Familie zur Not eine Weile allein ernähren müsste. Er fertigte auch ein Kündigungsschreiben an, das er fortan immer in der Tasche trug, sollte er aufgefordert werden, seine Forschungen abzubrechen. Er war von seiner Forschungsidee zu überzeugt und wollte nur erhobenen Hauptes davon ablassen.

Doch die Firma ließ Akira Endo weiterarbeiten und er konnte sein Schimmelpilzexperiment an Ratten durchführen, was aber ein weiterer experimenteller Tiefschlag wurde, und eigentlich hätte man nach »normalen« Gepflogenheiten alles beenden müssen.

AKIRA ENDO

Erst ein Feiertagsbier mit einem Kollegen, der in der Hühnerabteilung arbeitete, brachte die große Wende. Hühner schienen zudem ideal für die Versuche zu sein, da ihre Eier ja sehr viel Cholesterin enthielten. Das Ergebnis war sensationell: Bei den Hühnern konnten die Cholesterinwerte stark gesenkt werden und – was ebenso so wichtig war – es traten keine Nebenwirkungen auf. Die Ergebnisse waren so überzeugend, dass auch die Skeptiker in der Firma Sankyo überzeugt wurden. 1976 veröffentlichte Akira Endos seine Ergebnisse und Michael Brown und Joseph Goldstein, die späteren Nobelpreisträger, sprangen auf den Zug auf und das Urstatin war geboren. Die Weiterentwicklung war, obwohl es auch dabei noch einige Probleme gab, nicht mehr aufzuhalten. 1987 wurde in den USA das erste Statinmedikament, Mevacor, des Pharmakonzerns Merck zugelassen. »Nur wenige Wirkstoffe in der Geschichte der Medizin haben ähnlich viele Menschenleben gerettet wie Statine.«[26] Akira Ebdo hatte um diese Zeit wohl schon endgültig genug von den Kämpfen mit Konzernvorgesetzten; er nahm 1986 eine Professur für Landwirtschaft und Technologie an der Universität Tokio an. Weder das Nobelpreiskomitee hatte ihn gewürdigt, noch konnte er am ökonomischen Kuchen des von ihm wesentlich erforschten Medikaments partizipieren. »Akira Endo wurde … finanziell nie an den vielen Hundert Milliarden Dollar beteiligt, die Pharmakonzerne seit 1987 mit Statin-Medikamenten verdient haben. Der japanische »Sprunginnovator« hat darüber öffentlich nie ein Wort verloren. Wie viele Nerds hat auch den Pilznerd Geld nicht wirklich interessiert. Schimmelpilze waren ihm wichtiger.«[27] Und dennoch: Er hat Millionen Menschen das Leben verlängert, ja tut dies bis heute noch. Er hat, wenn man so will, als Einzelkämpfer ein ganzes Meer an Hoffnungstropfen und Sternschnuppen quer über den Globus verbreitet. Dies ist ein Ruhm, den ihm niemand mehr nehmen kann und der uns motivieren soll, bisweilen auf Ausdauer nicht zu schnell zu verzichten.

In der Medizin gab (und gibt) es immer wieder solche Sternschnuppen, bisweilen auch Sternstunden genannt. Man denke etwa an die zufällige Entdeckung des Penicillins durch Herrn Alexander Fleming um 1929 [28]oder an den US-Immunologen James Allison, der 1996 in der ZS »Science« nachgewiesen hat, dass man das menschliche Immunsystem dazu bringen kann, Krebszellen zu erkennen und medikamentös zu zerstören.[29] Unzähligen – im wahrsten Sinne des Wortes – Menschen konnte nur durch diese drei eben genannten Sternschnuppen geholfen werden. Dass es gerade im Medizinbereich v.a. im 20. Jahrhundert viele dieser Sternschnuppen gegeben hat, sei nur angedeutet und wird von nörgelnden Durchschnittsbürgern allzu leicht vergessen. Noch nie in der Menschheitsgeschichte hat sich die durchschnittliche globale Lebenserwartung so rasant entwickelt wie seit 1950. Bei den Frauen ist diese – laut Lancet – von 52,9 Jahren auf 75,6 und bei den Männern von 48,1 auf 70,5 Jahre im Jahr 2019 angestiegen.[30] Dabei handelt es sich um eine der größten stillen humanitären Revolutionen, die ohne diese medizinischen Sternschnuppen nie möglich gewesen wären.

AKIRA ENDO

ANTI SLAVERY INTERNATIONAL (1787)

Eine frühe Sternschnuppe gegen die Sklaverei

Seit Ende des 18. Jahrhunderts setzte sich diese Menschenrechtsorganisation für Menschen in Sklaverei und solche, die n sklavereiähnlichen Bedingungen lebten und leben, ein. Die Anti-Slavery International ist die älteste Menschenrechtsorganisation der Welt. Die Wurzeln der Organisation reichen bis zu den ersten abolitionistischen Bewegungen um 1787 zurück. Der Einsatz dieser Bewegungen führte dazu, dass in England und Irland der Sklavenhandel 1807 abgeschafft wurde, und 1833 folgte das Verbot der Sklaverei als Ganzes. Andere europäische Länder betrieben die Sklavenhaltung in ihren Kolonien noch länger.[31]

Die Geschichte der Sklaverei gehört sicher zu den schlimmsten und inhumansten Ereignissen der Menschheitsgeschichte. Wie viele Menschen davon alleine in der Neuzeit auf grausamste Weise betroffen waren, wird wohl ein Geheimnis der Geschichte bleiben. In Summe wird die Zahl sicher die – eigentlich nicht vorstellbare – Hunderte Millionengrenze übersteigen. Auch heute noch gehen neueste Schätzungen von ILO, Walk Free und der Internationalen Organisation für Migration davon aus, dass um 2022 rund 50 Millionen Menschen noch immer in moderner Sklaverei leben ja dass Zwangsarbeit und Zwangsehen in den letzten Jahren sogar wieder signifikant zugenommen haben.[32]

Neben der Schuldknechtschaft »bekämpft« Anti-Slavery auch andere Formen wie die schlimmsten Formen der Kinderarbeit (z.B. Kinderprostitution), Kinder- und Menschenhandel, Zwangsarbeit,

Zwangsprostitution und auch die vor allem in Mauretanien, Niger und im Sudan vorkommenden traditionellen Formen der Sklaverei.[33]

Unbeschreibbares Leid wurde im Laufe der Geschichte den Menschen in Sklaverei oder sklavenähnlichen Situationen zugefügt. Vielfach geriet dieses Leiden in den Archiven der Vergangenheit ungesühnt in Vergessenheit.

Dennoch gibt es sogar bei dieser traurigen Geschichte neuerdings ein paar Hoffnungstropfen, die wie Sternschnuppen aus einer anderen Welt am humanitären Himmel landen.

USA: Beispiel einer Wiedergutmachungssternschnuppe

Auch die Geschichte der USA ist untrennbar mit der Versklavung von Menschen aus Afrika verbunden. Millionen Afrikanerinnen und Afrikaner jeden Alters wurden bis zum 19. Jahrhundert unter schlimmsten Bedingungen auf Schiffen von den Westküsten Afrikas nach Nord- und Südamerika verfrachtet. Viele starben schon auf der Reise dorthin oder wurden (bei Seuchengefahr) lebendig über Bord geworfen. Jahrhunderte lang wurden diese Handlungen auch von den »christlichen« Europäern durchgeführt und akzeptiert. Bereits Mitte des 15. Jahrhunderts hatte Papst Nikolaus V. in seiner päpstlichen Bulle »Dum diversas« es dem portugiesischen König Alfons V. erlaubt, »die Länder der Ungläubigen zu erobern, ihre Bewohner zu vertreiben, zu unterjochen und in die ewige Knechtschaft zu zwingen«. In der päpstlichen Bulle »Romanus Pontifex« vom 8. Januar 1455 griff Nikolaus V. nochmals die Eroberung und Versklavung der heidnischen Länder auf.[34] Mit der Bulle »Dum diversas« wurde die Versklavung von Menschen erlaubt und damit einer der schlimmsten historischen humanitären Tatbestände bis zu Beginn des 19. Jahrhunderts nicht sanktioniert.

Bis zum heutigen Tag wurde auch in den USA die Sklaverei viel zu wenig aufgearbeitet und schon gar nicht kam es zu einer (zumindest kleinen) Wiedergutmachung. Dies könnte sich aber in Bälde ändern.

Neuerdings zeigen sich nämlich hoffnungsvolle Sternschnuppen bezüglich zumindest symbolischer Aufarbeitung. Leise Ansätze zur Forderung von Reparationszahlungen für das erlittene Leid der Schwarzen gab es in den USA immer wieder, beginnend bereits unmittelbar nach dem Ende des Sezessionskrieges und der Abschaffung der Sklaverei 1865.[35] 1898 gründete Callie House, eine ehemals versklavte Frau aus Tennessee, die »National Ex-Slave Mutual Relief, Bounty and Pension Association«. 1957 forderte die schwarze Bürgerrechtlerin Queen Mother Audley Moore Reparationen. Ihr folgten viele weitere Bürgerrechtsaktivist:innen und Parlamentarier:innen. Im Juni 2014 schließlich publizierte das Magazin The Atlantic den viel diskutierten Essay »The Case for Reparations« des Journalisten und Buchautors Ta-Nehisi Coates. Seither hat die Debatte an Intensität gewonnen – durch die »Black-Lives-Matter-Proteste« und maßgeblich durch das »1619 Project«, eine Artikelserie in der New York Times, die im November 2021 zu einem Buch erweitert wurde. Das »1619 Project« rekonstruiert die amerikanische Erfolgsgeschichte als eine Abfolge schwarzer Leidenserfahrungen und Widerstandskämpfe. Dass Sklaverei und Diskriminierung der Schwarzen bis heute nachwirken, scheint dabei außer Diskussion zu sein.[36]

Geld kann zwar millionenfaches Leid nicht mehr »wiedergutmachen«. Gute Worte ohne materielle Basis aber wären im doppelten Sinne billig. Und Reparationen für historisches Unrecht sind stets auch Investitionen in die Zukunft. In der Tat: Das Thema von Entschädigungen scheint, so vermuten viele, nicht mehr unter den Tisch zu kehren zu sein. Die Frage ist nur: Wer zahlt (der Staat, die weiße Gesellschaft, Unternehmen, die sich durch Sklaven bereicherten, …?) und wer soll davon wie profitieren? In ihrem Zwischenbericht vom Juni 2022 hat eine kalifornische Arbeitsgruppe erste Antworten formuliert: Reparationen könnten den Erlass von Studiengebühren ebenso beinhalten wie Wohngeld und eine Erhöhung des Mindestlohns – und das sind nur drei der zahlreichen Empfehlungen aus dem Papier. In Summe fordert sie ein »umfassendes Reparationsprogramm«, dessen Details – wie der genaue Betrag und die Zahl derer, denen er zusteht – Gegenstand eines zweiten Berichts im Juli 2023 sein sollen.[37]

ANTI SLAVERY INTERNATIONAL

US-Universitäten als Vorreiter?

Die Georgetown University in Washington, D.C., wurde buchstäblich auf den Knochen versklavter Männer und Frauen errichtet: Bei Bauarbeiten auf dem Campus entdeckte man 2014 einen Friedhof mit ihren Gebeinen. Mindestens 272 Sklaven, so ergaben weitere Recherchen, waren im Jahr 1838 verkauft worden, um die damals von Jesuiten geleitete Universität vor dem Bankrott zu retten. Schockhaft machte diese Entdeckung klar, dass die angesehene Bildungsstätte und der berufliche Erfolg ihrer Absolvent:innen auf der Versklavung schwarzer Menschen beruht.

Fünf Jahre nach dem Knochenfund riefen Studierende zu einer Wiedergutmachungsaktion auf. Eine Spende von 27,20 US-Dollar pro Kopf sollte rund 400.000 Dollar einbringen, um die mehr als 8.000 ermittelten Nachfahren der 272 wie Tiere verkauften Afroamerikaner symbolisch zu entschädigen. Das Beispiel machte Schule: Bald gingen auch andere Universitäten der Frage nach, ob sie womöglich Profiteure von Zwangsarbeit und Menschenhandel waren.

Harvard zahlt 100 Millionen Dollar für Wiedergutmachung von Sklaverei[38]

Im Frühjahr 2022 erklärte sich die amerikanische Eliteuniversität Harvard (Massachusetts) dazu bereit einen Fonds von 100 Millionen Dollar (94 Millionen Euro) zur Wiedergutmachung ihrer Rolle bei der Sklaverei einzurichten. Der Fonds solle dazu beitragen, entstandene Schäden durch Sklavenhandel und Rassismus zu mildern, teilte die Hochschule mit und räumte in einem Bericht eine Mitschuld an der Aufrechterhaltung der Sklaverei in den USA ein. Mit diesem Fonds will die Universität ab nun Schadensersatz leisten für die Profite, welche ihr durch Sklavenhandel und Rassismus zugute kamen.

»Harvard profitierte von Praktiken, die zutiefst unmoralisch waren, und hielt sie in gewisser Weise aufrecht«, schrieb Universitätspräsident Lawrence Bacow in einem Brief an Studierende und Mitarbeiter. »Folglich glaube ich, dass wir eine moralische Verantwortung tragen, alles zu tun, um die anhaltenden zersetzenden Auswirkungen dieser historischen Praktiken auf Einzelpersonen, auf Harvard und auf unsere Gesellschaft zu bekämpfen.«[39]

Die Universität Harvard wurde 1636 in Cambridge im US-Bundesstaat Massachusetts gegründet. Dem Bericht zufolge versklavten Harvard-Mitarbeiter, darunter vier Unipräsidenten, mehr als 70 Schwarze und Indigene, bis die Sklaverei 1783 in dem Bundesstaat verboten wurde.

Laut Recherchen profitierte die Universität auch »von umfangreichen finanziellen Verbindungen zur Sklaverei«, einschließlich Spenden von Sklavenhändlern. Von der Mitte des 19. bis weit ins 20. Jahrhundert hinein förderten Harvard-Präsidenten und prominente Professoren zudem die Rassenkunde und Eugenik. Sie »führten missbräuchliche 'Forschungen' durch, einschließlich des Fotografierens von versklavten und unterworfenen Menschen«.[40]

Ein hundertseitiger Bericht, der der Wiedergutmachung vorausging, enthält mehrere Empfehlungen für die Verwendung der Gelder, etwa die Verbesserung der Bildungsmöglichkeiten für die Nachfahren von Sklaven, Gedenkstätten für versklavte Menschen und Forschung. Außerdem empfahlen die Autoren Partnerschaften mit schwarzen Hochschulen.

Man kann das millionenfache historische Leid und Unrecht, das den Sklaven bis heute zugefügt wurde, nicht mehr rückgängig machen, man könnte aber vielmehr, wie die Universitäten Georgtown und Harvard es getan haben, zumindest symbolhaft auf diese historische Schande aufmerksam machen. Ebenso so wichtig wäre es wohl, gegen die Formen der Sklaverei, die es in diversen globalen Regionen immer noch gibt, heftig anzukämpfen.

Gemessen an der unbezahlten Wirtschaftsleistung, die in Amerika zwischen 1619 und 1865 von Millionen aus Afrika verschleppten

Männern, Frauen und Kindern und ihren Nachfahren erbracht wurde, kann jede Entschädigung, und sei sie noch so groß, nur von symbolischem Charakter sein – wenn sie den Staat nicht ruinieren soll. Von besonderer Bedeutung wäre aber dennoch ein Weiteres: Falls irgendwann Reparationen gezahlt werden, wird deren Wirkung weit über die USA hinausreichen. Die Frage nach der Entschädigung für die Sklaverei ist schließlich keine rein amerikanische, sondern betrifft alle Kolonialmächte. Können die eben angedeuteten Sternschnuppen der US-Universitäten gar den dunklen Himmel des Sklavenleids etwas erhellen?

Harvard setzte im Dezember 2022 noch ein weiteres recht symbolträchtiges Zeichen, denn erstmals hat sie eine Afroamerikanerin (!) zur Hochschulpräsidentin ernannt – mit Amtsantritt im Sommer 2023. Es ist dies Claudine Gay, Dekanin der größten Fakultät der Hochschule. Die 52-jährige Professorin für Afrikanische und Afroamerikanische Studien ist Expertin für Minderheitenpolitik und leitet seit 2018 die Fakultät für Kunst und Wissenschaft.[41] Auch dies ist eine Sternschnuppe, die wohl vor einigen Jahrzehnten noch völlig undenkbar gewesen wäre.

Auch in Europa finden sich ganz sporadische Sternschnuppen gegen den historischen Kolonialismus. Im Dezember 2022 hat sich z.B. Hollands Ministerpräsident Rutte für die Rolle seines Landes in der Geschichte der Sklaverei entschuldigt und meinte dazu: Der Staat trage »die Verantwortung für das unermessliche Leid«.[42] Die Niederlande waren einst eine der größten Kolonialmächte der Welt. Sie versklavten schätzungsweise gut 600.000 Menschen. »Jahrhundertelang haben der niederländische Staat und seine Vertreter Sklaverei ermöglicht, stimuliert, instand gehalten und davon profitiert«, sagte Rutte. Als eines der letzten Länder Europas schaffte das Königreich die Sklaverei offiziell zum 1. Juli 1863 ab. Doch mussten die Menschen noch zehn Jahre lang auf den Plantagen weiterarbeiten. Rutte lehnte allerdings Reparationszahlungen – so wie es eine Kommission empfohlen hatte – ab. Man werde aber vielleicht einen Bildungsfonds mit einem Volumen von 200 Millionen Euro einrichten.

Deutschland hatte auch im Sommer 2022 den Weg freigemacht, in der Kolonialzeit geraubte Benin-Bronzen (Kunstprojekte) an Nigeria zurück zu geben.[43] Auch dies eine kleine Sternschnuppe, von denen es aber noch eine viel größere Anzahl bräuchte.

ANTI SLAVERY INTERNATIONAL

AUFMUTH Martin (* 1974)[44]

Eine Sternschuppe für Brillenlose

Mehr als 950 Millionen Menschen auf der Welt bräuchten einer Studie der WHO zufolge eine Brille, können sich aber keine leisten oder haben keinen Optiker in ihrer Nähe. Die Folgen: Kinder können nicht lernen, Erwachsene können nicht arbeiten und für ihre Familien sorgen.[45]

In seinem Buch »Out of Poverty« schreibt der kanadische Sozialunternehmer Paul Polak, dass eine große Erfindung eine Brille wäre, die sich auch Menschen leisten könnten, die von einem Dollar oder weniger am Tag leben müssen. Als der damalige Erlanger Mathematik- und Physiklehrer Martin Aufmuth das Buch 2010 las, dachte er: »Schade, dass es so etwas nicht gibt, darum müsste sich mal der Optikerverband kümmern.« Dann entdeckte er beim Stöbern in einem Ein-Euro-Laden spottbillige Sehhilfen, und er fragte sich, warum es eine so billige Sehhilfe im reichen Deutschland gäbe, aber nicht für die arme Bevölkerung in Afrika. Damit war die Idee zur Ein-Dollar-Brille geboren. 2012 gründete er den Verein »EinDollarBrille«, der auch vom Finanzamt als gemeinnützig anerkannt wurde. Der Verein finanziert sich größtenteils aus Spenden von Einzelpersonen oder Unternehmen. Sechs Jahre lang hatte sich Martin Aufmuth in der Folge von seiner Erlanger Realschule beurlauben lassen, um sich seinem Hilfsprojekt als Alleinunternehmer widmen zu können. Er experimentierte im heimischen Keller, machte Versuche mit Federstahldraht und entwarf einen Prototyp einer mechanischen Biegemaschine für das Gestell. Über einen Kontakt nach China wurden Plastikgläser von minus zehn bis plus acht Dioptrien Stärke für 25 Cent das Stück organisiert. Das Ziel war eine Brille, die robust, sehr günstig in der Produktion war und zudem noch hübsch aussehen sollte. Zudem sind die vorgeschliffenen Kunststoffgläser bruch- und kratzfest.

2019 hat er dann den Verein »EinDollarBrille« zu seiner alleinigen beruflichen Lebensaufgabe gemacht. Heute (2022) ist Martin Aufmuth´s Verein in zehn Ländern Afrikas, Asiens und Südamerikas mit 200 lokalen Beschäftigten aktiv. Dazu kommen etwa 300 Ehrenamtliche in Deutschland, der Schweiz und den USA. Das elfte Projektland soll Kolumbien sein, mit einem Startplan für 2022.[46]

Ein wichtiges Anliegen des Vereins besteht darin, dauerhaft und nicht nur sporadisch vor Ort sein zu müssen. Die Leute sollen so das Gefühl bekommen, dass sie auch später weiter versorgt würden. Dazu kommt, dass die Menschen auf dem Land infolge von Armut sich meist eine Fahrt in die Stadt nicht leisten können. Deshalb kommt das Team der »EinDollarBrille« auch ins Dorf. Die Menschen werden vor Ort getestet und erhalten sofort im Anschluss die passende Brille. Aufmuth sprich deshalb zu recht von der »schnellsten Brille der Welt«.

Weltweit fehlen nach einer WHO-Studie mehr als 65.000 augenoptische Fachkräfte. Der Verein »EinDollarBrille« bildet daher Menschen vor Ort in der Brillenherstellung und als augenoptische Fachkräfte aus. Er hat dafür ein eigenes Ausbildungskonzept für optische Fachkräfte entwickelt. Die Ausbildung zum »Good Vision Technician« dauert insgesamt ein Jahr. Bereits nach wenigen Wochen sind die Auszubildenden in der Lage, einen einfachen Sehtest sicher durchzuführen und die Brille anzupassen. Der Verein »EinDollarBrille« Deutschland finanziert Trainingskosten, Biegemaschinen und den Projektaufbau aus Spendengeldern. Ein Teil der Kosten wird bereits aus dem Verkauf der Brillen lukriert.

Zusammen mit der Mutterorganisation »EinDollarBrille« Deutschland arbeiten die einzelnen Landesorganisationen unter dem gemeinsamen Dach »GoodVision«. Das nicht unbescheidene Ziel besteht im Aufbau einer augenoptischen Grundversorgung für Menschen weltweit. »Über 400.000 Brillen haben wir bislang ausgegeben«, bilanziert Aufmuth die vergangenen zehn Jahre seines Wirkens.[47] In der Tat eine stolze Bilanz und viele Sternschnuppen für die Betroffenen.

AUFMUTH MARTIN

BULGARIEN 1943

Eine Sternschnuppe der Judenrettung[48]

Anfang März 1943 standen in Bulgarien an mehreren Bahnhöfen Züge bereit, um Juden nach Polen in die Todeslager zu transportieren. Wenige Stunden vor der planmäßigen Abfahrt erreichte die Zuständigen ein Telefonanruf, der den Deportationsbefehl aufhob. Nach nie endgültig bestätigten Berichten soll die telefonische Anordnung vom bulgarischen Zar Boris III. gekommen sein. Auch zwei weitere Deportationsvorhaben im Mai und August 1943 kamen nicht zustande. Letztendlich wurden alle in Alt- Bulgarien (Bulgarien in den heutigen Grenzen)[49] lebenden ca. fünfzigtausend Juden gerettet.

Dabei hatte es ein Jahr vorher, im August 1942 so ausgesehen, als ob auch in Alt-Bulgarien die Verschleppung der Juden in KZ's nur mehr eine Frage der Zeit wäre. Man begann nämlich damit, die Juden mit einem kleinen gelben Knopf zu kennzeichnen. Auch die Häuser und Betriebe sollten markiert werden. Zudem wurden Sachwerte der Juden eingezogen und ihr Geldvermögen auf Sperrkonten »sichergestellt«, ihre Rundfunkgeräte und Fahrräder konfisziert, die Berufsausübung wurde eingeschränkt und eine Dienstverpflichtung in separaten Arbeitskolonnen angeordnet.[50] Eine Registrierung der Juden ergab, dass sich rund 51.500 in Altbulgarien befänden, die dann im August 1943 hätten abtransportiert werden sollen.

Dazu kam es dann aber auf wundersame Weise nicht, obwohl das Deutsche Reich sehr daran interessiert war und sich vehement für die Deportation einsetzte. Wieso aber kam es nicht dazu, bzw. wieso konnten die bulgarischen Juden gerettet werden? Die Gründe scheinen vielfältig und wohl nicht monokausal zu sein. Sicher ist, dass eine bemerkenswerte Anzahl individueller Aktivitäten dafür verantwortlich war und dies ermöglicht hat. Zahlreiche Einzelpersonen, Kirchenvertreter, Schriftsteller wie auch Jako Baruh vom illegalen zionistischen Zentrum versuchten zu intervenieren. Dimitar Peschew, ein bulgarischer Rechtsanwalt und zudem Vize-Parlamentspräsident (später auch »bulgarischer Schindler« genannt), informierte persönlich Premierminister Bogdan Filow über den Versuch der Deportation. Peschew verfasste selbst ein Manifest, worin er darauf hinwies, dass die Deportation letztlich zum Tode führen würde. Er konnte weitere 42 Parlamentarier (ca. ein Drittel der Abgeordneten) überzeugen das Dokument zu unterzeichnen. Dieses Manifest überreichte Peschew am 19. März 1943 dem Premierminister.

Die Proteste weiteten sich in der Volksversammlung aus; es fand sich jedoch keine Mehrheit gegen die Deportation. Peschew trat deshalb am 26. März nach einer öffentlichen Erklärung von seinem Amt zurück. Immerhin wurde dadurch aber auch die offizielle Linie erschüttert, und es kam zu keiner einheitlichen Zustimmung zu Deportationen. Man argumentierte, dass man die Juden noch dringend zum Straßen- und Eisenbahnbau benötige, und »der bulgarischen Bevölkerung würde das Verständnis« für die Deportation fehlen.

Dazu kamen noch weitere Aktionen. So hatte etwa der Erzbischof von Sofia allen Juden die sofortige Taufe angeboten und Mitglieder der jüdischen Gemeinde sogar in seinem Haus aufgenommen. Als die Abschiebung kurz bevorstand, soll der Erzbischof von Plowdiw über den Zaun eines Schulhofs geklettert sein, in dem die Juden seiner Stadt versammelt waren, und hatte der Regierung mitteilen lassen, sie solle ihn auch mitdeportieren.

Zu diesen Deportationen kam es dann – wie oben schon festgehalten – wohl auch durch den Einsatz von Zar Boris III. nicht. Als es nämlich nach der Deportation von über 11.000 Juden aus Thrakien und Makedonien nach Polen (Auschwitz-Birkenau) darum ging, die Juden auch aus Alt-Bulgarien zu deportieren, war der Zar dazu nicht bereit. Es gibt sogar Vermutungen, dass er diese Entscheidung und auch die Tatsache, dass Bulgarien der UdSSR nicht den Krieg erklären wollte, mit dem Leben bezahlen musste. Im August 1943 hatte nämlich Hitler Zar Boris III. zu einem Treffen nach Berlin geladen. Bald nach seiner Rückkehr nach Sofia verstarb Boris III. allerdings während einer Wanderung im Rila-Gebirge, offiziell an einem Herzversagen. Im Polizeibericht vom 6. September 1943 wurde aber festgehalten, Zar Boris III. könnte Opfer einer vorsätzlichen Vergiftung geworden sein.[51]

Bezüglich der Rettung der Bulgarischen Juden schildert Vladimir Danovsky[52] noch ein weiteres – fast unglaubliches – Detail. Dabei geht es um Liljana Panitza. Diese war Sekretärin und engste Vertraute des pro-nazistischen Kommissars für jüdische Angelegenheiten, Alexander Belev. Sie führte aber ein Doppelspiel und warnte die jüdische Gemeinde vor den drohenden Deportationen und informierte diese regelmäßig über die geheimen Pläne des Kommissariats. Ihr unter Gefahr für das eigene Leben begangener »Hochverrat« im Namen der Menschlichkeit machte die Entstehung eines Widerstandes überhaupt erst möglich. Sie ist – so Danovsky – »das schöne Gesicht der Rettung: eine Heldin, eine bulgarische Jeanne d'Arc«.

Gleichzeitig war Liljana Panitza aber auch die heimliche Geliebte des Kommissars. Weil sie nach dem Machtwechsel sein Versteck nicht verraten wollte, wurde sie wochenlang von den Kommunisten verhört und starb schließlich, knapp 30 Jahre alt, an den Folgen der Folter. Es handelt sich – so Danovsky weiter um »ein verstörendes Phänomen: die leidenschaftliche Liebe zwischen der Retterin der Juden und deren schlimmstem Verfolger, das Gute und das Böse in einem Bett«.

Neben den diversen Einsätzen von Einzelpersonen, die letztlich zur Rettung der Alt-Bulgarischen Juden führte, nennt der Historiker Daniel Siemens[53] noch zwei weitere strukturelle Aspekte bzw. Gründe gegen die Deportation: So sei die deutsche Niederlage vor Stalingrad Anfang Februar 1943 von der bulgarischen Regierung als Wendepunkt des Krieges angesehen worden, was eine Suche nach anderen Optionen opportun erscheinen ließ.

Und zudem hätten weitere Deportationen verhindert, dass Bulgarien »seine« Juden selbst ausbeuten und ausrauben konnte. Letzteres ist in der Tat kein besonders humanitäres Motiv. Dennoch, das Schicksal der Juden in »Alt-Bulgarien« war deutlich »humaner« als das jener Juden, die deportiert und ermordet wurden. Zudem sei auch noch festgehalten, dass durch die Unterstützung der bulgarischen Königin Johanna (1907-2000, geborene Giovanna Elisabetta Antonia Romana Maria von Savoyen und seit 1930 Frau von Zar Boris III.) der italienische Botschafter in Sofia italienische Pässe und Transitvisa für die in Bulgarien lebenden Juden ausländischer Nationen ausstellen ließ. Ihr Ehemann Zar Boris III. half zudem Tausenden Juden von der Slowakei, Transitvisa für Palästina zu bekommen.[54]

Vladimir Danovsky bemerkt zum – so wie er es nennt – »bulgarischen Wunder«, dass Helden und Heldinnen meist auch im Nachhinein leise bleiben: »Sie alle können in punkto Bekanntheitsgrad niemals mit Himmler, Heydrich oder Eichmann, geschweige denn mit Hitler, Göring und Goebbels mithalten. Das Gute habe schlichtweg einen geringeren Marktwert. Hinzu kommt, dass in Westeuropa Geschichten mit positivem Ausgang wie Schindlers Liste unter dem Generalverdacht der Sentimentalität und der Verlogenheit stehen und nur der düstere Blick als wahrhaftig gilt«. Dennoch – so meint Danovsky kurz und pointiert – bleibt »die Rettung der bulgarischen Juden … ein Wunder der Humanität«.[55]

CAMARA Dom Helder (1909-1999)

Eine Sternschnuppe im Kampf gegen die Armut

Es gib wohl nicht sehr viele Lebensläufe von katholischen Bischöfen, die so eng mit dem Kampf der Kirche für soziale Gerechtigkeit verbunden waren, wie der von Dom Helder Camara. So gesehen ist es legitim, ihn auch in die Liste der humanitären Sternschnuppen aufzunehmen.

Dom Hélder Câmara (vollständig Hélder Pessoa Câmara) stammte aus Fortaleza, der Hauptstadt des Bundesstaates Ceará im unterentwickelten Nordosten Brasiliens, in dem bis weit in das 20. Jahrhundert hinein vor allem Rinderbarone und Plantagenbesitzer in Politik, Wirtschaft und Gesellschaft dominierten.[56] Er war der elfte von 13 (!) Söhnen eines Buchhalters. Sein Vater war Freimaurer, stand der Kirche somit fern, hatte aber gewissen Respekt vor dem Priesterberuf. Seine Mutter war Volksschullehrerin und Katholikin, die allerdings nur einmal im Jahr zur Kommunion gegangen sein soll.[57] Fünf seiner Brüder starben im Kindesalter.[58] Camara bekam in jungen Jahren selber Tuberkulose, vor der er sich nie mehr ganz erholte.[59] Dom Hélder Câmara war auch als Erwachsener sehr klein gewachsen. Die Angaben über seine Körpergröße reichen von 1,50 bis 1,60 Meter.[60] Mit seinem hasenussbraunen, von vielen Falten durchzogenen Gesicht und seinem sanften Lächeln wurde er einer der großen Hoffnungsträger der Armen und Unterdrückten.

Bereits als Kind wollte Câmara Priester werden; 1923 trat er ins Priesterseminar ein, im Alter von nur 22 Jahren empfing er am

15. August (Marienfeiertag) 1931 die Priesterweihe. Er wurde zunächst in der Studenten- und Arbeiterseelsorge eingesetzt und beging dann den größten Fehler seines Lebens: Er ließ sich von der neu gegründeten Integralistenpartei anwerben und wurde Parteisekretär für das Erziehungswesen im Bundesstaat Ceará. Die Integralisten verkörperten die brasilianische, sehr katholisch eingefärbte Spielart des Faschismus. Sie grüßten wie die deutschen Nazis mit erhobenem rechtem Arm. Ihr politisches Glaubensbekenntnis lautete »Gott, Vaterland, Familie«.[61] Einige Jahre später (ab ca. 1937) trennte sich Hélder aber wieder von der Bewegung. Er hatte begriffen, dass die Welt erheblich vielschichtiger ist.

1936 wurde er in die damalige Hauptstadt Rio de Janeiro versetzt, wo er einen Posten im Erziehungsministerium übernahm. In Rio lernte er die miserablen Lebensbedingungen der Bevölkerung in den Elendsvierteln kennen, was zu einem Wendepunkt in seinem Leben führen sollte.

Am 3. März 1952 ernannte Papst Pius XII. Câmara zum Weihbischof in Rio de Janeiro. In enger Absprache mit Pro-Staatssekretär Giovanni Montini, dem späteren Papst Paul VI., bereitete er dann maßgeblich die Gründung der Brasilianischen Bischofskonferenz vor (Gründung am 14. Oktober 1952), deren Generalsekretär er bis 1964 war. Während dieser Zeit entwickelte sich dieses Gremium zu einer der einflussreichsten Institutionen der Theologie der Befreiung.

Seine Besuche als Bischof in den Elendsvierteln von Rio, seine Bemühungen, annehmbare Wohnbedingungen für die Armen zu schaffen, und seine Fernsehpredigten machten ihn in der Zeit äußerst populär. 1956 initiierte er die Kampagne Sankt Sebastian in Rio de Janeiro, bestimmt für die Lösung der Probleme der Elendsviertelbewohner. 1959 gründete er in Rio de Janeiro die Vorsorgebank (Banco da Providência), die sich speziell mit der Elendsfrage beschäftigt.

1964 war eine erhebliche Zäsur in seinem Leben. Am 1. April kam es in Brasilien zu einem Militärputsch, und bereits drei Wochen vorher war Camara durch Papst Paul VI. zum Erzbischof von Olinda e Recife ernannt worden. Der »rote Bischof« von Rio wurde somit in den vermeintlich ungefährlichen Nordosten Brasiliens versetzt. In Recife stand ein prächtiges Bischofspalais zur Verfügung. Dom Helder betrat dieses aber erst gar nicht, sondern quartierte die Kommission für Menschenrechte in dem Haus ein. Welch symbolischer Akt! Er selbst nahm mit einer anonymen Wohrung in der Stadt vorlieb.[62] In der ersten Phase der Militärdiktatur wurde Camara noch relativ in Ruhe gelassen.

Câmara setzte sich weiterhin national wie international für gewaltlose Sozial- und Landreformen zugunsten der ausgebeuteten Kleinbauern in Brasilien und der übrigen Dritten Welt ein. Er rief ein Erziehungsprogramm, ein Selbsthilfeprogramm für Bauern und die »Aktion Friede und Gerechtigkeit« ins Leben, die von rechtskonservativen Kreisen als »soziales Agitationsforum« angegriffen wurde. Nachdem allerdings Artur da Costa e Silva 1968 Präsident geworden war, denunzierte man Dom Helder zunehmend als »roten Bischof«. Mehrere Attentate wurden auf ihn verübt; sein geistlicher Sekretär, Pater Antonio Peirera Neto, wurde sogar erschossen.[63]

Umso bekannter wurde Camara im Ausland. In den Siebzigerjahren war er der einzige Brasilianer, der es außerhalb Brasiliens mit dem Prestige des berühmtesten Fußballers von Brasilien, Pele, aufnehmen konnte. Wohin er auch kam, eine große Zuhörerschaft war ihm gewiss. Sein Charisma war so groß, dass man Anfang der 1970er Jahre in Paris, wo er eingeladen war, in einem 2.000 Leute fassenden Auditorium zu sprechen, in einen Sportpalast übersiedeln musste, in dem zwölftausend Personen Platz hatten.[64] Er prangerte dabei das Foltern von politischen Gegnern in seiner Heimat an. Nach seiner Rückkehr nach Brasilien sorgte die Militärregierung dafür, dass er von nun an bis zum Ende der Militärdiktatur (1983) von der einheimischen Presse geächtet wurde bzw. werden musste. Dass der Vatikan dabei auch nicht die glücklichste Figur machte, sei nur nebenbei erwähnt.

Auch die Bestrebungen, ihn mit einem Friedensnobelpreis international zu ehren, scheiterte in dieser Zeit immer wieder. Bereits im September 1970 schreibt der Spiegel, dass Dom Helder Camara, der »schmächtige Erzbischof«, der unermüdlich die Ungerechtigkeit und Unterdrückung in der Welt anklage, als ein »Anwärter auf den Friedensnobelpreis 1970«[65] gelte. Auch 1972 galt er als aussichtsreicher Kandidat für den Preis. Dazu Frei Betto: »Heute wissen wir, dass er den Preis aus zwei Gründen nicht bekam: Erstens wegen des Drucks der Medici-Regierung. Die Diktatur wäre in ihrem Image im Ausland stark erschüttert worden, hätte man ihn ausgezeichnet. In Brasilien wurde Dom Helder sogar als persona non grata betrachtet. Nichts von dem, was der »rote Bischof« sagte, wurde in den Medien unseres Landes veröffentlicht oder auch nur erwähnt, er wurde zensiert. Der andere Grund: Der Neid der römischen Kurie. Sie betrachtete es als eine Taktlosigkeit seitens des norwegischen Friedensnobelpreiskomitees, den Preis einem Bischof aus der »Dritten Welt« zu verleihen, der zuerst dem Papst verliehen werden müsste.«[66] Als man ihn 1973 wieder für den Preis vorschlug, die Entscheidung aber auf Henry Kissinger fiel – eine Ironie der Geschichte, wurde Camara nach einer Sammlung der mit etwa einer Million DM dotierte Friedenspreis des Volkes verliehen.[67] Camara gehört somit – neben Gandhi – zu den Personen, die öfters vorgeschlagen wurden, sich den Friedensnobelpreis redlich verdient hätten, aber ihn nicht bekommen haben.

Am 2. April 1985 trat Câmara aus Altersgründen von seinem Amt des Erzbischofs zurück. Als sein Nachfolger wurde Dom José Cardoso Sobrinho ernannt, ein Mann der Konservativen, der zuvor zwanzig Jahre lang Professor für Kirchenrecht in Rom gewesen war. Câmara musste erleben, dass sein Nachfolger beauftragt war, seine Pastoral zu »korrigieren«. Sobrinho beendete die sozialen Projekte und bekämpfte den Einfluss der Befreiungstheologie in Brasilien. Die meisten führenden Mitarbeiter warfen das Handtuch oder wurden von Sobrinho ihrer Aufgaben enthoben. Beobachter sprachen von der Zerstörung des Lebenswerkes Câmaras in dessen Diözese.[68]

Allerdings prägte Camara nicht nur die regionale Kirche in Brasilien, sondern hatte auch großen Einfluss auf das Zweite Vatikanische Konzil (1962-1965), das die Hinwendung der Kirche zu den Armen und Unterdrückten bekräftigte. Zwar ergriff Dom Helder Camara am Konzil kein einziges Mal das Wort, »hinter den Kulissen war er allerdings so aktiv, dass ein Kenner der römischen Szene meint, er sei vielleicht der einflussreichste Konzilsteilnehmer überhaupt gewesen. Unermüdlich entwickelte er seine Forderungen an eine ́Kirche der Armen ́«. [69]

Wie oben schon erwähnt, war Dom Helder klein, durch eine Jugenderkrankung lebenslang durch Tbc geschwächt und damit fragil. Zudem hatte er einen sehr eigenwilligen Lebensstil: Er nahm fast kein Essen zu sich. Alle sagten, er esse wie ein Vögelchen. Er schlief auch wenig, hatte seltsame Schlafgewohnheiten. Er ging etwa um elf Uhr abends zu Bett, und stand etwa um zwei Uhr früh auf, setzte sich in einen Lehnstuhl und verharrte im Gebet. Das war, wie er sagte, seine »Zeit der Wache«. Er betete bis um vier, schlief noch eine oder eineinhalb Stunden und stand dann auf, um die Messe zu feiern und den Arbeitstag zu beginnen.[70] Trotzdem war ihm ein sehr langes Leben beschert. Und in diesem langen Leben hatte er immer das Gefühl und die Überzeugung, »dass ihm Jesus vor allem als armer Bauchwarenhändler, als Zuckerrohrarbeiter, als Fischerin, als alleinstehende Mutter und als Favela-Bewohner begegnet«[71] und er sich für die Anliegen der Armen in Brasilien einsetzen müsse.

Beenden wir den kurzen Bericht über Dom Helder Camara mit zwei Zitaten von ihm, die seine Weltsicht recht pointiert zusammenfassen. Er meinte einmal zum Akt des Schenkens: »Es bleibt immer ein wenig Duft in den Händen derer, die Rosen schenken, die sich großzügig geben. Ein bisschen geben von dem, was man hat, dem, der noch weniger besitzt, bereichert den Geber, macht seine Seele schöner. Freude, dem Nächsten zu geben, ist ein so einfaches Ding, doch in den Augen Gottes die schönste aller Künste.«[72] Der Duft des Schenkens bleibt somit auch an der Hand der schenkenden Person haften. Und ein andermal meinte er: »Man nennt mich einen Utopisten. Aber ich sage mir: Wehe der Welt, in der es keine Utopien mehr gibt. Ich habe Hunger und Durst nach Frieden! Nach einem Frieden, der auf der Gerechtigkeit gründet!«[73] Möge es auch uns gelingen, immer zumindest einen Hauch von dieser Utopie zu behalten.

Seit Ende 2017 gilt Hélder Câmara bereits als brasilianischer »Patron der Menschenrechte«; das hat der Bundesstaat, in dem der Erzbischof wirkte, nun noch einmal feierlich nachvollzogen. 2014 begann zudem ein Seligsprechungsverfahren für ihn.[74] Ob er je ein Heiliger werden wird?

Ein paar willkürlich ausgewählte Zitate von ihm sollen abschließend ein wenig seine Gedankenwelt charakterisieren:

»Wenn einer alleine träumt, bleibt es ein Traum. Wenn aber alle gemeinsam träumen, dann ist es der Beginn einer neuen Wirklichkeit«[75] .

»Du weißt, dass die gute Nachricht – das Evangelium – heute mehr denn je zuvor mit Taten verkündet werden muss, ehe es mit Worten gepredigt wird.«
https://www.helder-camara-stiftung.de/home/helder-camara

»Ich bin immer mehr überzeugt, dass es nicht nur individuelle Sünde gibt, die Reue und Umkehr erfordert, sondern es gibt auch die sozialen Sünden. Wenn wir wissen, dass mehr als zwei Drittel der Menschheit unter unmenschlichen Bedingungen leiden, dann geht uns das alle an.«
Zitat aus einem Interviews mit Dom Helder Camara im Spiegel, zitiert nach: Frei Betto, in: Online Magazin /Schwerpunkte /Gewalt, Gewaltfreiheit und Frieden; https://www.lebenshaus-alb.de/ magazin/005907.html

»Früher einmal waren wir Christen der Thermostat der Gesellschaft. Jetzt sind wir bestenfalls noch ihr Thermometer.«

https://www.nur-zitate.com/autor/Helder_Camara

»Solange die Kirche, nicht nur in Brasilien, nicht nur in Lateinamerika, Autorität und die soziale Ordnung anerkennt und nur Geduld und Vorsicht predigt, so lange sind die Regierenden sehr zufrieden mit der Kirche. Wenn wir aber endlich dahin kommen, zu begreifen, dass die so genannte soziale Ordnung in Wahrheit eine soziale Unordnung ist, weil sie wenige Reiche im Überfluss und Millionen im Elend leben lässt, wenn wir anklagen, wenn wir für Änderungen eintreten, dann stellt man uns sofort als subversive Kräfte hin.«

Zitat aus einem Interviews mit Dom Helder Camara im Spiegel, zitiert nach: Frei Betto, in: Online Magazin /Schwerpunkte /Gewalt, Gewaltfreiheit und Frieden; https://www.lebenshaus-alb.de/ magazin/005907.html

Eine seiner schönsten Predigten ist eine Betrachtung über ein Jugendlied: »Es bleibt immer ein wenig Duft in Händen, die Rosen schenken, in Händen, die sich großzügig zeigen. Ein bisschen geben von dem, was man hat, dem, der noch weniger besitzt, bereichert den Geber, macht seine Seele noch schöner. Freude zu geben ist ein so einfaches Ding, das in den Augen Gottes jedoch die schönste aller Künste ist. (…) Am grauen, bleiernen Himmel, der den Bruder oder die Schwester niederdrückt, einen blauen, lichten Streifen eröffnen, ist wirklich die schönste aller Künste.«

https://www.sanktludwig.de/beitraege/2018/03/12/fastenpredit-leuchttuerme-des-glaubens-dom-helder-camara/

»Die Menschen belasten dich? - Trage sie nicht auf den Schultern. Schließe sie in dein Herz!«
https://www.nur-zitate.com/autor/Helder_Camara

CAMARA DOM HELDER

CHOUINARD Yvon (Patagonia) (* 1938)

Eine unternehmerische Sternschnuppe

Yvon Chouinard (YC) stammt aus einer franko-kanadischen Familie, die nach Maine (USA) gezogen war.[76] Sein in Québec geborener Vater arbeitete in den verschiedensten Handwerken. 1946 zog die Familie nach Burbank in Kalifornien, wo Yvon sich im Schneckentauchen und im Klettern an den Küstenfelsen bei Malibu übte, zunächst um als Mitglied des südkalifornischen Falken-Clubs die Gelege in den Nestern zu beobachten. 1955 fuhr er als 17-jähriger im eigenen Auto in Kletterregionen und kam so auch zu den Wänden des Yosemite-Tals, die ihn richtig angezogen hatten. Für die »Big Walls« wurden große Mengen von Sicherungs- und Fortbewegungshaken benötigt. Er begann vor allem aus Kostengründen nach dem High-School-Abschluss 1956 sich Schmiedewerkzeug zuzulegen, um Kletterutensilien herzustellen, die aus härterem Stahl als die europäischen Felshaken waren. Zum Start hat er sich von seinem Vater 825 Dollar und 35 Cent ausgeliehen, eine kleine Garage in Burbank gemietet und sein erstes Unternehmen, Chouinard Equipment Co, gegründet.[77]

Im Winter schmiedete er, im Sommer kletterte er. In den ersten Jahren arbeitet er nur von November bis April. Den Sommer verbringt er in den Bergen. Er lebt z.T. von 1,50 Dollar am Tag, schläft unter freiem Himmel, fischt, jagt Eichhörnchen, ab und zu isst er Katzenfutter aus der Dose. Einmal wird er von einem Bären angegriffen, und einmal verbringt er wegen »Herumtreiberei« eine Nacht im Gefängnis.[78]

Die im Winter produzierten Kletterutensilien verkaufte er an andere Kletterer, auch wenn das Geschäft anfangs nur schleppend lief. Chouinard zählte aber bald zu den führenden Aktivisten der Bigwall-Kletterszene im Yosemite Ende der 1950er und Anfang der 1960er Jahre. Im Laufe der Jahre ging sein Betätigungsfeld über das Yosemite-Tal in die weite Welt hinaus und das Klettern wurde noch um das Surfen, Fliegenfischen, Kajakfahren und Skifahren erweitert. Privat heiratete er 1971 Malinda Pennoyer, die er 1969 in Yosemite kennenlernte, wo die damalige Kunststudentin (und Bergsteigerin) einen Ferienjob hatte. Gemeinsam haben sie zwei Kinder. Malinda übernimmt dann auch die Buchhaltung in der Firma.

Der Unternehmer Chouinard

Um diese Zeit war Yvon aber auch schon ein erfolgreicher Unternehmer, denn bereits 1970 war Chouinard Equipment die größte Firma für Bergsteigerausrüstung in den USA. Das Hauptprodukt waren Felshaken, die in seinen Augen aber die Kletterrouten verschandelten, daher stellte er 1972 die Produktion ein.

1970 erwarb er während einer Kletterreise in Schottland ein Rugby-Shirt, welches er fortan trug, da es ihn durch seinen robusten Kragen vor dem Einschneiden der Kletterseile schützte. Das blaue Shirt mit roten und gelben Streifen erregte viel Aufmerksamkeit, auch weil bunte Kleidung beim Klettersport damals noch nicht üblich war, und Chouinard begann bald, diese in die USA zu importieren und sich dem Thema Outdoorbekleidung zu widmen.

1973 gründete er neben dem nach ihm selbst benannten Unternehmen für Kletter-Ausrüstung mit Patagonia ein eigenes Unternehmen für Outdoorbekleidung. Auf den Namen Patagonia kam Yvon Chouinard nach einer Reise durch die Region Patagonien in Südamerika. [79]

Die Firma expandierte schnell und hatte Mitte der 80er Jahre einen Umsatz von 80 Millionen Dollar und 1990 bereits 100 Millionen. Nach einem Einbruch in der Rezession 1991 und durch diverse Gerichtsverfahren, die eine langjährige Wachstumsphase von jährlich 30 bis 50 % unterbrach, musste er ein Fünftel seiner Belegschaft entlassen. Gerichtsverfahren gegen die Bergsteige-ausrüstungsfirma (wegen nicht ausreichender Warnhinweise etwa bei Kletterseilen) brachten fast den Ruin der Firma. Es gab schließlich ein Buy-out durch die Beschäftigten und eine Neugründung in Salt Lake City.

Bis 2006 aber stieg der Umsatz von Patagonia wieder auf 267 Millionen Dollar an. Um 2020 erwirtschaftete das Unternehmen ca. eine Milliarde Dollar Umsatz. Dabei beschäftigt es (Stand 2019) ca. 1.500 Mitarbeiter.[80] Andere Informationen sprechen sogar davon, dass der geschätzte Umsatz bereits bei 1,5 Milliarden US-Dollar lag. Chouinard hat laut Forbes ein Nettovermögen von 1,2 Milliarden US-Dollar. Das Unternehmen selber soll einen Wert von etwa drei Milliarden Dollar haben.[81]

Nachhaltige und soziale Sternschnuppen bei Patagonia

Yvon Chouinard folgte einer Geschäftsphilosophie, die in vielen Belangen so anders war und ist, dass man glaubt, er sei eine Sternschnuppe von anderen Planeten. Nina Anika Klot nennt ihn deshalb den »wohl radikalsten Umweltaktivisten der amerikanischen Wirtschaft«.[82]

Dazu nur einige Beispiele:

Umweltfreundliches Klettern: Bereits 1971 hat er einen langen Essay über umweltfreundliches Klettern in seinem Bestellkatalog veröffentlicht und darin erklärt, warum die Steckhaken besser sind. Prompt wurden diese gekauft.

Kranke Arbeiter machen ihn hellhörig: Als mehrere Lagermitarbeiter krank werden, stellte sich heraus, dass Formaldehyddämpfe aus fabrikneuer Kleidung schuld daran sind. YC fragte nach: Wo kommen die Stoffe her, wie werden sie gefärbt? Unter welchen Bedingungen werden die Hosen genäht, wie transportiert? Die Folge:

Biobaumwolle: 1993 stellte er deshalb seine gesamte Kollektion innerhalb von 18 Monaten auf Biobaumwolle um, obwohl das zunächst doppelt so teuer ist. Doch Chouinard verliert keine Kunden, nicht, als er die beliebten Haken vom Markt nimmt, und auch nicht, als er die Preise für Kleidung anhebt. »Die Menschen sind nicht schlecht, sie haben oft nur keine Ahnung«, sagt er. Wenn man sie aufkläre, warum ein Produkt gut ist, nachhaltig und von besserer Qualität, seien sie bereit, mehr dafür zu bezahlen. [83]

Fleecestoffe aus alten Plastikflaschen: Chouinard hat in seinem Leben vieles anders und noch mehr besser gemacht als andere Unternehmer: Er hat z.B. Fleecestoffe aus alten Plastikflaschen hergestellt, lange bevor die breitere Bevölkerung vom Begriff Recycling gehört hatte.[84]

Sonnen- und Windenergie: Er hat seine Firma als Erster an der US-Westküste allein mit Sonnen- und Windenergie betrieben.[85]

Frauenarbeit bevorzugt: Wenn im Hauptsitz Ventura eine Stelle frei wird, kann Chouinard im Schnitt aus 900 Bewerbern wählen. Meist entscheidet er sich für Frauen. »Frauen sind cleverer, motivierter, ehrlicher, und sie geben nicht so an«, sagt Chouinard. Seiner Tochter Claire,

bislang Designchefin, würde er die Führung des Unternehmens zutrauen. 77 Prozent der Patagonia-Mitarbeiter sind
Frauen, deshalb ist auch die Auslastung des – natürlich
kostenlosen – Betriebskindergartens sehr hoch.[86]

Eigenverantwortung der Mitarbeiter: Chouinard sagt,
er suche nach Menschen mit einem eigenen Kopf. »Wenn
die Firma brennt, sollen die nicht mich anrufen, sondern
die Feuerwehr.« Es gibt keine festen Pausen und keine
Zeiterfassung bei Patagonia, es gibt nur Arbeit, die erledigt
werden muss, und mündige Mitarbeiter, die selbst entscheiden, wann und wie sie das tun.[87]

Urlaub für Umwelteinsatz: Damals wie heute stellt YC
Individualisten und Idealisten ein. Denen gibt er auch mal
zwei Monate voll bezahlten Urlaub, wenn sie sich in dieser
Zeit für eine Umweltorganisation engagieren.[88]

Nachdenken statt Konsumieren: Über den Kassen der
Patagonia-Flagship-Stores in den USA hängen Plaka-
te: »Bevor du das kaufst, überlege, ob du es wirklich
brauchst.« Das Problem mit diesem Planeten sei, dass
es zu viele Menschen gebe, die zu viel Zeug kauften, so
Chouinard.[89]

1 % des Umsatzes für den Planeten: Bereits im Jahr
1985 setzte Patagonia ein deutliches Zeichen und
verpflichtete sich freiwillig, einen Teil des Gewinns an
Umweltschutzgruppen zu spenden. Seit 2002 spendet
Patagonia jedes Jahr 1 % des Umsatzes an Umweltor-
ganisationen. Viele Firmen hatten sich diesem Programm
angeschlossen und mit Giganten wie Wal-Mart, Nike, The
Gap, Levi Strauss und anderen Bekleidungskonzernen hat

er einen Nachhaltigkeitsindex entwickelt, eine Öko-Ampel für Textilien.[90]

Gemeinwohl und Privatwirtschaft vereinen: 2011 wurde Patagonia Californiens erste Benefit Corporation, eine Unternehmensform, bei der Gemeinwohl und privatwirtschaftlicher Nutzen besser vereinbar gemacht werden sollen.[91]

Unternehmenszweck Weltrettung: Im Jahr 2018 legte Patagonia als Unternehmenszweck die Mission fest: Wir sind im Geschäft, um unseren Heimatplaneten zu retten.[92]

Politisch aktiver Unternehmer: Vor den Präsidentenwahlen 2020 schrieb das Unternehmen auf die Etiketten einiger seiner Shorts den Satz »Vote the Assholes out« – »Wählt die Arschlöcher aus dem Amt«. Einmal verhängte das Unternehmen einen Lieferboykott über ein großes Skigebiet im Bundesstaat Wyoming, nachdem einer von dessen Eigentümern eine Veranstaltung mit Trump-nahen Politikern der Republikanischen Partei organisierte.[93]

Ist die Erde zu retten: Chouinard glaubt, dass Aktivismus und Unternehmertum, Geschäfte zu machen und die Erde zu retten, sich miteinander vereinbaren lassen. So wetterte er mit seinem Unternehmen gegen die Ernennung von US-Präsident Donald Trump, spendete an Umwelt-NGOs, trat gegen Ölkonzerne auf und wies Menschen an, weniger Kleidung zu kaufen.[94]

Absolute Nachhaltigkeit gibt es nicht: Wirklich nachhaltig könne am Ende kein Unternehmen sein, meinte Chouinard einmal in einem Interview. Man könne lediglich versuchen, so wenig Schaden wie möglich anzurichten. Das sei wie beim Bergsteigen: ein niemals endender Weg.[95]

Umweltstiftungen gegründet: Im September 2022 gab Chouinard im Alter von 83 Jahren bekannt, all seine Anteile an Patagonia an zwei eigens gegründete Stiftungen zu übertragen, welche sich dem Klimaschutz und dem Schutz der Artenvielfalt widmen.[96] »Wenn wir in den nächsten 50 Jahren auch nur die geringste Hoffnung auf einen lebenswerten Planeten haben wollen, müssen wir alles tun, was wir mit den uns zur Verfügung stehenden Ressourcen können«, schreibt Chouinard.[97]

Dass ein Unternehmer komplett zurücktritt und für den Kampf gegen Klimawandel auf alle Gewinne verzichtet, sei so bisher noch nie passiert. Dabei verzichtet nicht nur der 83-jährige Gründer auf das Vermögen, sondern auch seine Frau Malinda und seine erwachsenen Kinder Fletcher und Claire, die eigentlichen Erben des milliardenschweren Unternehmens. »Die meisten Milliardäre spenden pro Jahr nur einen sehr kleinen Prozentsatz ihres Vermögens, daher ist das ein bemerkenswertes Ereignis in der Geschichte der US-amerikanischen Philanthropie«, sagt David Callahan, Gründer von »Inside Philanthropy« gegenüber ZDF heute.[98]

Wenn man all diese kurzen Hinweise liest, dann glaubt man, sie stammten von einem anderen Planeten. Nein: Dies ist nicht der Fall. Sie sind Bestandteil einer Firma mit dem Namen Patagonia. Mit dieser Firma hat Yvon Chouinard den Beweis erbracht, dass unternehmerischer Erfolg durchaus in Einklang stehen kann mit Idealismus, Umweltbewusstsein und Mitarbeiterglück. Aber dies ist nur ein weiterer Beweis und wichtiger Hinweis, dass auch ökologische und humanitäre Sternschnuppen selbst im Unternehmensbereich möglich sind und auch getätigt werden können. Es bräuchte in Zukunft nur erheblich mehr solcher Sternschnuppen.

Nochmals: Wirklich nachhaltig könne am Ende kein Unternehmen sein, sagte der US-Amerikaner einmal in einem Interview –

CHOUINARD YVON

siehe oben. Man könne lediglich versuchen, so wenig Schaden wie möglich anzurichten. Auch dies wäre schon eine wichtige Sternschnuppe, von der die unternehmerische Realität meist noch weit entfernt ist.

CHOUINARD YVON

DENGEL Anna (1892-1980)

Eine Sternschnuppe für kranke und schutzlose Frauen[99]

Über Anna Dengel sind in letzter Zeit diverse (leicht zugängliche) Bücher erschienen.[100] Aus diesem Grund wird hier nur eine sehr kurze Zusammenfassung ihrer Lebensgeschichte und ihres Schaffens angeboten. Dass Anna Dengel in einem Buch über humanitäre Sternschnuppen erwähnt werden darf, steht völlig außer Diskussion, zu hervorragend und weit über ihr Heimatland Tirol hinaus bekannt sind ihre Leistungen. Ihre Tätigkeit gehört neben den SOS-Kinderdörfern – die auch in diesem Buch kurz erwähnt werden – zu einem der globalen Tiroler Vorzeigeprojekte, die man nicht hoch genug würdigen kann, wie wohl die SOS-Kinderdörfer viel bekannter sind als Anna Dengel.

Anna Dengel wurde am 16. März 1892 als Älteste von neun Kindern in Steeg (im Außerfern) geboren. Sie selbst erwähnte immer wieder, dass sie vom Ende der Welt komme. Steeg ist bis heute eine bevölkerungsmäßig kleine Gemeinde geblieben, 1890 gab es dort gut 500 Einwohner, 2020 waren es 662. Nach dem frühen Tod der Mutter (sie starb 31-jährig im Jahr 1900), schickte der Vater Anna in die Pensionatsschule der Heimsuchungsschwestern in Hall in Tirol, wohin die Familie bereits 1899 übersiedelt war. Dort erhielt sie eine gute Erziehung und vielseitige Ausbildung.[101] Der frühe Tod der Mutter hat das junge Mädchen Anna wohl tief getroffen und auch innerlich für ihr weiteres Leben geprägt. Später schreibt sie einmal dazu: »Diesem großen Schmerz schreibe ich auch das Mitleid und Erbarmen zu, das ich für Frauen und Kinder in Indien hatte und noch habe.«[102]

Nach der Schulausbildung half Anna bereits als Lehrerin im Schulunterricht aus und ging dann nach Lyon/Frankreich, um dort von 1909 bis 1911 Deutsch zu unterrichten. Man bedenke: Wir befinden uns nicht im Jahr 2009, wo solche internationale Austauschprogramme bereits selbstverständlich sind, wir befinden uns im Jahr 1909, wo so etwas sicher noch seltener war. Dies zeigt, dass Anna schon damals äußerst zielgerichtet ungewöhnliche Entscheidungen traf, was sie auch in Zukunft noch intensiver tun sollte. Wieder zurück in Tirol erfuhr sie von einer Schule in Lyon, die Mädchen für die Krankenpflege in Missionsgebieten ausbildete.[103] Zwar fand sie nicht den Kontakt zu jener Schule, dafür aber berichtete ihr eine Freundin von der schottischen Ärztin Dr. Agnes McLaren. Diese suchte Ärztinnen für Indien und war gleichzeitig gewillt, junge Frauen zu unterstützen, die Medizin studieren wollten, um anschließend in Indien tätig zu sein. Damit begann Anna Dengels Traum, denn diese war »Feuer und Flamme« für den Plan von Agnes McLarens und schrieb ihr sofort wie folgt: »Das ist die Antwort auf meinen größten Wunsch und meine tiefste Sehnsucht: eine Missionarin zu sein mit einem bestimmten Ziel im Auge, eine dringend notwendige Aufgabe zu übernehmen, die nur Frauen erfüllen können. Es ist der Traum meiner Kindheit.«[104] Anna Dengel selbst hat Dr. McLaren nie kennen gelernt, denn diese starb schon 1913, aber ihr Weg war damit vorgezeichnet. Sie war entschlossen, Medizin zu studieren und Ärztin zu werden. Dr. McLaren empfahl ihr die Universität in Cork in Irland, da für Indien ein britisches Diplom vonnöten war und Cork eine katholische Universität hatte. In Cork vervollständigte Anna Dengel zunächst ihre Englischkenntnisse und bestand im Juni 1914 die Aufnahmeprüfung für die medizinische Fakultät. Zwei Monate später begann der Erste Weltkrieg, aber auch der konnte sie nicht mehr aufhalten. Anna beschloss, in Irland zu bleiben und ihr Medizinstudium zu beginnen, als einzige (!) Ausländerin in ihrem Semester. In dieser Zeit konnte sie weder Post noch finanzielle Unterstützung aus der Heimat erreichen, aber auch da wusste sie sich zu helfen. Um Geld zu verdienen, übernahm sie verschiedene Arbeiten. 1919 promovierte sie, gleich darauf bemühte sie sich um ein Visum für Indien und bereits 1920 startete ihr ärztliches Wirken in Rawalpindi (damals Indien, heute Pakistan). Dort durften sich die heimischen Frauen aufgrund religiöser und kultureller Bräuche außerhalb der Familie keinem Mann zeigen – somit war in der Regel auch keine ärztliche Behandlung möglich, da Ärztinnen rar waren. Anna Dengel erlebte in Rawalpindi unsägliches Leid, Krankheit und Sterben, was nur durch gute medizinische Vorsorge und Behandlung gelindert werden konnte.

Dies motivierte sie wohl noch zusätzlich bei ihren weiteren Bestrebungen. 1925 gründete sie den Orden der Missionsärztlichen Schwestern (MMS), um diese dann als Ärztinnen, Hebammen, Pharmazeutinnen, ausgebildete Krankenschwestern in viele Länder zu schicken. Doch die Kirche erkannte die neue Gemeinschaft zunächst nicht als Orden an – denn allen Ordensfrauen war es seit dem Jahre 1215 (!) verboten, ärztlich tätig zu sein. Anna Dengel ließ sich von diesem Verbot nicht abhalten und kämpfte dagegen an. Sie nutzte dazu alle ihre Verbindungen, sie war – wenn man so will – damals schon eine Netzwerkerin. Und ihr intensiver Einsatz war von Erfolg gekrönt. Man bedenke: Eine Frau kann sich gegen den Vatikan behaupten! 1936 wurde dieses Verbot unter Papst Pius XI. aufgehoben und der Orden endlich anerkannt.[105]

Die Gemeinschaft wuchs rasch und schon bald dehnten die missionsärztlichen Schwestern ihren Wirkungskreis von Rawalpindi über ganz Indien aus. Dazu nur eine kleine Fußnote. In der Krankenschwesternschule von Patna war die später heiliggesprochene Mutter Teresa auch eine Schülerin der Missionsärztlichen Schwestern.[106] In der Folge wurden viele Spitäler gebaut und Krankenschwesternschulen errichtet. Während des Zweiten Weltkriegs waren der Ausbreitung des Ordens allerdings Schranken gesetzt. Die Schwestern übernahmen daher im Süden der USA zwei Krankhäuser für People of Color.

Nach dem Zweiten Weltkrieg erfuhr der Orden eine weitere rasche Ausbreitung. Zunächst in Indien und Indonesien und auf den Philippinen, später in Afrika und zuletzt auch in Südamerika. Es wurden Krankenhäuser, Entbindungsstationen, Mutter-Kind-Zentren, etc. errichtet. Schwerpunkt ist bis heute der Einsatz für Frauen und Kinder, für Menschen am Rande der Gesellschaft und in schwierigen Lebenslagen. Ausbildungshäuser entstanden auch in England, Holland und Deutschland. Das Ordensgeneralat wurde 1958 von den USA nach Rom verlegt (heute befindet es sich in London).

In Anna Dengels Heimatland Österreich wurde – anders als etwa im Nachbarland Deutschland – nie eine Niederlassung der Missionsärztlichen Schwestern errichtet. Propheten (und wohl noch mehr Prophetinnen) zählen im eigenen Land bekanntlich nicht sehr viel. Auch war im »heiligen« Land Tirol ihre Anhängerschaft nicht überbordend, eine einzige Missionsschwester, die 1933 im Osttiroler Assling geborene Sr. Stocker-Waldhuber Erna war 2022 noch Mitglied Ihres Ordens. Sie ist zudem auch die einzige (!) aus Österreich. Stocker-Waldhuber verließ 1957 ihre Osttiroler Heimat, um in Innsbruck die Krankenpflegeschule zu besuchen. Danach trat Sr. Erna 1961 in den Orden von Anna Dengel ein.[107]

Die Auf- und Umbruchstimmung der 1960er Jahre samt II. Vatikanischem Konzil führten auch bei den Missionsärztlichen Schwestern zu einer Reihe von Veränderungen. Nach einem Reformkapitel 1967 wurde die Organisationsstruktur der Gemeinschaft dezentralisiert und die Missionsärztlichen Schwestern legten ihren Habit ab und übergaben viele Krankenhäuser an andere, meist staatliche Träger. Zum einen wollte man gerade im Gesundheitssektor den Staat als den eigentlich Zuständigen in die Pflicht nehmen. Zum anderen konnten die so frei gesetzten Kräfte für andere Projekte eingesetzt werden.[108] In dieser Zeit übergab Anna Dengel auch die Ordensführung an Jüngere. Seit der Eröffnung des 1. Missionsspitals in Rawalpindi im Jahr 1927 wurden unter ihrer Leitung weltweit insgesamt 51 Niederlassungen (Missionsspitäler, Studienhäuser, Noviziate) gegründet. Eine Tochter aus dem obersten Lechtal wurde so zur Schöpferin eines globalen Tiroler Vorzeigeprojekts – ähnlich wie die SOS-Kinderdörfer. Die Formulierung »Das Unmögliche wagen« fasst diesen Tatbestand wohl am besten zusammen.[109]

Zu Recht wurde Anna Dengel vielfach geehrt. Sie erhielt verschiedene Ehrendoktorate (das 1. von der Universität Nijmegen), sie wurde zum Ehrenmitglied der Katholischen Ärztegilde Österreichs berufen, mit der St. Lukas Medaille ausgezeichnet, zum ersten weiblichen Mitglied und Ehrenmitglied der Internationalen Chirurgenvereinigung in Chicago ernannt. Sie erhielt die Ehrenbürgerschaft ihres Heimatortes Steeg sowie das Ehrenzeichen der Stadt Hall und den Ehrenring des Landes Tirol. 1967 bekam sie das Große Goldene Ehrenzeichen für die Verdienste um die Republik Österreich. Nach ihrem Tod wurde 1992 von der Österreichischen Post zur Feier ihres 100. Geburtstags auch eine Sonderbriefmarke herausgegeben.[110]

Ihre letzten Lebensjahre waren von schwerer Krankheit gezeichnet. Im Frühjahr 1976 erlitt sie einen Schlaganfall und blieb von da an teilweise gelähmt. Sie starb am 17. April 1980, am gleichen Tag, an dem Dr. Agnes McLaren verstorben war, von der sie den Impuls erhalten hatte, Missionsärztin zu werden. Im Beisein von Trauergästen aus aller Welt wurde sie auf dem Campo Santo Teutonico in Rom beerdigt.[111]

Mit ihrem Denken war Anna Dengel ihrer Zeit um Jahrzehnte voraus. Sie gleicht bisweilen einer Sternschnuppe, die von weit weg auf unseren Globus strahlt. In einer Zeit, als sich in Europa die Nationalisten und ihre todbringenden Regime immer mehr entfalteten und aufstachelten, war sie davon überzeugt, dass wir – über alle religiösen und nationalen Grenzen hinweg – einer globalen Menschheitsfamilie angehören, die sich gegenseitig bei der Notlinderung helfen sollte.[112] Erst wenn ein erheblicher Anteil der Weltgemeinschaft auch so denkt, wird es wohl möglich sein, dass die Saat von Anna endgültig aufgeht. In der Tat: Wir sollten in ihrem Sinne »das Unmögliche wagen«.

DENGEL ANNA

EBADI Shirin (*1947)

Eine Sternschnuppe für die Menschenrechte im Iran

Shirin Ebadi wurde am 21. Juni 1947 in Hamadan im Westen Irans geboren.[113] 1969 schloss sie ihr Studium der Rechtswissenschaften in Teheran ab und wurde die erste Richterin in der Geschichte des Iran. Weil die meisten iranischen Männer keine unabhängige Karrierefrau wollten, die ihnen womöglich überlegen war, hielt sich auch die Zahl ihrer Verehrer in Grenzen, aber 1975 verliebte sich der fünf Jahre ältere Elektroingenieur Javad Tavassolian in sie, und die beiden heirateten noch im selben Jahr.[114]

Von 1975 bis 1979 hatte sie einen Senatsvorsitz im Teheraner Stadtgericht inne. Nach der Islamischen Revolution 1979 wurde sie aus dem Amt getrieben und arbeitete zunächst als Sekretärin bei dem Gerichtshof, den sie vorher leitete, später als Anwältin und Dozentin an der Teheraner Universität. 1994 war sie Mitbegründerin der Kinderrechtsorganisation Society for Protecting the Child's Rights, die beispielsweise die Gesetzgebung für Kinder verbessern will. So wird die Erhöhung des Strafmündigkeitsalters gefordert, die im Iran für Mädchen bei neun und für Jungen bei fünfzehn Jahren liegt.

Ebadi versteht sich als demokratische Frau muslimischen Glaubens. Sie setzt sich auf der Grundlage der Allgemeinen Erklärung der Menschenrechte für eine gleichberechtigte Rolle der Frauen im öffentlichen Leben, für die Rechte von Kindern und für eine Justizreform mit unabhängigen Richtern und Anwälten ein. Menschenrechtsverletzungen wie die Bestrafung durch Steinigung betrachtet sie als Missbrauch der Religion und Fehlinterpretation der Scharia. Ihr Anliegen ist eine pluralistisch demokratische Gesellschaft, fundamentalistisches Gedankengut lehnt sie ab. Ebadi unternahm viele Reisen, um in Zusammenarbeit mit internationalen Organisationen und politischen Gremien weltweit für die Rechte der Frauen und für eine friedliche Welt einzutreten.

Als Anwältin nahm sie sich v.a. um Personen an, die mit der Justiz – einer der Bastionen konservativer Macht im Iran – in Konflikt geraten waren. Deshalb wurde sie 2000 angeklagt, verbrachte 26 Tage in Einzelhaft und wurde zu einer Bewährungsstrafe und zeitlich begrenztem Berufsverbot verurteilt. Dieser Fall lenkte die Aufmerksamkeit internationaler Menschenrechtsgruppen auf die Situation im Iran. Wiederholt versucht sie als Anwältin Personen zu verteidigen, die vom extremistischen konservativen iranischen Regime verfolgt, ja ermordet wurden.

Nicht zuletzt dafür wurde ihr »für ihre Bemühungen um Demokratie und Menschenrechte« 2003 der Friedensnobelpreis verliehen. Shirin Ebadi war damit die erste muslimische Frau, die einen Friedensnobelpreis verliehen bekam. Das Auswahlkomitee würdigte insbesondere auch ihren mutigen Einsatz für die Rechte von Frauen und Kindern.

Drei kleine Details zur Verleihung des Friedensnobelpreises:

> 1) Shirin Ebadi erfuhr während eines Aufenthalts mit ihrer jüngeren Tochter in Paris vom Preis. Als sie im Teheraner Flughafen Mehrabad ankam, jubelten ihr Fünfundzwanzigtausend Menschen zu: »Rund um den Flughafen herrscht an diesem Dienstagabend ein riesiges Verkehrschaos. Als es schließlich überhaupt kein Durchkommen mehr gab, lassen die Menschen ihre Autos einfach stehen, um den Weg zum Flughafen zu Fuß zurückzulegen. Mehr noch wären gekommen, hätte die Regierung die Ankunft Ebadis nicht verschwiegen.«[115]

EBADI SHIRIN

2) Ebadi nahm den Friedensnobelpreis dann ohne Kopftuch in Empfang. Sie begründete dies damit, dass es im
westlichen Kulturkreis jeder Frau selbst überlassen sei, wie
sie sich kleide. Im Iran dagegen trage sie die gesetzlich
vorgeschriebene Kleidung für Frauen, da sie sich als Juristin selbstverständlich an die zurzeit geltenden Gesetze
halte.

3) Die Friedensmedaille war dann nur beschränkte Zeit
in ihrer Verfügungsgewalt, denn Ende November 2009
räumten – nach Angaben der norwegischen Regierung –
die iranischen Behörden ein Bankschließfach von Ebadi
und beschlagnahmten die dort aufbewahrte Medaille und
die dazu ausgestellte Urkunde.

Bereits ein Jahr vorher (2008) entzog ihr das iranische Regime die
Anwaltslizenz, verhaftete Kolleginnen und schloss Ebadis NGOs,
die sich für die Einhaltung der Menschenrechte einsetzten.[116] So
war die Auswanderung nach London nur ein logischer Schritt. [117]

2009 war zudem eine weitere Zäsur in ihrem Leben, denn seit
damals lebt Shirin Ebadi im Exil in Großbritannien. Von dort aus
setzt sie aber ihre Menschenrechtsaktivitäten in aller Welt fort.
Schon vorher wurde sie von den iranischen Behörden immer intensiv bekämpft.

Zu Ihrer Auswanderung meinte sie 2019 einmal: »Ich lebe nicht
aus Angst vor einer Strafe im Exil. Ich habe früher viel Zeit im Gefängnis verbracht und weiß, dass ich das sehr gut aushalten kann.
Aber ich weiß auch, dass man meine Stimme von dort nicht hören
würde. Aus dem Ausland dagegen kann ich für die Menschen im
Iran sprechen.«[118]

Ebadi ist zeitlebens eine Optimistin geblieben. In einem Spiegel
Interview vom Jänner 2019 meinte die damals 71-Jährige auf die
Frage, wann sie in die Rente gehe: »Dann, wenn es endlich Freiheit

für die Menschen im Iran gibt. Ich hoffe, dass wir eines Tages große Veränderungen im Iran sehen. Ohne Blutvergießen. Dann werde ich in meine Heimat zurückkehren.«[119]

Eines ihrer Motos lautete: »Am wichtigsten ist, dass man an die Menschenrechte glaubt«.[120] Diesen Glauben hat Shirin Ebadi – trotz der vielen Rückschläge, die ihr vom iranischen Regime immer wieder zugefügt wurden – nie verloren.

Ihr Optimismus bezüglich des Irans scheint zudem ungebrochen: Auf eine Frage in der Wiener Zeitung vom Februar 2021, ob sie je wieder in den Iran zurückkehren könne, meinte sie: »Ich werde in den Iran zurückkehren, aber erst dann, wenn die iranische Bevölkerung gesiegt hat. Und dann werde ich als Anwältin arbeiten und nur als Anwältin. Ich werde kein anderes Amt anstreben.«[121] Dieselbe Hoffnung zur Rückkehr äußerte sie auch erneut im Oktober 2022 – als gerade wieder große Proteste im Land stattfanden – und sie meinte dazu: »Ich weiß, dass ich eines Tages in ein demokratisches Iran zurückkehre, aber ich kann nicht sagen, wann. Das kann in sechs Monaten oder in einigen Jahren sein. Aber ich bin mir sicher: Iran wird demokratisch sein.«[122] Mögen die Götter ihr diesen Wunsch noch erfüllen. Um die Wende von 2022/23 hat sich Ebadi übrigens mit anderen bekannten Regimekritikern der iranischen Diaspora zu einem neuen Oppositionsbündnis zusammengeschlossen, dessen Ziel die Abschaffung der Islamischen Republik ist.[123]

Noch eine letzte – ganz wichtige – Anmerkung sei erlaubt, die Ulrich Pick am Schluss seiner Rezension zur Autobiographie von Shirin Ebadi anführt. Er meint dazu: »Wenn eine Nobelpreisträgerin, die Zugang zu Medien aus aller Welt hat und selbst Anwältin mit genauen Kenntnissen des iranischen Rechtssystems ist, derart behandelt wird, dann können Sie sich vorstellen, wie diese Regierung mit Bürgern verfährt, die nicht über derlei Möglichkeiten und Kenntnisse verfügen.«[124]

EBDI SHIRIN

GIWA-TUBOSUN Temie (* 1985)

Eine Sternschnuppe für die Blutversorgung

Temie Giwa wurde im Dezember 1985 in Ila Organgun, Osun[125] in Nigeria geboren.[126] Sie war das vierte von sechs Kindern und lebte bis zu ihrem 15. Lebensjahr in Nigeria. Ihr Vater unterrichtete an der Universität, im Haus gab es somit viele Bücher. Dann zog sie mit ihren Eltern in die USA nach Minnesota. Sie wollte Anwältin werden, studierte aber dann Öffentliche Verwaltung und Gesundheitsmanagement. Durch die Teilnahme an einer Uno-Konferenz wurde ihr klar, dass Afrika ihr Schicksal sei.[127] Das Schlüsselereignis dazu war wohl, als sie auf einem Kurztrip in Kano in Nigeria für eine Nichtregierungsorganisation arbeitete, die verarmten Frauen im Norden des Landes medizinische Versorgung anbot. Eine dieser Frauen war Aisha, die bei der Geburt einen starken Blutverlust hinnehmen musste und deren Kind dann auch starb. Da kein Spenderblut zur Verfügung stand, konnten Giwa-Tubosun und die anderen medizinischen Hilfskräfte nur hilflos dabei zusehen. »Ich werde ihren Mut angesichts dieser unvorstellbaren Schmerzen nie vergessen«, sagte Giwa-Tubosun dazu einmal und meinte dann weiter: »Sie inspiriert meine Arbeit jeden Tag.«[128] Das Ereignis habe sie so geprägt, dass sie sich dann drei Tage einsperrte und danach – so sagt sie – war sie vom Thema Gesundheit »wie besessen«. Dazu kam noch ein zweites Schlüsselerlebnis: Die Geburt ihres Sohnes. In der Schwangerschaft stellte man nämlich fest, dass sie Schwangerschaftsdiabetes und –vergiftung hatte. Zudem lag das Baby nicht gut, es wurde eine Steißgeburt und die Ärzte mussten einen Notkaiserschnitt machen. Mutter und Kind konnten gerettet werden. »In Nigeria« sagt Giwa-Tubosun, »wären wir beide gestorben« und fährt fort: »Danach habe ich beschlossen, in meine Heimat zurückzukehren und das Problem der Müttersterblichkeit zu bekämpfen.« [129]

Die Nichtversorgung bzw. nicht funktionierende Blutversorgung ist eine der Haupttodesursachen in Nigeria und genau da setzte Giwa-Tubosun an.[130] Sie gründete 2015/2016 die Firma Lifebank, einen Online-Marktplatz für Blut samt Lieferdienst.

Einige Anmerkungen zu Nigerias Gesundheitsversorgung:[131]

* Bis 2100 wird Nigeria nach Indien und China die drittgrößte Nation der Welt sein.

* Auf 10.000 Einwohner kommen nur knapp 4 Ärzte, in Deutschland sind es 45.

* 97 Prozent der Bevölkerung haben keine Krankenversicherung.

* Über 70 Prozent aller Gesundheitsausgaben müssen deshalb privat bezahlt werden.

* Zwei Millionen Einheiten Blut bräuchte Nigeria jedes Jahr. Tatsächlich verabreicht werden gerade einmal 500.000.

* Deswegen kann jede Verletzung tödlich sein und v.a.: jede Geburt. In Europa sterben 10 von 100.000 Gebärenden an Blutverlust, in Subsahara-Afrika sind es durchschnittlich 511, in Nigeria 917.

GIWA-TUBOSUN TEMIE

* Laut Angaben der Weltgesundheitsorganisation verursachen eine schlechte medizinische Versorgung und insbesondere der Mangel an Blutspenden in Nigeria jedes Jahr 26.000 Todesfälle bei der Geburt;

* Es gibt nur drei Länder auf der Welt, in denen noch mehr Mütter ihr Leben bei der Geburt verlieren: Sierra Leone, Tschad und Südsudan.

* Fast 3.000 private Kliniken gibt es in Lagos. Dazu kommen mehr als 250 öffentliche Gesundheitszentren und 26 staatliche Krankenhäuser. Und alle brauchen Blut.

* Laut WHO haben weltweit nur 28 Prozent der einkommensschwachen Länder eine nationale Blutversorgung. Und selbst unter den Industrieländern sind es nur knapp 80 Prozent.

Diese wenigen Angaben zeigen, wie dringend notwendig die Gründung der Firma Lifebank war. In nur fünf Jahren (2016 bis 2021) hat die Firma etwas geschafft, woran Regierungen und internationale NGOs seit Jahrzehnten scheitern: Sie hat kritische Infrastruktur neu gedacht – und verbessert. Lifebank sorgt dafür, dass das nötige Blut rechtzeitig ankommt, bei der/dem richtigen Patienten:in und am richtigen Ort. Über 10.000 Leben konnten so seit 2016 (bis 2021) gerettet werden.

Die Beschäftigten transportieren das Blut auf Motorrädern durch die Stadt, in Schnellbooten übers Wasser, per Drohne in den Slum. Die Firma liefert aber nicht nur Blut aus, sie ist zugleich ein digitaler Marktplatz, eine Onlineplattform für Blut. Über die Lifebank-App können Blutbanken ihre Vorräte listen – und Krankenhäuser Blutkonserven bestellen.

Ausgangspunkt war Lagos (mit mehr als 23 Mio. Einwohnern). Nachdem das Geschäft in Lagos lief, übernahm Lifebank die Blutversorgung in Nigerias Hauptstadt Abuja, dann im Rest des Landes. 2020 expandierte die Firma nach Kenia, 2021 nach Äthiopien. Sierra Leone, Togo, Malawi und Liberia sollen folgen. PS: Als Covid über Afrika kam, begann Lifebank, neben Blut auch Sauerstoff zu liefern. »Airbank« wurde dieser Teil des Geschäftes genannt, 2021 machte er schon 20 Prozent des Umsatzes aus. 2021 standen auch bereits Krankenhauszubehör und Impfstoffe am Plan der Lieferkette.[132]

Und im Büro von Giwa-Tubosun hängt ein Poster an der Wand, worauf zu lesen ist: »Lifebank Global«, denn Staus, die den Transport von Blut, etc. behindern, gäbe es an vielen Orten unseres Globus und dieses Problem gelte es überall zu beheben. Gelingt dieser Sternschnuppe gar ein globaler Erfolg?

GIWA-TUBOSUN TEMIE

GMEINER Hermann (1919-1986)

Sternschnuppen für verwaiste Kinder

Die Geschichte der SOS Kinderdörfer – einer heute bekannten internationalen humanitären Organisation – ist untrennbar mit Hermann Gmeiner verbunden.[133] Gmeiner wurde am 23. Juni 1919 (+26. April 1986 in Innsbruck) als sechstes von neun Kindern einer Bergbauernfamilie in Alberschwende in Vorarlberg/Österreich geboren. Mit fünf Jahren, im März 1925, wurde er durch den Tod seiner Mutter Halbwaise. Dieser Tatbestand hat ihn wohl zeitlebens geprägt. 30 Jahre später begann Gmeiner deshalb, seine Idee, verwaisten und verlassenen Kindern in der Nachkriegszeit ein neues Zuhause zu geben, zu verwirklichen. Gmeiner gründete 1949 den Verein »Societas Socialis« – frei übersetzt »soziale Gemeinschaft« – der später in SOS-Kinderdorf umgewandelt wurde.

Als Vorbild diente das hauptsächlich für Kriegswaisen 1944 bis 1946 entstandene Schweizer Kinderdorf in Trogen (Kanton Appenzell, Ausserrhoden), welches nach dem Schweizer Philanthropen und Pädagogen »Kinderdorf Pestalozzi« benannt wurde. Die Idee war damals revolutionär. Statt Kinder in anonyme Heime und Erziehungsanstalten zu geben, sollten sie im Schutz und in der Geborgenheit einer Familie aufwachsen.

Endgültig Realität wurde Gmeiners Idee am 15. April 1951, als in Imst das erste Haus mit dem bezeichnenden Namen »Haus Frieden« eröffnet wurde. Dafür hatte Hermann Gmeiner sein gesamtes Vermögen von damals 600 Schilling (rund 44 €) investiert und auch Spendenaufrufe gestartet. In den ersten Spendenaufrufen bat er darum, den Verein mit einem Schilling monatlich (PS: 1 Schilling = 0,073 €) zu unterstützen. Diese Aufrufe fanden eine unerwartete Resonanz, eine Idee, die lokal begonnen hatte, wurde in den nächsten Jahrzehnten zu einem globalen Hilfsprojekt für 100.000e Kinder.

1952 lebten im Imster Dorf bereits 70 Kinder, zwei Jahre später waren es 130. 1959 existierten in Österreich, Deutschland, Frankreich und Italien bereits 20 SOS-Kinderdörfer. In den 1960er Jahren verbreitete sich die Idee auch über Europa hinaus nach Asien und Lateinamerika. So wurde 1963 in Korea das erste Dorf außerhalb Europas eröffnet und 1964 eines in Quito in Ecuador. Das erste afrikanische Kinderdorf wird 1970 an der Elfenbeinküste gebaut. Als 1989 der Eiserne Vorhang fällt, werden auch in Polen, Bulgarien, Rumänien und der Sowjetunion SOS-Kinderdörfer eröffnet.[134] Im Jahr 1996 – zehn Jahre nach Hermann Gmeiners Tod – wurde auch in Australien ein SOS-Kinderdorf gegründet. Somit gibt es heute auf allen fünf Kontinenten SOS-Kinderdörfer.[135] Wenn man bedenkt, mit welch bescheidenen Mitteln Gmeiner um 1950 sein Projekt begonnen hat, ist dies in der Tat eine sprichwörtliche Sternschnuppe am humanitären Himmel.

1953 fuhr Hermann Gmeiner zum ersten Mal mit ca. 25 Kindern an den Caldonazzosee (Norditalien), um dort die Ferien zu verbringen. Mit der Zeit wurde dies zu einer Tradition, das dortige »SOS-Feriendorf« wurde immer größer und es fuhren immer mehr Kinder aus ganz Europa nach Caldonazzo, sodass mittlerweile über 1.000 Kinder ihre Ferien jedes Jahr an diesem See verbringen.[136]

Im Jahr 1995 wurde SOS-Kinderdorf International als »NGO mit beratendem Status (Kategorie II) im Wirtschafts- und Sozialrat der Vereinten Nationen« eingestuft.

Heute ist SOS-Kinderdorf eine nichtstaatliche, unabhängige und überkonfessionelle Organisation, die in über 130 Ländern aktiv ist. Die Rechtsform von SOS-Kinderdorf ist von Land zu Land unter-

GMEINER HERMANN

schiedlich und oft ein Verein oder eine Stiftung. Während in den SOS-Kinderdörfern in armen Ländern vorwiegend Waisenkinder leben, betreut SOS-Kinderdorf in Industriestaaten heute mehrheitlich sogenannte »Sozialwaisen«, d. h. Kinder, deren leibliche Eltern ihre Erziehung nicht wahrnehmen können und die auf Vermittlung eines Jugendamts in einer SOS-Einrichtung untergebracht werden. Der Sitz der österreichischen als auch der internationalen Organisation (Dachverband) ist in Innsbruck. Daneben besteht in jedem Land, in dem SOS-Kinderdorf aktiv ist, eine nationale Organisation.

Auf einen recht heiklen Aspekt muss auch noch verwiesen werden, denn im Mai 2021 ergab eine externe Untersuchung, dass Kinder in SOS-Kinderdörfern in 20 Ländern in Afrika und Asien in den vergangenen 30 Jahren Opfer von Gewalt und sexuellem Missbrauch geworden sein sollen; betroffen seien Kinder in rund 50 von 3.000 SOS-Kinderdorf-Projekten. Eine Untersuchung soll die Vorfälle bis 2023 aufklären.[137] Zum Zeitpunkt der Abgabe des Manuskripts gab es diesbezüglich noch keine Ergebnisse. Es ist aber zu befürchten, dass es sich nicht nur um Vorwürfe handelt und dies auch in Europa.

SOS-Kinderdörfer in der Welt (Stand 2021)

Um einen kleinen Eindruck über die weltweiten Aktivitäten von SOS Kinderdorf zu bekommen, seien einige Zahlen aus dem Jahr 2021 präsentiert, so wie sie von der Organisation selbst veröffentlicht wurden. Die SOS-Kinderdörfer engagieren sich in 137 Ländern und Territorien für Not leidende Kinder und Familien. In Summe betreuten und begleiteten die Einrichtungen 2021 weltweit über eine Million Menschen: Kinder, Jugendliche und Familien.

Dazu wurden auch einige Detailangaben zu einzelnen Bereichen veröffentlicht.[138]

Familie für elternlose Kinder:

• SOS-Kinderdörfer: Dort finden 39.154 elternlose und verlassene Kinder ein liebevolles Zuhause. Die Mädchen und Jungen wachsen in einer Familie zusammen mit Geschwistern auf und werden von einer SOS-Kinderdorf-Mutter betreut.

• Jugendbetreuung: Wenn Jugendliche aus SOS-Kinderdörfern eine weiterführende Schule besuchen oder eine Ausbildung beginnen, ziehen sie in Jugendwohngruppen um. Dort betreut und begleitet SOS-Kinderdorf 22.137 junge Menschen auf ihrem Weg in die Selbstständigkeit.

• Wohngruppen: 1.585 Kinder und Jugendliche, die vorübergehend Unterstützung benötigen, werden familiennah in kleinen Wohngruppen betreut. In der Regel liegt hier der Schwerpunkt auf der Reintegration der Kinder in ihre Herkunftsfamilie.

• Pflegefamilien: Die SOS-Kinderdörfer unterstützen und beraten Pflegefamilien mit insgesamt 4.781 Pflegekindern.

• Weitere Betreuungsprogramme für 10.285 Kinder und Jugendliche: Beispiele sind die temporäre Betreuung von unbegleiteten minderjährigen Flüchtlingen oder die Zusammenarbeit mit Behörden, um Heimkindern eine alternative, familiennahe Betreuung zu bieten.

Hilfe für Familien in Not:

Die SOS-Kinderdörfer unterstützen und beraten Familien in Not, um sie vor dem Zerbrechen zu bewahren und gemeinsam Wege aus der Krise zu finden. Diese Familienhilfe gibt so 423.938 Kindern und Eltern eine Perspektive. Das Hilfsangebot umfasst z.B.:

• Zugang zu Bildung für Mädchen und Jungen, z.B. durch Unterstützung für Schulgebühren, Schuluniformen und Lernmaterialien oder Förderunterricht.

• Gesundheitsversorgung

• Erziehungs- und Familienberatung, psychologische Unterstützung

GMEINER HERMANN

- Fortbildung und Berufsberatung

Bildung:

- Frühkindliche Bildung: Zu vielen SOS-Kinderdörfern gehört eine Kindertagesstätte, die auch Mädchen und Jungen aus der Nachbarschaft offensteht. Zudem gibt es Tagesmütter-Angebote in den Gemeinden. 28.249 Mädchen und Jungen werden so in einem geschützten Umfeld betreut und in ihrer Entwicklung gefördert.

- Grund- und Sekundärbildung: Die Hermann-Gmeiner-Schulen bieten eine hochwertige Schulbildung. Kinder und Jugendliche aus den SOS-Kinderdörfern und deren Nachbarschaften besuchen dort den Unterricht. Darüber hinaus werden z.B. Alphabetisierungskurse angeboten für Eltern und Fortbildungen für Lehrer:innen an Gemeindeschulen. 168.043 Schulkinder und Erwachsene haben dadurch Zugang zu Bildung.

- Berufsausbildung: Mit Berufsbildungszentren, Ausbildungsinitiativen und Fortbildungsangeboten werden zudem 12.213 sozial benachteiligte junge Menschen und Eltern gefördert.

Gesundheit:

- Medizinische Hilfe: Krankenstationen und Kliniken der SOS-Kinderdörfer bieten Kindern, Eltern und schwangeren Frauen eine medizinische Grundversorgung. Mit insgesamt 624.692 Behandlungen im vergangenen Jahr leisteten Ärzt:innen und Pflegekräfte oftmals lebensrettende Hilfe.

- Gesundheitsförderung und Prävention: Durch Beratungs- und Unterstützungsangebote wurden 44.772 Menschen erreicht. Mitarbeiter:innen informieren Kinder und Familien über Gesundheitsthemen und Hygiene und beraten bei der Familienplanung.

Nothilfe:

- In Katastrophen- und Krisengebieten leisten die SOS-Kinderdörfer Nothilfe für Kinder und ihre Familien. 1.063.779 Hilfsleistungen umfassten im Jahr 2020 z.B. Hilfsgüter, Schutz und psychologische Betreuung für unbegleitete Kinder oder Unterstützung beim Wiederaufbau und Neuanfang.

Man bedenke, dass hinter jeder Zahl ein menschliches Schicksal steht: ein Waisenkind, das im Kinderdorf eine neue Familie gefunden hat; eine alleinerziehende Mutter und ihre Kinder, denen die SOS-Familienhilfe eine Perspektive gibt. Etc., etc.

GMEINER HERMANN

GOMEZ VELASQUEZ Iván (* 1955)

Ein Menschenrechtler aus Kolumbien wird Verteidigungsminister

Es kommt wohl nicht alle Tage vor, dass ein Alternativnobelpreisträger einige Jahr nach dieser Auszeichnung Verteidigungsminister seines Heimatlandes wird. Bei Gomez Velasquez Ivan ist dies der Fall. Er ist damit der einzige und erste Alternativnobelpreisträger, der mit einem - für so einen Preis - ungewöhnlichen Posten versehen wurde, und daran wird sich wohl auch in nächster Zeit nicht so schnell etwas ändern.

Kurz zur biographischen Vorgeschichte. Gomez Velasquez wurde am 12. Mai 1955 in Medellín (Antioquia) in Kolumbien geboren. Er studierte an der staatlichen Universität seiner Heimatstadt in Medellín Jura. In der Folge hatte er dann an der Universidad Pontificia Bolivariana und an der Universität von Medellín (Universidad de Medellín) einen Lehrstuhl inne. Des Weiteren war er Lehrbeauftragter für Fachausbildungen an der Universidad Pontificia Bolivariana und an der San Buenaventura-Universität (Universidad de San Buenaventura) in der Stadt Cali. Von 1983 bis 1991 arbeitete Velásquez als Rechtsanwalt.[139] Er wurde in dieser Zeit bekannt durch seine Ablehnung und seine Kritik des Systems der »anonymen Richter« und »geheimen Zeugen«, die durch das sogenannte Statut zur Verteidigung der Justiz eingeführt worden waren.

Weitere Lebensperioden bis zum Aufstieg zum Verteidigungsminister seien in der Folge in aller Kürze angedeutet:[140]

Im September 1991 wurde er zum »Procurador Departamental« von Antioquia ernannt und war somit bis 1994 stellvertretender Staatsanwalt im Bezirk Antioquia. Er leitete dort Ermittlungen wegen Folter, außergerichtlichen Hinrichtungen und Misshandlungen an Zivilisten ein. Dabei ging es um Verbrechen, die im jahrzehntelangen Bürgerkrieg Kolumbiens (seit Mitte der 1960er Jahre) begangen wurden. In diesem Konflikt kämpften Regierungstruppen und paramilitärische Milizen gegen linksgerichtete Guerillagruppen. Er ermittelte unerschrocken und schuf mit anderen staatlichen Einrichtungen eine interinstitutionelle Organisation für Menschenrechte. So sorgte er für eine enge Zusammenarbeit von Staat, Polizei und Justiz mit der Kirche sowie Nichtregierungsorganisationen und Menschenrechtsgruppen.

1996 wurde Gomez Velasquez Assistenzrichter am Obersten Verwaltungsgericht (Consejo de Estado) und ein Jahr später Regionaldirektor der Staatsanwaltschaft in Medellín (bis 1999).

2000 wurde er zum Assistenzrichter am Obersten Gerichtshof (Corte Suprema de Justicia) gewählt, der in letzter Instanz über Strafsachen entscheidet. Dort war er 2006 ff. als Ermittlungsrichter und Leiter einer Kommission zur Aufklärung des sogenannten »Parapolitik«-Skandals die treibende Kraft bei den Prozessen, in denen Dutzende Kongressabgeordnete angesichts ihrer Verbindungen zu Paramilitärs wegen Verbrechen gegen die Menschlichkeit angeklagt und verurteilt wurden. Dass so viele heikle juridische Tätigkeiten in einem relativ gewaltdurchseuchten Land wie Kolumbien immer auch mit persönlichem (Lebens-)Risiko verbunden waren, liegt auf der Hand. Er war wiederholt ungerechtfertigten Anschuldigungen und Morddrohungen ausgesetzt.

Als Ermittlungsrichter befasste er sich z.B. seit Juli 2005 mit den Untersuchungen, die der Oberste Gerichtshof anstellt, um die Verbindungen von Mitgliedern des kolumbianischen Kongresses (der Legislative) mit paramilitärischen Organisationen aufzudecken. Er war Koordinator der Kommission für investigative Unterstützung,

GOMEZ VELASQUEZ IVÁN

die vom Obersten Gerichtshof eigens für die Ermittlung in diesen Verfahren geschaffen wurde.

Diese Untersuchungen haben immer wieder zu großen Spannungen in den Beziehungen zwischen dem damaligen Staatspräsidenten Alvaro Uribe und dem Obersten Gerichtshof geführt.

Diese Zusammenstöße und die erlittenen Bedrohungen veranlassten die Interamerikanische Menschenrechtskommission dazu, Velásquez Gómez im Dezember 2008 Schutzmaßnahmen (medidas cautelares) zu gewähren und den kolumbianischen Staat um seinen besonderen Schutz zu ersuchen. Damit entsprach sie einem Antrag, den die Internationale Juristenkommission (Comisión Internacional de Juristas), die Weltorganisation gegen Folter (Organización Mundial contra la Tortura) und die Interdisziplinäre Menschenrechtsgruppe (Grupo Interdisciplinario por los Derechos Humanos) gestellt hatten.

Am 16. Oktober 2008 legte deshalb Human Rights Watch einen Bericht mit dem Titel «El gobierno obstaculiza la justicia" (Die Regierung behindert die Justiz) vor, in dem auf die besonderen Schwierigkeiten eingegangen wird, denen der Oberste Gerichtshof und der Ermittlungsrichter Velásquez Gómez wegen der genannten Untersuchungen ausgesetzt waren. Diese Untersuchungen sind in Kolumbien als »parapolítica«, Para-Politik, bekannt.

Vom 1. Oktober 2013 bis zum 3. September 2019 war Velásquez Gómez für die UNO tätig, und zwar zuerst für Ban Ki-moon und dann für Antonio Guterres. Wieder ging es um Menschenrechte. Im Rahmen dieser Tätigkeiten wurde er z.B. im September 2017 vom damaligen guatemaltekischen Präsidenten Jimmy Morales als Beauftragter der Internationalen Kommission gegen Straflosigkeit in Guatemala (CICIG) zur persona non grata erklärt.[141] Diese Handlung zog damals in Guatemala eine Staatskrise nach sich. Es kam zu mehreren Rücktritten von Minister:innen und zu landesweiten und internationalen Protesten. Es ging um Vorwürfe bezüglich Geldwäsche und Korruption, die sich innerhalb der Regierung von Morales ereignet haben sollen. Das Verfassungsgericht hat dann aber die Anordnung zur Wegweisung von Velazquez Gomez für ungültig erklärt und es wurde bestätigt, dass er weiterhin als CICIG-Kommissar arbeiten dürfe.[142]

Bei der Präsidentenwahl im Frühjahr 2022 kam es in Kolumbien zu einem politischen Wechsel, denn es siegte der linksgerichtete Gustavo Petro im zweiten Wahlgang (19. Juni 2022) recht knapp mit 50,44 Prozent der Stimmen.[143] In dessen Kabinett nun wurde im August 2022 Gómez Velásquez zum Verteidigungsminister von Kolumbien ernannt. Es ist dies, wenn man so will, die höchste Stufe auf seiner Karriereleiter. Wie schon oben erwähnt, wird es auf globaler Ebene wohl kaum einen Verteidigungsminister geben, der sich in seiner beruflichen Laufbahn so viel mit Menschenrechten beschäftigt und dafür eingesetzt hat wie Gómez Velásquez. Ist dies nicht schon per se eine kleine humanitäre Sternschnuppe, die beachtenswert sein sollte?

So gesehen ist es auch gerechtfertigt, dass Gómez Velásquez Iván für seine Aktivitäten und seinen Mut immer wieder geehrt wurde. Nur drei Auszeichnungen seien deshalb abschließend noch genannt.

2011 erhielt er für seine Verdienste um die Menschenrechte in seiner Heimat den Human Rights Award der International Bar Association.

2012 wurde er mit dem Menschenrechtspreis des Deutschen Richterbundes ausgezeichnet. Die Preisstifter wollten damit einen Beitrag zur Stärkung der allgemeinen Menschenrechte und Grundfreiheiten leisten. Der Preis wurde mit 5.000 € versehen.[144]

2018 erhielt er schließlich gemeinsam mit der Juristin Thelma Aldana (* 1955) aus Guatemala den nicht dotierten Alternativen Nobelpreis. Die beiden Personen wurden für ihr Engagement gegen Machtmissbrauch und Korruption ausgezeichnet.[145]

HAMLIN Catherine (1924-2020)

Eine Sternschnuppe für Frauengesundheit

Catherine Hamlin (geborene Nicholson) kam 1924 in Sydney/ Australien zur Welt und schloss 1946 auch ihr Medizinstudium ab.[146] Sie war anschließend in zwei Krankenhäusern in Australien tätig und spezialisierte sich danach am »Crown Street Women's Hospital« in Sydney im Bereich der Geburtshilfe. 1950 heiratete sie Reginald Hamlin, der im gleichen Krankenhaus arbeitete und wie sie Arzt im Fach der Gynäkologie und Geburtshilfe war.

Eine Stellenanzeige im »Lancet« veränderte 1959 nicht nur Hamlins Leben, sondern auch das tausender anderer Frauen. Das Princess Tsahai Memorial Hospital in Addis Abeba suchte Ärzt:innen für die Hebammenausbildung. So ging sie mit ihrem Mann nach Äthiopien. Persönlich meinte sie selber dazu einmal: »Ich glaube, Gott hat Reg und mich nach Äthiopien geführt. Wir waren auf der Suche nach einer erfüllteren Arbeit in einem Entwicklungsland und haben auf eine Anzeige in der medizinischen Fachzeitschrift The Lancet geantwortet, in der Gynäkologen in Addis Abeba gesucht wurden. Es sollte eine Hebammenschule aufgebaut werden. Wir hatten keine Ahnung, dass uns diese Chance zu unserem Lebenswerk führen würde«.[147]

Wie unsicher das politische Umfeld war, in das sich Catherine mit ihrem Mann Reg begab, sei mit einem kurzen Hinweis aus der Anfangszeit dokumentiert. Während eines Putschversuchs des Anführers der kaiserlichen Leibwache im Jahr 1960 befand sie sich gerade auf der Entbindungsstation bei der Geburt eines Babys, als sie plötzlich Schüsse hörte. Einige Kugeln flogen an dem Fenster des Raumes vorbei, in dem sie gerade gearbeitet hat. Catherine fuhr mit ihrer Arbeit aber unbeirrt weiter und konzentrierte sich ausschließlich auf die Patientin.[148]

Eigentlich war ihr Aufenthalt in Äthiopien nur für drei Jahre geplant, aber Hamlin und ihr Mann kamen und blieben bis zum Lebensende. Dabei wurden sie in Addis Abeba vom ersten Tag an mit einer der schlimmsten Komplikationen der Geburtshilfe, den Geburtsfisteln, konfrontiert. Diese treten in Industrieländern aufgrund verbesserter Gesundheitsversorgung kaum mehr auf, sehr wohl aber in armen Ländern. In ihrer persönlichen Erinnerung schreibt Catherine Hamlin dazu: »Die traurige Erscheinung unserer ersten Fistelpatientin hat uns tief berührt und erschüttert: eine hübsche junge Frau in uringetränkter, zerlumpter Kleidung, die allein in unserer Ambulanz saß, getrennt von den anderen wartenden Patienten. Wir wussten, dass sie mehr als alle anderen dringend Hilfe brauchte«.[149]

Als immer mehr verzweifelte Frauen an ihre Tür klopften, kamen die Hamlins auf die Idee, ein eigenes Krankenhaus zu gründen. Englische Kirchengemeinden, medizinische Fakultäten und Privatleute in mehreren Commonwealth-Ländern und den USA sammelten Geld für den Bau, die äthiopische Regierung stellte Land zur Verfügung, und so wurde 1974 das »Fistula Hospital« eröffnet.[150] Fisteln entstehen vor allem in ländlichen Gebieten ohne ausreichende geburtshilfliche Versorgung.[151] Sie entstehen bei zu langen Geburtsverläufen, bei denen der kindliche Kopf im Becken feststeckt und dies durch Druck auf das umgebende Beckengewebe zu Schäden desselben und zu fehlender Durchblutung und Sauerstoffmangel führt. Die Folgen sind recht schlimm, denn nach der Geburt stirbt das geschädigte Gewebe von Harnblase oder Enddarm ab, und es entstehen Öffnungen/Fisteln von Blase und Darm zur Scheide hin. Nur eine rechtzeitige operative vaginale Entbindung oder ein Kaiserschnitt kann das Entstehen dieser Fisteln verhindern. Die Fisteln selber führen dann zu einer unkontrollierten Entleerung von Urin oder Stuhlgang in die Scheide. Dies führt zu enormen negativen gesellschaftlichen Folgen, denn Frauen und Mädchen mit Fisteln werden auf Grund der permanenten Geruchsbelästi-

HAMLIN CATHERINE

gung von ihren Familien, Ehepartnern und der Gesellschaft ausgeschlossen und fristen so ein bedauernswertes Leben in sozialer Isolation. Weltweit wird die Zahl der Frauen mit geburtshilflich bedingten Fisteln auf ein halbe bis zu zwei Millionen geschätzt; letztere Zahl entspricht wohl mehr der Realität. Afrikanische Frauen sind auf Grund der unzureichenden medizinischen Versorgung, vor allem in ländlichen Bereichen, besonders betroffen (ca. drei bis vier Fälle pro 1.000 Geburten).

Dagegen nun kämpfte Catherine Hamlin mit bewundernswertem und gewaltigem Aufwand in dem von ihr gegründeten ersten Fistel Hospital in Addis Abeba an und blieb dort bis kurz vor ihrem Tod aktiv. Das Hospital selbst – wo Frauen kostenlos behandelt werden – wurde zu einem Lehrkrankenhaus für Fistelchirurgen in Äthiopien und der ganzen Welt. Hamlin entwickelte eine ganzheitliche Versorgungstrategie mit Beratung, Operation, Ausbildungsprogrammen für afrikanische Ärzte, Nachsorge, Physiotherapie und Aufklärung. Sie entwickelte nicht nur die operativen Techniken weiter und passte sie den afrikanischen Gegebenheiten an, sondern sie hat im Laufe ihrer über 60 jährigen (!) gynäkologischen Tätigkeit mehr als 60.000 Frauen und Mädchen mit geburtshilflichen Fisteln operiert[152] und sie so vor den krankmachenden Effekten, sozialer Isolation und vorzeitigem Tod bewahrt. Sie wurde so zu einer humanitären Sternschnuppe für viele Mädchen und Frauen. Die Hamlins entwickelten Operationstechniken, die mehr als 90 Prozent der Patientinnen vollständig heilte.[153]

Als ihr Mann Reginald im August 1993 starb, übernahm Catherine Hamlin – obwohl schon fast 70 Jahre alt – die Leitung des Fistula Hospitals. Mit ihrem lebenslangen, bewundernswerten Engagement hat sie den im »Fistula Hospital« operierten afrikanischen Frauen ihre Würde zurückgegeben. Vielfach ausgezeichnet hat sie es immer abgelehnt, als Heldin bezeichnet zu werden, und begründete ihr Tun mit den schlichten Worten: »Ich bin einfach nur eine Frau«.[154]

Auszeichnungen

Catherine Hamlin wurde 1995 als Companion in den Order of Australia aufgenommen und erhielt damit die höchste Auszeichnung ihres Heimatlandes. Die University of Sydney (2005) und die University of Dundee (2006) verliehen ihr einen Ehrendoktortitel. Vom American College of Surgeons (2003) und dem Royal College of Surgeons of Edinburgh (2005) wurde sie zum Honorary Fellow ernannt. Mindestens zweimal wurde sie für den Friedensnobelpreis vorgeschlagen, hat ihn allerdings nie bekommen. Dagegen wurde sie 2009 mit dem Alternativen Nobelpreis ausgezeichnet.[155]

Was bedeutet die Hilfe von Hamlin für die Betroffen? Einige Beispiele:

Nur skizzenhaft seien diese angedeutet. Bei einem ihrer Rundgänge durch die Klinik fragte Catherine Hamlin einmal eine Patientin: »Was war das Schlimmste in Ihrem Leben?«. Die junge Elfinesh, die vier Jahre zuvor ihr Baby verlor und eine Geburtsfistel in Blase und Mastdarm zurückbehielt, antwortete ohne Zögern: »Die Einsamkeit; niemals die Möglichkeit, mit anderen zusammen zu sein und der Geruch und die konstante Nässe am Körper.« Nur nach Einbruch der Dunkelheit traute sie sich aus der Hütte, um dem Gespött der Dorfmädchen zu entgehen.[156]

Eine besonders eindrucksvolle Geschichte erzählt auch die 21-jährige Jefere. Dreißig lange Tage war sie zu Fuß unterwegs, bis sie das Fistel-Spital erreichte. Sie hat im Freien geschlafen und auf Märkten um Essen gebettelt. Ihr Heimatdorf lag zwei Tagesmärsche von der nächsten befestigten Straße entfernt. Wo sie lebt, bestimmen seit jeher andere, was aus einem Mädchen wird. Also wurde auch Jefere nicht gefragt, wann und wen sie heiraten wollte. Ihr Vater hatte mit der Familie eines Mannes verhandelt, den das Mädchen gar nicht kannte. Plötzlich war Jefere mit ihm verheiratet und dann dauerte es nicht lange, bis sie schwanger wurde. Da war sie 14. Als sich die Geburt ankündigte, musste sie wegen der Vernarbungen durch die Genitalverstümmelung, die Jefere wie fast alle Äthiopierinnen hinter sich hat, aufgeschnitten werden. Das fand sie zwar schmerzhaft, aber noch normal. Doch dann ging alles schrecklich schief.[157] Noch Wochen und Monate nach der Geburt ihres toten Babys glaubte Jefere fest daran, dass sie wieder gesund würde. »Ich bin einfach in meiner Schlafecke liegen geblieben und habe mich so wenig wie möglich bewegt«, erzählt sie. »Ich dachte, dann heilt das.« Aber Scheidenfisteln heilen nicht von selbst. Jeferes Ehemann konnte schließlich seine übel riechende junge Frau nicht mehr ertragen und schickte sie zu ihren Eltern zurück. Aber auch die wollten sie nicht mehr in der Nähe haben. Am Dorfrand musste sie sich schließlich in einer leer stehenden Hütte einrichten. Tagsüber verrichtete sie Feldarbeit, allein und weit entfernt von den anderen Dorfbewohnern. Abends brachte ihr die Mutter Essensreste. Fast sechs Jahre lang kümmerte Jefere so vor sich hin. »Am schlimmsten war die Einsamkeit. Die hat mich fast verrückt gemacht«, versichert sie.

Eine Frau, die erst als 60-Jährige davon gehört hatte, konnte gar nicht mehr aufhören zu weinen, als sie endlich wieder trocken zwischen den Beinen war. Über vierzig Jahre lang hatte sie nach einer Totgeburt das Elend einer Scheidenfistel ertragen müssen. »So viel vergeudete Zeit, in der ich nicht gewusst habe, dass mir geholfen werden kann«, klagte sie ein ums andere Mal.[158]

Es dauerte am Anfang sehr lange, bis die äthiopischen Frauen überhaupt von der Existenz des für viele so wichtigen Krankenhauses erfuhren. Im Schnitt, so heißt es, ganze fünf Jahre. Nun ist das Krankenhaus aber so bekannt, dass man in Addis Abeba die Adresse gar nicht mehr nennen muss, die Klinik ist in der ganzen Stadt bekannt. Die Behandlung der Frauen erfolgt gratis und so berichtete Catherine Hamlin einmal: »Zum Abschied bekommen sie von uns ein bisschen Fahrgeld und ein neues Kleid als Symbol für das völlig neue Leben, das da draußen auf sie wartet.« In der Tat eine humanitäre Sternschnuppe für die betroffenen Frauen.[159]

Das Engagement der Hamlins wirkt nach

Catherine Hamlin kümmerte sich auch persönlich immer um die Patientinnen, um ihnen Trost zu spenden. Bei den Kontrolluntersuchungen hielt sie die Hände der Patientinnen, beruhigte besonders nervöse Frauen vor der Operation. Sie war bekannt dafür, dass sie noch nicht vollständig geheilte Patientinnen mit ihrer ruhigen, gelassenen Art aufheiterte. Sie war sich auch nicht zu gut, sogar die Kittel für den Operationssaal und die Laken für die Betten auf ihrer eigenen Nähmaschine zu nähen.[160]

Heute ist Hamlin Fistula Ethiopia ein Netzwerk für die Gesundheitsversorgung mit sechs Hamlin Fistula Hospitals, dem Desta Mender Rehabilitation Center (»Dorf der Freude« auf Amharisch, siehe dazu unten), dem Hamlin College of Midwives und 80 Hebammenkliniken, die alle von der Catherine Hamlin Fistula Foundation unterstützt werden. Die über 550 äthiopischen Mitarbeiterinnen und Mitarbeiter führen Catherines Traum weiter, die Gesundheitsversorgung von Frauen in ganz Äthiopien zu verbessern. »Ich bin dankbar, dass ich großartige Mitarbeiter:innen habe. Die Zukunft unserer Krankenhäuser ist in guten Händen«, betonte Catherine einmal. Und weiter meinte sie, als sie noch am Leben war: »Ich versuche immer noch, die Welt wach zu rütteln und den Menschen von den Frauen zu erzählen, die wir behandeln. Es wärmt mir das Herz, dass so viele Menschen unsere Arbeit unterstützt haben« … »Zu sehen, wie ein Mädchen aus bitterer Armut und voller Traurigkeit und Kummer plötzlich ein neuer Mensch wird, das ist die Freude, die Fistelchirurgen erfahren, wenn sie diese jungen Menschen heilen. Ich empfinde tiefe menschliche Liebe für diese Frauen. Mein Gefühl für sie, mein Mitgefühl für sie, ist unendlich groß.« … »Mein Traum ist es, die Geburtsfisteln auszurotten. Und zwar für immer. Ich werde das in meinem Leben nicht mehr schaffen, aber Sie können es schaffen.«[161]

HAMLIN CATHERINE

Und was passiert mit den Mädchen und Frauen, bei denen die inneren Verletzungen durch die Geburtsfisteln so schwer sind, dass sie einen künstlichen Darmausgang brauchten und deshalb für den Rest ihres Lebens auf die Nähe moderner medizinischer Einrichtungen angewiesen sind? Die somit nie wieder nach Hause gehen können? Sie kommen nach Desta Mender.

Desta Mender: Ein Dorf der Freude

Für sie ist in den Bergen bei Addis Abeba die Siedlung Desta Mender gegründet worden. Desta Mender bedeut auf Amharisch »Dorf der Freude«. Dies ist ein von Gemüsebeeten und einem kleinen Wäldchen umgebener Ableger des »Fistula Hospital«.

In einem der hübschen weißen Rundhäuser lebt Banju, eine aufgeweckte 16-Jährige. Das Mädchen war mit 13 Jahren mit einem orthodoxen Priester verheiratet worden, Schwangerschaft und Geburt haben ihre Gesundheit unwiederbringlich zerstört. Sie hat sieben Operationen hinter sich, wird nie mehr eigene Kinder haben können, hinkt und ist Stomaträgerin. Trotzdem strahlt Banju wie ein glückliches Kind. »Meine Familie ist jetzt hier«, sagt sie, und die drei anderen jungen Frauen, mit denen sie ein Schlafzimmer teilt, nicken bestätigend. »Noch nie in meinem Leben ist es mir so gut gegangen.« Insofern hat Catherine Hamlin den Namen für die Siedlung wirklich gut gewählt: »Dorf der Freude«.[162]

HEILIGE und humanitäre Sternschnuppen

Zwei ambivalente Beispiele aus dem 20. Jahrhundert

»Tutti i santi hanno i loro difetti«, heißt es im italienischen Volksmund: »Alle Heilige haben auch Fehler«.[163] Und in der Tat, diese Feststellung dürfte einen wahren Kern in sich bergen. An zwei Heiligen des 20. Jahrhunderts, die wegen ihres humanitären Engagements von vielen Gläubigen der katholischen Kirche hoch verehrt werden, sei dies kurz und sicher auch nur fragmentarisch dokumentiert. Ausgewählt wurde die Heilige Mutter Teresa (heiliggesprochen am 4. September 2016) und der Heilige Pater Maximilian Kolbe (heiliggesprochen am 10. Oktober 1982). Die wenigen Skizzen über diese beiden Heiligen verstehen sich klarerweise nur als Chiffren, wobei aber nicht nur die humanitären Leistungen, sondern auch ihre Schattenseiten beleuchtet werden sollen. Würde man dies nicht tun, würde man der historischen Realität nicht gerecht werden. Begonnen sei mit Bojaxhio Agnes Gonxha, besser bekannt als Mutter Teresa. Schon ihr Taufname war Symbol für eine Aufnahme in den Kanon der Heiligen: Agnes bedeutet nämlich übersetzt aus dem Griechischen: die Reine, die Keusche, die Geweihte, ja, die Heilige.

BOJAXHIO Agnes Gonxha
(Mutter TERESA) (1910–1997)

MUTTER TERESA

Eine ambivalente Sternschnuppe für völlig
Vernachlässigte und Sterbende

Kurz zur Biographie und zu ihrem Werdegang

Mutter Teresa wurde am 26. August 1910 in Üsküp (heute Skop-je) im Osmanischen Reich auf dem Gebiet des heutigen Nordma-zedoniens geboren.[164] Sie wuchs als Kind einer wohlhabenden albanischen Familie auf und wurde mit ihren beiden Geschwistern katholisch erzogen. Ihr Vater war ein Kaufmann. Ihre Schulausbil-dung erhielt Teresa in einer katholischen Mädchenschule. Als sie acht Jahre alt war, starb ihr Vater überraschend. Dies veranlasste sie, sich noch mehr religiösen Fragen zu widmen und so ent-schied sie sich schon im Alter von zwölf Jahren für ein Leben als Ordensfrau. Bereits mit 18 bat sie um die Aufnahme ins Noviziat der Loretoschwestern. Die Sisters of the Blessed Virgin Mary, ein irischer Zweig der Englischen Fräulein, engagierten sich damals besonders im Unterrichtswesen in Bengalen. Zunächst wurde sie ins Mutterhaus der Loretoschwestern nach Irland, aber bereits nach zwei Monaten von dort nach Bengalen geschickt.

Ihr Noviziat fand seit 1929 in der Stadt Darjeeling statt. Bei der Einkleidung nahm sie mit Bezug auf die hl. Therese von Lisieux den Ordensnamen Teresa an. In der Krankenschwesternschule von Patna war sie eine Schülerin der von Anna Dengel gegründeten Missionsärztlichen Schwestern.[165] In Kalkutta legte sie die Profess ab und war dort siebzehn Jahre in der St. Mary's School tätig, wo sie zuerst als Lehrerin, später als Schulleiterin wirkte.

Auf einer Fahrt durch Kalkutta verspürte sie am 10. September 1946 beim Anblick eines Kruzifixes die Berufung, den Armen zu helfen. In ihrem Tagebuch schilderte sie dieses Erlebnis als mystische Begegnung mit Jesus, der sie mit den Worten »Mich dürstet« dazu aufgefordert habe, ihm in den Ärmsten der Armen zu dienen. Sie suchte um Erlaubnis an, die Klausur der Loretoschwestern für dieses Apostolat einstweilig verlassen zu dürfen. Sie durfte dies dann zwei Jahre später, blieb aber noch beim Orden. Fortan lebte sie in Kalkutta, wo sie zunächst allein wirkte, bis sich ihr einige frühere Schülerinnen anschlossen.[166]

Dabei ist es vielleicht wichtig, auch den historischen Hintergrund nicht zu vergessen. Nach einer Hungersnot in Bengalen stürzen Unruhen zwischen Moslems und Hindus im August 1946 die Stadt ins Chaos.[167] Es gab damals in der Stadt katastrophale soziale Zustände, die auf Mutter Teresa wohl auch eingewirkt haben.

Mit Erlaubnis des Vatikans gründet sie 1950 ihre eigene Gemeinschaft mit anfangs 13 Mitgliedern. Teresa tauscht ihr Habit, die in katholischen Orden übliche Tracht, gegen einen einfachen weißen Sari mit blauer Borte, nimmt die indische Staatsbürgerschaft an und geht in die Slums von Kalkutta. Sie hat zunächst kein Geld, zieht aber rasch Spenden und Helfer an. Die Ordensgemeinschaft kümmert sich um Sterbende, Waisen, Obdachlose und Kranke. Ihr besonderes Engagement lag auch in der Betreuung von Leprakranken.[168] 1952 eröffnet sie in einem verlassenen Hindu-Tempel ein Kranken- und »Sterbehaus«. Dazu Mutter Teresa: »Ein schöner Tod für Menschen, die wie Tiere lebten, bedeutet für sie, wie Engel zu sterben«.[169] Eine schon damals – zumindest etwas eigenwillige – Interpretation des Sterbens.

Im Laufe der nächsten Jahre und Jahrzehnte wächst und wächst der Orden zu einem »internationalen Konzern«. Heute arbeiten laut Wikipedia für den Orden mit dem Namen »Missionarinnen der Nächstenliebe« mehr als 5.000 Schwestern in ca. 135 Ländern. Die Kongregation unterhält 710 Häuser, darunter sind Heime für Sterbende, Lepra- oder Aidskranke, Obdachlose und Kinder.[170] Seit Anfang der 1960er Jahre wird Mutter Teresa mit einer ganzen

MUTTER TERESA

Menge an Ehrungen und Ehrendoktorwürden (Rom, Cambridge, New Delhi, Washington, etc.) geradezu überhäuft.[171] Es gibt vermutlich kaum eine Heilige (und auch keinen Heiligen), die/der zu Lebzeiten so viele Ehrungen auf sich buchen konnte wie sie. Die berühmteste ist wohl der Friedensnobelpreis von 1979. Die Selig- und die Heiligsprechung (2003 bzw. 2016) erfolgten in Windeseile, wenn man bedenkt, dass Mutter Teresa erst am 5. September 1997 gestorben ist. Der Seligsprechungsprozess begann bereits im Juni 1999 mit besonderer Erlaubnis von Papst Johannes Paul II, da ein solches Verfahren üblicherweise frühestens nach fünf Jahren eingeleitet wird. Insgesamt dürfte es sich um das bis dahin kürzeste Seligsprechungsverfahren der Neuzeit gehandelt haben.[172] Auch die Heiligsprechung zählte zu den schnellsten der Neuzeit; in modernen Zeiten soll es nur bei Papst Johannes Paul II noch schneller gegangen sein.[173] Anlässlich der Heiligsprechung bezeichnete der Spiegel Mutter Teresa sogar als »ersten Popstar der katholischen Kirche«.[174] Mutter Teresa tat offensichtlich auch einiges für ihre PR. Ihre vertraute Freundin Sunita Kumar berichtete, dass Mutter Teresa zu Spitzenzeiten ihres Engagements bis zu fünf oder sechs Monate im Jahr auf Auslandsreisen war.[175] Sie empfing Prinzessin Diana, traf den britischen Musiker Bob Geldorf und den US-Präsidenten Ronald Reagan. Sie wurde von Präsident Clinton besucht. Selbst Fidel Castro öffnete ihr die Tür.[176] Papst Johannes Paul II stand ihr sehr nahe.[177] Auch Gorbatschow, Niki Lauda oder Richard von Weizsäcker und viele mehr bewunderten sie.[178] Nicht zuletzt waren auch Robert McNamara, der ehemalige Weltbankpräsident und US-Verteidigungsminister, und andere bekannte Politiker für die Nominierung zum Friedensnobelpreis wichtige Befürworter. Selbst vom Diktator Haitis Jean Claude Baby Doc Duvalier – bekannt für seine Schreckensherrschaft[179] – erhielt sie 1981 die höchste Auszeichnung des Landes, den »Legion d'honneur«.[180]

»Alle Heilige haben auch Fehler«

So gefeiert und verehrt die Aktivitäten von Mutter Teresa wurden (und werden), so heftig war z.T. auch die Kritik an einzelnen ihrer

Aktivitäten und Verhaltensweisen. Wie weit die einzelnen Kritikpunkte gerechtfertigt sind, kann an dieser Stelle nicht beurteilt werden, es ist aber wohl anzunehmen, dass es sich nicht nur um Unterstellungen handelt.

Beginnen wir mit dem eben erwähnten Diktator Haitis Jean Claude Baby Doc Duvalier. Vom US-Fernsehsender CBS auf den hitianischen Diktator angesprochen, der dann wegen Korruption etc. des Landes verwiesen wurde, antwortete sie, sie habe »niemals die Armen so vertraut mit ihrem Staatsoberhaupt gesehen. Es war eine wunderschöne Lektion für mich.«[181] So eine Stellungnahme ist entweder naiv oder ironisch, ja, es war ihr offensichtlich kein Problem, wer sie unterstützte und woher auch immer die Spenden für ihre Projekte kamen. So soll sie 1,25 Millionen US-Dollar Spenden von Charles Keating angenommen haben, der, neben seinem Kampf gegen Pornographie, viele US-Amerikaner um die Summe von insgesamt 252 Millionen US-Dollar betrogen hatte und dafür zu 12 Jahren Gefängnis verurteilt wurde. Mutter Teresa setzte sich für ihn sogar mit einem Brief an den Richter ein und bat diesen um Gnade. Der Staatsanwalt wandte sich darauf mit einem Brief an Mutter Teresa mit der Bitte, den Betrogenen die Spendengelder Keatings zurückzugeben. Laut Christopher Hitchens antwortete sie darauf aber nie.[182]

Man kann wohl generell festhalten, dass es um die Transparenz der Spendengelder bei den Missionarinnen der Nächstenliebe (bis heute?) nicht besonders gut bestellt ist. Dieser Vorwurf ist jedenfalls sehr häufig in den Berichten über Teresa und auch über den Orden zu finden. Gerade aber bei einem Orden der »Nächstenliebe« – so würde man annehmen – sollte dies ein Gebot der Stunde sein. Bisweilen wird Mutter Teresa sogar als »geizige Nonne« bezeichnet, die nicht bereit war, die Armen großzügig zu betreuen und zu speisen, wie ihr Vorbild Jesus es getan habe. Auch der Vorwurf der Geldhortung vieler Spenden steht im Raum. Immer wieder wird dabei auch eine unrühmliche Rolle des Vatikans angedeutet, der Spendengelder »versickern« habe lassen.[183] Allerdings ist es wichtig, auch festzuhalten, dass sich Mutter Teresa NIE persönlich bereichert hat.

Immer wieder gibt es in den Medien auch Kritik an den sozialen Zuständen in den Sterbehäusern. Dort hätte es schlimme hygienische Zustände gegeben und die Kranken wären unzureichend medizinisch versorgt worden, weshalb viele gestorben seien, die hätten gerettet werden können. Laut Robin Fox und Dave Hunt seien die Patienten im Sterbehaus vielfach auf primitiven Feldbetten in großer Zahl auf engstem Raum untergebracht gewesen, allen Patienten wurden die Haare geschoren, Namen gibt es keine mehr, nur noch Nummern. Zudem findet sich auch der sehr ungute Hinweis, dass Sachspenden aus aller Welt die Adressaten teilweise gar nicht erreichten, sondern von den Schwestern für ihre eigenen Familien abgezweigt wurden.[184] Die Sterbenden durften auch keine Besuche empfangen, völlig unqualifizierte Helfer ohne jede medizinische Ausbildung seien vor Ort tätig gewesen und die Nahrungsversorgung sei nicht immer im nötigen Umfang gewährleistet gewesen.[185] Bisweilen verstiegen sich Kritiker sogar so weit, dass sie die Zustände in den Sterbehäusern mit jenen des Konzentrationslagers Bergen-Belsen verglichen haben.[186] Dieser Vorwurf geht sicher viel zu weit, allerdings wird auch immer wieder betont, dass die Weitergabe von Schmerzmitteln untersagt und vielfach nicht sterilisierte Spritzen verwendet wurden.[187] Dabei dürfte es nicht an den fehlenden Geldmitteln gelegen haben, schon eher – ein Vorwurf, der wiederholt zu finden ist – an einer nicht ordnungsgemäßen Verwendung der Spenden.[188]

Mit ein Grund für den zu geringen Einsatz gegen das Leid dürfte auch ihre persönliche Leidensideologie gewesen sein – die für Nichtgläubige, wohl aber auch für einen Teil der Gläubigen schwer bis gar nicht nachvollziehbar war und ist. Laut Mutter Teresa sei durch das Leid eine besondere Nähe zu Jesus Christus erfahrbar, Schmerzen und Leiden seien daher positiv zu bewerten.[189] Dies soll sogar so weit gegangen sein, dass etliche der dem Orden gespendeten Häuser, die ursprünglich gut ausgestattet waren, auf Anordnung Mutter Teresas in Bezug auf äußerste Schlichtheit und Armut umgestaltet wurden (unter anderem wurden vorhandene neuwertige Matratzen entsorgt). Auch sei nicht oder kaum geheizt worden.[190] In Einzelfällen habe Mutter Teresa die auf ihrem Glauben basierende, kompromisslose Askese über die Bedürfnisse der Missionarinnen der Nächstenliebe gestellt, etwa als sie es abgelehnt habe, ein großes Gebäude im New Yorker Stadtteil Bronx als Geschenk anzunehmen, um darin eine Obdachlosenunterkunft einzurichten. Weil die Stadtverwaltung den Einbau eines Aufzugs für die Behinderten zur Auflage machte und Mutter Teresa dies abgelehnt habe, sei auf das gesamte Projekt verzichtet worden. Sie rechtfertigte diese Entscheidungen mit den Worten: »Gott hat uns nicht gerufen, um erfolgreich, sondern um gläubig zu sein.«[191] So verwundert es nicht, dass manche Kritiker diese religiöse Leidensideologie nicht gutheißen wollten und ihr vorwarfen, dass ihre »religiösen Spinnereien« zum Nachteil für die Hilfsbedürftigen wurden.[192] Bezeichnend etwa auch ein Schild, das sie extra im Mutterhaus aufhängen ließ und wo zu lesen war: »Sagt ihnen, wir sind nicht für die Arbeit hier, wir sind hier für Jesus. Wir sind vor allem religiös; wir sind keine Sozialarbeiter, keine Lehrer, keine Krankenpfleger, keine Ärzte. Wir sind Nonnen.«[193] Rechtfertigt eine solche Ansicht die Vernachlässigung der Pflege? Manche Kritiker weisen auch auf ein pikantes Detail an ihrem Lebensende hin. Mutter Teresa habe sich selbst vor dem eigenen Tod am 5. September 1997 in den USA behandeln lassen, um so das eigene Leiden mit modernsten medizinischen Therapien zu lindern.[194]

Summa summarum war Mutter Teresa wohl eine recht eigenwillige Person, von den Mitschwestern verlangte sie harte Unterordnung und einfache Lebensweise. Sie galt auch als erzkonservativ – gerade was Abtreibung und Empfängnisverhütung betrifft. Zudem galt sie als streng, stur und bisweilen auch cholerisch.[195] Für Normalsterbliche mag es ein gewisser Trost sein, dass auch Heilige solche Eigenschaften haben können. Sie war wohl auch nicht bereit, sich irgendwo weiterzuentwickeln, obwohl in den relativ langen Jahren ihrer sozialen Tätigkeit »Weiterentwicklungen gerade im Pflegebereich und in der Versorgung der Kranken möglich gewesen wären. Das hat sie offensichtlich nicht akzeptiert.«[196] »Sie kannte keine Kompromisse«, meinte einmal eine Mitschwester, die bei ihr das Noviziat machte.[197] »Es war nicht leicht, mit ihr zu sprechen, es war schwer, sie zu besuchen, und es war unmöglich, sie zu enträtseln« ,stellte auch Karl-Heinz Melters, ein ehemaliger Missio-Fotograf, der sie mehrere Male hautnah erlebte, einmal fest.[198]

Die eben gehäuft genannten Kritikpunkte sind zweifelsohne unangenehm für eine Hagiographie von Mutter Teresa. Douglas Robertson meinte dazu einmal in einer Kolumne im »The Independent«: »Mutter Teresa war nicht die Superheilige, als die sie der Vatikan gerne zur Stärkung des eigenen Profils präsentiert.« Und er meinte weiter: »Mutter Teresa war eine Berühmtheit mit einer sehr gut gepflegten Marke. Wenn man Menschen über sie befragt, antworten die meisten vage, dass sie »so ein guter Mensch' war, so mildtätig, aufopferungsvoll und generell wunderbar. ... Indem sie Mutter Teresa auf diese Art und Weise 'ehrt', stellt die katholische Kirche die Langlebigkeit einer Marke sicher, die nicht nur ihr Profil stärkt, sondern sicher auch beträchtliche finanzielle Mittel einbringt. Die Frage lautet: War eine Frau, die Leidensfähigkeit predigte, anstatt Leiden zu lindern,und Geld von Diktatoren annahm, wirklich so heilig?«[199] Die oben beschriebene Kritik an den Sterbehäusern, nachdem den Sterbenden mögliche Hilfestellungen vorenthalten wurden, motivierte den britisch-amerikanischen Journalisten Christopher Hitchens in der Dokumentation »Hell's Angel« zum Vorwurf, sie sei der »Todesengel von Kalkutta« gewesen. Dieser Vorwurf ist bitter und sicher nicht gerechtfertigt. Er wird auch den Umständen, unter denen Mutter Teresa in völliger Selbstlosigkeit begann, sich um die auf den Straßen der Stadt Sterbenden zu kümmern, nicht gerecht. In einer Stadt mit sehr viele Menschen ohne Wasserversorgung und ohne Kanalisation sammelte Mutter Teresa die Kranken, die keine Angehörigen hatten und in Pfützen und auf Gehsteigen – wie Fallobst – lagen, ein und versuchte sie zumindest beim Sterben nicht völlig alleine zu lassen.[200] Diese Fakten sind unbestreitbar. »Höllenengel« contra »Engel der Armen«: Vielleicht hätten sich auch die Medien mehr bemühen müssen, ein weniger einseitiges Bild über Mutter Teresa zu zeichnen,[201] damit solche Extrembewertungen erst gar nicht aufgekommen wären.

Auch Heilige kämpfen mit schweren Glaubenskrisen

»Vielleicht gibt es gar keinen Gott.«[202] Diese Worte stammen nicht etwa von einem zweifelnden Atheisten, sondern von Mutter Teresa und sind in der Tat ungewöhnlich für eine Heilige. Die 2007 von Brian Kolodiejchuk[203] in Buchform herausgegebenen Tagebuchnotizen und Briefe von Mutter Teresa belegen, dass sie sich über Jahrzehnte hinweg in einer Glaubenskrise befand. Pater Brian Kolodiejchuk gehört dem männlichen Zweig des Mutter-Teresa-Ordens an und war Postulator ihres Seligsprechungsverfahrens. Ihre Zweifel an der Existenz Gottes setzten schon bald nach Gründung ihrer Ordensgemeinschaft ein und haben sie bis zu ihrem Tod nicht mehr verlassen. So schreibt sie etwa: »Der Platz Gottes in meiner Seele ist leer« (S. 13); »Herr, mein Gott, wer bin ich, dass Du mich im Stich lassen solltest? Das Kind Deiner Liebe – das nun meistgehasste – dasjenige, das Du weggeworfen hast als unerwünscht – ungeliebt.« (S. 220); »Die Einsamkeit des Herzens, das nach Liebe verlangt, ist unerträglich. – Wo ist mein Glaube? – Selbst tief drinnen in meinem Innersten ist nichts als Leere & Dunkelheit. ... Wenn es einen Gott gibt, verzeih mir bitte.« (S. 221); »Was tust Du, mein Gott, jemand so Kleinem an?« (S. 222); »In meiner Seele fühle ich eben diesen furchtbaren Schmerz des Verlustes – dass Gott mich nicht will – dass Gott nicht Gott ist – dass Gott nicht wirklich existiert ...« (S. 227).[204] »Die Seelen ziehen mich nicht mehr an – der Himmel bedeutet nichts mehr – für mich schaut er wie ein leerer Platz aus.«[205] »Es herrscht eine solche Dunkelheit, dass ich wirklich nichts sehen kann – weder mit meinem Geist noch mit meinem Verstand«, schreibt sie bereits 1961.[206]

Bezeichnend und doch recht unerwartet auch so Sätze wie: »In meinem Innern ist es eiskalt«, ja ihre Seele sei »wie ein Eisblock«.[207] Eine »eiskalte Seele«?: Eine doch recht eigenartige und schwer verständliche Formulierung von einer Person, die sich selbstlos und mit ganzer Kraft ein Leben lang nur um das Wohl der Ärmsten kümmern wollte und sich für diese eingesetzt hat. Oder doch auch ein Eingeständnis, dass dabei auch manche Mängel aufgetreten sind?

KOLBE Maximilian Pater (1893–1941)

Eine ambivalente Sternschnuppe aus dem KZ Auschwitz

Dass selbst in den finstersten Kammern des Bösen noch Sternschnuppen der Humanität zu finden sind, dafür zeugen immer wieder Berichte auch aus den diversen KZ´s. Offensichtlich gelingt es den Schergen des Bösen nirgends, die Humanität völlig auszurotten. Ein recht eindrückliches, aber auch ambivalentes Beispiel dafür ist Pater Maximilian Kolbe. Da es über Kolbe bereits eine recht ausführliche Literatur gibt, sei auch sein Leben nur kurz komprimiert wiedergegeben. Letztlich war es seine heldenhafte Aufopferung für einen Familienvater, der ihn nach Kriegsende in die Geschichtsbücher eingehen ließ, was in der Folge die katholische Kirche sogar bewog, ihn in die Liste der Heiligen aufzunehmen.

Rajmund (so sein Taufname) Kolbe wurde um die Jahreswende 1893/94[208] im Generalgouvernement Warschau (damals Russisches Kaiserreich) geboren.[209] Er wuchs in einer Arbeiterfamilie auf als Sohn des deutschstämmigen Webers Julius Kolbe und dessen Ehefrau Maria, geborene Dąbrowska. Er hatte vier Geschwister, von denen zwei an Tuberkulose starben. Der Vater arbeitete zuerst als Fabriksarbeiter in Lodz, später führte er eine Buchhandlung mit religiöser Literatur. Er wurde im Ersten Weltkrieg von den Russen hingerichtet, weil er für die Befreiung Polens kämpfte. Auch Rajmunds Brüder Joseph und Franz waren aktive Mitglieder einer Geheimorganisation zur Befreiung Polens. Zwischenzeitlich spielte auch Rajmund Kolbe mit dem Gedanken, ebenfalls Soldat zu werden, entschied sich aber anders. Die Mutter führte einen kleinen

Laden und arbeitete gleichzeitig als Hebamme. Nach dem Tod ihres Mannes wurde sie Benediktinerin.

Was den Gesundheitszustand von Kolbe betrifft, so ist festzuhalten, dass er seit der Kindheit durch eine Tuberkuloseerkrankung angeschlagen war, und diese Krankheit sollte ihn sein Leben lang begleiten.[210]

In seiner Jugendzeit war Rajmund sehr an Physik interessiert und man hatte bei ihm auch früh eine Begabung für Naturwissenschaften festgestellt. Von den Volksmissionspredigten der Franziskaner-Minoriten war der 13-Jährige aber derart beeindruckt, dass er 1907 in das Seminar der Franziskaner-Konventualen in Lemberg (heute L'viv, Ukraine) eintrat. In der Folge soll eine Marienerscheinung ihn dazu bewogen haben, dass er sich 1910 entschied, dem Orden der Minderen Brüder beizutreten, wo er dann den Ordensnamen Maximilian annahm. 1912 begann er in Krakau seine philosophischen Studien, wurde dann aber schnell nach Rom gesandt, wo er 1912-1919 Philosophie und Theologie studierte und dort auch promovierte. Bei seinen Ewigen Gelübden im Jahr 1914 fügte er dem Namen Maximilian noch den Namen Maria hinzu.[211] Bereits 1918 wurde er in Rom zum Priester geweiht, schon ein Jahr vorher hatte er mit anderen Franziskanern die katholische Organisation »Ritterschaft der Unbefleckten« (»Militia Immaculatae«) gegründet. 1919 ging er wieder nach Polen, das inzwischen schon unabhängig war, zurück.

Zum Dilemma eines Heiligen: Ambivalenz zwischen Juden- und Heldentum

Die von Kolbe mitbegründete Vereinigung Militia Immaculatae »weihte sich dem Kampf gegen den säkularen Zeitgeist, gegen Freisinnige und Sozialisten«. In das Statut der »Ritterschaft der Unbefleckten« schrieb Kolbe: »Sich bemühen um die Bekehrung der Sünder, Häretiker, Schismatiker, Juden etc., besonders der Freimaurer, und um die Heiligung aller unter dem Schutz und durch die Vermittlung der Unbefleckten Jungfrau.«[212] Insgesamt widmete sich die Militia vornehmlich der Jugend und der Pressearbeit und war durch eine starke Marienverehrung gekennzeichnet.

Ab 1927 entstand in Teresin (40 Kilometer westlich von War-schau) binnen weniger Jahre Niepokalanów, die »Stadt der un-befleckten Jungfrau«, mit einem Kloster, einem Pressezentrum, einem Missionsseminar, Unterkünften für Konferenzen und geistli-che Einkehrtage. Gemeinsam mit mehreren hundert Laienbrüdern schuf er dort den größten katholischen Pressekonzern Polens; das katholische Pressehaus besteht heute noch.

1930 brach Kolbe mit vier Ordensbrüdern nach Japan auf, wo er in Nagasaki eine japanische Ausgabe des Magazins »Rycerz« (gegründet 1922) ins Leben rief, dessen Auflage schon nach einem Jahr auf 25.000 Exemplare anstieg und bald zur größten katholi-schen Zeitschrift des Landes heranwuchs.[213] Zudem eröffnete er dort das erste Priesterseminar auf japanischem Boden. In seiner Niederlassung in Nagasaki sollen dann 1945 die Opfer der ersten Atombombe Zuflucht gefunden haben.[214]

Man sieht, Kolbe war ein sehr umtriebiger, rastloser Mönch und leidenschaftlicher Missionar und von dem Wunsch beseelt und besessen, seine marianische Bewegung über die polnischen Gren-zen hinaus zu verbreiten. Auch in Ernakulam, in Indien, eröffnet er ein Haus. Schon bald aber machte seine Krankheit die Rückkehr nach Polen erforderlich,[215] und er kehrte 1936 wieder nach Polen zurück und baute dort die »Marienstadt« Niepokalanow weiter aus; die Stadt erhielt eine Radiostation, einen Bahnhof und sogar einen Flugplatz.

Ab 1935 – Kolbe war damals noch in Asien – übernahm er auch die Redaktion des katholischen Boulevardblattes Maly Dzi-ennik (dt. Kleines Tagblatt), einer reichweitstarken Tageszeitung: »Im Stil moderner Boulevardblätter gehalten, war sie … auf den Markt gebracht worden, um Juden, Freimaurer und Liberale zu bekämpfen«, analysiert Götz Aly.[216] In der Zeitung wurde gegen Juden gehetzt. »Kein Wort verlor die Zeitung über das Pogrom in

Deutschland«, beschreibt Aly den Umgang der Zeitung mit den Novemberpogromen 1938, stattdessen ordnete man den Tod des deutschen Legationssekretärs Ernst vom Rath, der am 9. November verstorben war, weil »er in Paris von einem polnischen Juden niedergeschossen worden war«, so ein: »Man erwartet, dass Kanzler Hitler jetzt die sogenannte »finale« Politik gegen die Juden durchsetzen wird.« »Einer der zahllosen klerikalen Antisemiten, Prälat Stanislaw Trzeciak, fand 1939 in derselben Zeitung diese Rechtfertigung für die deutsche Judenpolitik: »Hitler schöpft seine Gesetze aus den päpstlichen Enzykliken […], er folgt dem Beispiel berühmter Päpste.« (Götz Aly, Europa gegen die Juden, S. 262). Laut Aly schrieb Kolbe selbst gerne für die Zeitschrift und verantwortete sie als Chefredakteur.[217] Soviel zur doch sehr antisemitischen Linie, die von Militia Immaculatae vertreten wurde.

Bei seinen Tätigkeiten bediente er sich auch des Mittels des Amateurfunks, wobei er ein eigenes Amateurfunkzeichen hatte. Der Amateurfunk als »Verständigungsmittel gutwilliger Menschen in aller Welt« war Kolbe in seinem missionarischen Dienst hilfreich. Kolbe ist deshalb auch Schutzpatron der Journalisten und Funkamateure sowie Patron der Internationalen Katholischen Esperanto-Vereinigung.

Die NAZIS erobern Polen und kommen auch nach Niepokalanow

Im Herbst 1939 beginnt mit dem Angriff auf Polen der Zweite Weltkrieg und bereits am 13. September 1939 wurde auch Niepokalanow von der Deutschen Wehrmacht besetzt. Nur einige Tage später, am 19. September wurde Kolbe zusammen mit vierzig Ordensbrüdern erstmals verhaftet, am 8. Dezember 1939 allerdings wieder auf freien Fuß gesetzt. Im Dezember 1939 fanden im Kloster Niepokalanów 1.500 jüdische Flüchtlinge aus der Region Pommerellen und dem Warthegau Aufnahme.[218] Nicht zuletzt deshalb wurde Kolbe am 17. Februar 1941 von der Gestapo erneut verhaftet und in das Warschauer Zentralgefängnis Pawiak gebracht. Nach schweren Misshandlungen wurde er schließlich am 28. Mai 1941 ins KZ Auschwitz deportiert. Mit der Häftlings-nummer 16.670 war er zahlreichen Quälereien ausgesetzt und durch die wieder aufflackernde Lungentuberkulose geschwächt.[219]

Ende Juli 1941 ließ der Schutzhaftlagerführer Karl Fritzsch (1902–1945) Kolbes Block 14 auf dem Appellplatz antreten, um zehn Todeskandidaten zu selektieren.[220] Die Aktion erfolgte als Vergeltungsmaßnahme für die (nur vermutete) Flucht eines ande-ren Häftlings, dessen Leiche aber später gefunden wurde. Die 10 Ausgesuchten wurden zum Tod durch Verhungern verurteilt. Unter ihnen war auch der polnische Familienvater Franciszek Gajownic-zek (1901–1995), der in große Trauer und in ein Wehklagen verfiel, dass er seine Familie nie mehr sehen dürfte. In dieser Situation bat der Franziskanerpater Maximilian Kolbe Karl Fritzsch, er möge ihn statt Gajoniczeck auswählen und diesen leben lassen. Karl Fritzsch akzeptierte die Bitte. Am 31. Juli 1941 wurden die zehn Todeskandidaten – mit ihnen auch Kolbe – in den berüchtigten »Hungerbunker« des Blocks 11 gesperrt. Dort betete er mit seinen Leidensgenossen und tröstete sie. Mithäftlinge berichteten später, dass aus dem Hungerbunker in der Tat in den folgenden Tagen keine Schreie, nur Gebete und geistliche Lieder zu hören waren. Nach zwei Wochen, am 14. August waren noch vier der zehn Häftlinge am Leben, unter ihnen auch Pater Maximilian. Fritzsch ließ daraufhin die vier mit Phenolspritzen töten und ihre Leichen im Krematorium verbrennen. Gajowniczek dagegen überlebte das Konzentrationslager und starb erst 1995.

Die Propaganda gegen die Juden, die in »seiner« Tageszeitung »Maly Dziennik« jahrelang propagiert wurde, war offensichtlich schwächer als die Sorge um das Leid, auch der betroffenen Ju-den. Ihre Aufnahme in das Kloster bewirkte schlussendlich seine Verhaftung. Es klingt wie eine Ironie der Geschichte, dass Kolbe bezüglich Zionismus wohl ähnlich dachte wie die Nationalsozia-listen, zugleich aber auch gegen die Nazis kämpfte und dadurch sogar sein frühzeitiger Tod verursacht wurde.

Über alle Religionsgrenzen hinweg beeindruckt an Pater Maximilian Kolbe die Hingabe des eigenen Lebens für einen Mithäftling. Selbst Kritiker der katholischen Kirche bringen dem Märtyrer von Auschwitz Hochachtung entgegen. So widmete ihm Rolf Hochhuth (1931–2020) sein Schauspiel »Der Stellvertreter«. In Polen gilt Kolbe längst als Nationalheld, als populäres Symbol des polnischen Volkskatholizismus, aber auch der deutsch-polnischen Verständigung. Am 17. Oktober 1971 hatte Kolbes Seligsprechung durch Papst Paul VI stattgefunden, am 10. Oktober 1982 erfolgte seine Heiligsprechung durch Papst Johannes Paul II. Zahlreiche Gläubige aus Deutschland und Polen waren zugegen, unter ihnen Franciszek Gajowniczek, der gerettete Todeskandidat von Auschwitz.[221] Kolbe wurde so eine ambivalente Sternschnuppe, die belegt, dass Nächstenliebe über den Hass siegen kann.

KOLBE MAXIMILIAN

IRIBAGIZA Clarisse (* 1988)

Eine Sternschnuppe gegen die Lebensmittelverschwendung

Clarisse Iribagiza wurde am 28. Januar 1988 in Kampala (Uganda) geboren.[222] Ihre Eltern und Großeltern waren aus Ruanda geflohen. Der Konflikt Hutu gegen Tutsi, der 1994 in einen riesigen Genozid (ca. eine Million Tote) ausuferte, hatte sie schon vorher zur Flucht motiviert. Ihre Mutter war Unternehmerin, sie stellte Schuluniformen her, betrieb Restaurants, Schönheits- und Waschsalons. Ihr Vater war Lehrer für Mathematik – »und ein echter Nerd«. Seinen Kindern gab er Roboternamen. Clarisse nannte er D2, für Daughter two, Tochter zwei. Dazu Clarisse: »Als Softwareunternehmerin bin ich die perfekte Mischung meiner Eltern.«[223] Als Clarisse 6 Jahre alt war, kehrte sie erstmals mit ihren Eltern (kurz nach dem Ende des Bürgerkriegs) wieder nach Ruanda zurück. Nach ihrem Schulabschluss kehrte sie 2007 dann endgültig nach Ruanda zurück und studierte in Kigali Informatik.

Man bedenke, dass es ein besonderer Hoffnungstropfen ist, wenn nach der Genozid-Katastrophe von 1994 Menschen in ihre Heimat zurückkehren. Clarisse ist das Kind zweier Exilanten, die den Genozid überlebt hatten und nach Kigali zurückgekehrt waren, und sie entwickelt sich in Ruanda zu einer jungen Informatikerin, die dann sogar eine Software-Firma gründet. Als sie 22 Jahre alt war, richtete das US-Institut MIT (Massachusetts Institute of Technology) an ihrer Universität einen Inkubator für Studenten mit Start-up-Ideen ein.[224] Clarisses Idee dabei: eine eigene Softwarefirma. Das erste Produkt: Ein Programm, das die Geschäfte in Kigali auflistete – und Nutzern per SMS Wegbeschreibungen schickte. Das wurde gebraucht; in Kigali gab es kaum Straßennamen, und wenn es sie gab, kannte sie kaum einer. Sich zu orientieren, dauerte häufig Stunden. Auf Empfehlung ihrer Mutter nannte sie ihr Unternehmen einfach: WO, auf Kinyarwanda, der Sprache Ruandas, heißt das: HEHE.[225]

Clarisse Iribagiza gründete ihre Firma schon während ihres Studiums. Bis Stand 2021 ist das Unternehmen auf zwei Millionen Kunden angewachsen. Das Unternehmen arbeitet mit lokalen Lieferanten zusammen, und diese erhalten Zugang zu einem Online-Geschäft für ihre Waren, zur Lagerhaltung und erhalten digitale Zahlungen von ihren Endkunden. Ein besonderes Anliegen von ihr ist es auch, den Ehrgeiz ruandischer Mädchen zur Weiterbildung anzuregen. Diese sollten dabei auch für Technologie und Design im Allgemeinen und zu kritischem Denken motiviert werden.[226]

Bezüglich HEHE entwickelte Clarisse noch eine spezielle Sparte: HEHE MART: Dies war Ruandas erster Onlineshop für Lebensmittel und sollte dabei helfen, die Lebensmittelverschwendung zu verkleinern. Dazu meinte Clarisse: »Bisher sind in Ruanda über die Hälfte der Lebensmittel verdorben, bevor sie verkauft wurden«. Fleisch blieb liegen, Milch wurde schlecht, Obst und Gemüse verschimmelten. … die Farmer waren nicht angebunden an die Märkte, ihre Produkte nicht sichtbar. Alle Teile der Kette operierten blind. Niemand sah das große Ganze. Die Folge: Verschwendung durch schlechte Planung, Mangel durch Unordnung. Dazu Clarisse weiter: »Wir können das ändern … wir können alles produzieren, was wir brauchen, und sogar noch mehr.« Ginge es nach ihr, dann sollen mit Hilfe ihres Systems die Bedürfnisse der Konsumenten Ruandas Handel mit Konsumgütern bestimmen. Es soll eine Wirtschaft entstehen, in der die Nachfrage das Angebot perfekt definiert und nichts mehr verschwendet wird. »Mit unseren Farmern klappt das schon zu 95 Prozent«, meint Clarisse. »Jetzt nehmen wir uns die anderen Wirtschaftszweige vor.«[227]

Berechenbarkeit und Ordnung sei der Weg aus dem Chaos, aus der menschlichen Ineffizienz. Clarisse Iribagiza glaubt an ihre Vision und empfindet sie sogar als Philanthropie. HEHE soll den Mangel und die Verschwendung besiegen. Davon sollen alle profitieren. In der Tat ein heroisches Ziel, aber utopisches Denken wird wohl die Voraussetzung dafür sein, dass dies auch (zumindest zum Teil) funktionieren kann.

Ihre Software hat sich Clarisse bereits patentieren lassen – und sie soll auch exportiert werden. »Das ist nicht nur ein Modell für Ruanda«, sagt sie, »das kann in ganz Afrika funktionieren.« Ihrem perfekten System hat sie einen großen Namen gegeben. Es ist ein Name, in dem all die Hoffnungen anklingen auf das, was Ruanda, was Afrika sein könnte. Es heißt: Abundance Village. Zu Deutsch: Dorf im Überfluss.[228] In einer Zeit, die immer wieder als »hoffnungs-arm«[229] bezeichnet wird, sind solche Hoffnungstropfen in der Tat wohltuende Sternschnuppen.

IRIBAGIZA CLARISSE

JEBB Eglantyne (1876-1928)

Eine Sternschnuppe für Kinder und Kinderrechte

Eglantyne Doey Jebb war eine britische Aktivistin für die Kinderrechte. Sie ist die Gründerin der Organisation »Save the Children« und Wegbereiterin der UN-Kinderrechtskonvention.[230] Geboren wurde sie 1876 in Ellesmere, einer Kleinstadt in Shropshire, einer Grafschaft in den West Midlands in England. Als sie das Licht der Welt erblickte, war Kinderarbeit in England noch legal – für zehn Stunden täglich – ein Schulbesuch keineswegs selbstverständlich. Frauen arbeiteten nur, wenn sie arm waren. In der Oberschicht, zu der Eglantyne Jebb gehörte, war ihre Rolle meist auf die Haushaltsführung beschränkt.[231] Doch Eglantyne wollte sich nicht damit begnügen und begann ein Studium. Von 1895 bis 1898 studierte sie an der Universität Oxford Englische Literatur und begann dann in Marlborough, einer Marktstadt in der Grafschaft Wiltshire, als Grundschullehrerin zu arbeiten, musste nach zwei Jahren diese Tätigkeit aufgrund gesundheitlicher Probleme aber wieder beenden. Die Arbeit mit »Slumkindern« bewirkte bei ihr zudem, dass sie selber keine Kinder haben wollte. »Ich mache mir nichts aus Kindern«, schrieb sie im Juli 1900 in ihr Tagebuch. Warum? Weil sie laut sind und furchtbar nerven können.

Es ist geradezu eine Ironie der Geschichte, dass sie dann einige Jahre später zu einer vehementen Kämpferin für die Kinder wurde. Sie machte sich übrigens auch nicht viel aus Männern, denn sie war lesbisch.

1903 begann sie für die Charity Organisation Society in Cambridge zu arbeiten, sie recherchierte dabei zu sozialen Problemen und veröffentlichte eine Studie, in der sie bereits die Aufmerksamkeit auf Kinderarmut lenkte.

1913 schloss sie sich der Arbeit ihrer Schwester Dorothy Buxton und deren Ehemanns Charles Buxton für den »Macedonian Relief Fund« an, der sich für Flüchtlinge der Balkankriege einsetzte. Zu diesem Entschluss dürfte auch eine private Affäre beigetragen haben, denn vorher hatte ihre Geliebte Margret Keynes (die Schwester des berühmten Ökonomen J. M. Keynes) geheiratet. Für Jebb ging dadurch eine Welt unter. Tief verletzt reiste sie deshalb für die Hilfsorganisation ihres Schwagers auf den Balkan. Angesichts des hautnah erlebten Leids mitten im Kriegsgeschehen wurde sie zur großen Kriegsgegnerin und zur unerschrockenen Kämpferin für die schutzlosesten Opfer, die Kinder.[232]

Durch den Ausbruch des Ersten Weltkrieges und wegen ihres schlechten Gesundheitszustandes musste Eglantyne wieder nach England zurückkehren, wo sie mit Dorothy Buxton die Zeitschrift »Cambridge Magazine« herausgab, die sich um eine ausgewogene Berichterstattung über den Krieg und dessen soziale Auswirkungen bemühte. In der Folge baute Frau Jebb eine Organisation auf, die bis heute weltweit humanitär aktiv tätig ist.

Save the Children

Als der Erste Weltkrieg zu Ende ging und die deutsche und die österreichisch-ungarische Wirtschaft kurz vor dem Kollaps stand, wurde Dorothy und Eglantyne klar, dass die Kinder in diesen Ländern entsetzlich unter den Auswirkungen des Krieges und der Alliiertenblockade litten, auch noch nachdem der Waffenstillstand unterschrieben war. Eglantyne Jebb meinte dazu einmal: »Alle Kriege, gerechtfertigt oder ungerechtfertigt, verhängnisvoll oder siegreich, sind Kriege gegen Kinder.«[233] Aus dieser Einsicht heraus, die bis zum heutigen Tag ihre Gültigkeit NIE verloren hat, begann sie mit Freundinnen im Frühjahr 1919 Geld für deutsche (!) und österreichische (!) Kinder zu sammeln und so entstand der »Save the Children Fund«.

In der unmittelbaren Startphase kam es aber zu einer heiklen Situation. Im April 1919 verteilte nämlich Jebb mit einer Freundin auf dem Trafalgar Square in London Handzettel an Passanten. Auf den Flugblättern war ein kleines, zweieinhalb Jahre altes Mädchen mit einem riesigen Kopf auf einem völlig ausgemergelten, nackten Körper abgebildet. Die kleine Österreicherin wog nur fünfeinhalb Kilo. Damit sollte auf den Hunger in Österreich und Deutschland hingewiesen werden. Gegen diese Aktion schritt die Polizei ein und führte beide Frauen ab. Vor Gericht wurden sie wegen verbotener Politpropaganda angeklagt. Es kam zu einer Gerichtsverhandlung, die Jebb verlor. Dennoch verließ sie den Gerichtssaal als moralische Siegerin: Denn tief beeindruckt von ihrem humanitären Einsatz ließ Richter Sir Archibald Bodkin ihr fünf Pfund zukommen - exakt die Höhe der Strafe, die er Jebb aufgebrummt hatte. Sie benutzte das Geld des Richters als Startkapital für eine Organisation, die in der Folge das Leben von Millionen Kindern verbessern soll: »Save the Children Fund«[234].

Die Gründung dieser Organisation wurde am 19. Mai 1919 in der Royal Albert Hall in London verkündet. Ein Augenzeuge berichtete darüber: »Die Menschen kamen mit faulen Äpfeln, die sie den Verrätern an den Kopf werfen wollten, die Gelder für die Kinder der Feinde sammeln wollten. Aber sie taten es nicht, sondern hörten Eglantyne Jebb zu. Sie begann zögerlich. Aber angetrieben durch die Leidenschaft für ihre Aufgabe wurde ihre Stimme immer lauter.«[235] So wurde die Gründung von Save the Children ein großer Erfolg und man sammelte völlig unerwartet in der britischen Öffentlichkeit schnell eine große Summe Geld, wobei sogar Beamte dazu abgestellt wurden, um die Hilfsarbeit zu organisieren. Man bedenke: Ein Jahr vorher waren England und Deutschland, sowie Österreich-Ungarn noch die großen Kriegsgegner und nun sammelte man für die Kinder des Feindes. Ist dies nicht eine Sternschnuppe der Feindesliebe, wie sie auch in der Bibel verkündet wird?

Jebb ging dabei auch sehr geschickt vor, denn sie verfasste für ihre Sache zahlreiche Zeitungsartikel und überzeugte nicht nur anfängliche Kritiker, sondern auch prominente Personen wie Sigmund Freud, Albert Einstein und George Bernard Shaw. Der irische Schriftsteller schrieb angesichts des Elends im Nachkriegseuropa: »Ich habe keine Feinde, die jünger als sieben Jahre alt sind.« Sogar den Papst holte die anglikanische Jebb mit ins Boot. Er rief in einer Enzyklika, am 28. Dezember 1919, dem »Tag der Unschuldigen Kinder«, dazu auf für »Save the Children« zu spenden. [236]

Beflügelt durch die Erfolge wurden Jebb und Dorothy Buxton dazu motiviert zu versuchen, eine internationale Bewegung für Kinder ins Leben zu rufen. Und so wurde 1920 in Genf die International Save the Children Union unter Führung des britischen Save the Children Fund und des schwedischen Rädda Barnen – einer Schwesterorganisation aus dem Bereich der Ausspeisungen – gegründet.[237] Heute zählt Save the Children zu den weltweit größten konfessionell und politisch unabhängigen Kinderhilfsorganisationen. Sie hat Zweigvereine in 30 Nationen und operiert in 120 Ländern. Tausende Mitarbeiter:innen arbeiten zur Zeit für die Organisation; ihre Tätigkeit kommt Kindern, ihren Familien und ihrem Umfeld zugute. Die Schwerpunkte der Arbeit liegen in den Bereichen Schule und Bildung, Schutz vor Ausbeutung und Gewalt sowie Gesundheit und Überleben. Außerdem hilft die Organisation Kindern und ihren Familien in Katastrophensituationen.[238] In der Tat ein uferloses Feld, denn Kinder gehören auch heute noch immer (neben den Frauen und den Alten) zu der Gruppe, die bei Katastrophen am gefährdetsten ist. Schätzungsweise 78 Millionen Kinder weltweit können aktuell nicht in die Schule gehen. Bewaffnete Konflikte, aber auch Dürren oder Überschwemmungen zwingen viele Familien zur Flucht.[239] Und über 100 Jahre nach der Gründung weist Save the Children darauf hin, dass jedes sechste (!) Kind in einer Konfliktregion lebt, das war 2021 die unvorstellbare Zahl von 449 Millionen Mädchen und Jungen.[240] Die Mängelliste bezüglich der Benachteiligung von Kindern wäre noch beliebig verlängerbar, zeigt aber, wie berechtigt der humanitäre Einsatz dieser Organisation von 1920 bis zum heutigen Tag war und ist.

JEPP EGLANTYNE

Eglantyne Jebb war aber mit der Gründung von Save the children nicht zufrieden. Sie wollte ihren Einsatz für die Kinder auf eine noch höhere Ebene stellen, und so begann sie in den 1920er Jahren beim Völkerbund (Vorläufer der UNO) für die Verabschiedung einer internationalen Konvention über die Rechte von Kindern zu werben. 1923 formulierte sie erstmals die Rechte der Kinder in fünf Grundsätzen, der Children's Charter. »Ich bin davon überzeugt, dass wir auf bestimmte Rechte der Kinder Anspruch erheben und für die allumfassende Anerkennung dieser Rechte arbeiten sollten«, schrieb Jebb dazu an den Völkerbund in Genf.[241] Die Save the Children Gründerin wurde somit auch zur Vorreiterin für die Kinderrechte weltweit.

Der erste Entwurf für das Schriftstück, das 1924 vom Völkerbund als »Genfer Erklärung« verabschiedet wurde, enthielt die folgenden fünf Kriterien:[242]

* Dem Kind müssen die Mittel an die Hand gegeben werden, die für seine gesunde Entwicklung erforderlich sind, sowohl materiell als auch emotional.

* Das Kind, das hungrig ist, muss ernährt werden, das kranke Kind muss versorgt werden, das rückständige Kind muss unterstützt werden, das straffällig gewordene Kind muss rehabilitiert werden, und das Waisenkind beherbergt werden.

* Das Kind muss das erste sein, dem in Zeiten der Not geholfen wird.

* Das Kind muss in die Lage versetzt werden, später selbstbestimmt seinen Lebensunterhalt zu verdienen, und muss vor jeder Form der Ausbeutung geschützt werden.

> * Das Kind muss in dem Bewusstsein erzogen werden,
> dass seine Talente dem Dienst an seinen Mitmenschen
> gewidmet werden sollten.

Die Erklärung von 1924 trug den Namen Déclaration de Genève bzw. Geneva Declaration und war die erste offizielle Formulierung der spezifischen Rechte von und für Kinder.[243] Bereits 1925 fand der 1. Internationale Kongress zur Wohlfahrt des Kindes in Genf statt. 1934 wurde die Gültigkeit der Erklärung ein weiteres Mal durch den Völkerbund bestätigt. Nach dem Zweiten Weltkrieg wurde sie zu der »Deklaration über die Rechte des Kindes« erweitert, die 1954 von der Generalversammlung der UNO verabschiedet wurde und die ihrerseits die Grundlage für die seit 1989 gültige Kinderrechtskonvention der Vereinten Nationen war.[244]

Eglantyne Jebb verbrachte ihre letzten Lebensjahre in Genf und starb 1928 nur vier Jahre nach der Unterzeichnung der Erklärung der Kinderrechte (1924) im Alter von 52 Jahren an den Folgen einer Magenoperation. Sie, die – wie oben berichtet – persönlich keine Kinder haben wollte, ja die in ihr Tagebuch 1900 schrieb »I don't care for children«, wurde zu einer humanitären Sternschnuppe für eben diese. Es werden wohl noch mehrere solcher Sternschnuppen notwendig sein, um die z.T. auch heute noch traurige Situation von Millionen Kindern auf unserem Globus zu verbessern. Möge Eglantyne Jebb dafür ein leuchtendes Vorbild und eine Motivation sein und bleiben.

JEPP EGLANTYNE

LANDGRABBING

Sternschnuppen gegen den internationalen Landraub

2011 erhielt eine kleine Organisation mit dem Namen GRAIN (Genetic Resources Action International) den Alternativen Nobelpreis. Es ist dies eine Auszeichnung, die man wohl zu Recht als hochverdient bezeichnen kann. GRAIN wurde 1990 gegründet, die internationale Nichtregierungsorganisation hat ihren Sitz in Barcelona. GRAIN setzt sich vor allem für die Erhaltung des Kleinbauernsektors – insbesondere in den Ländern des Globalen Südens – ein, unterstützt dabei soziale Bewegungen, die für kommunal orientierte und auf Biodiversität basierte Ernährungssysteme eintreten. Zudem dokumentiert GRAIN den als »Land Grabbing« – etwas beschönigend – bezeichneten Landkauf in den Entwicklungsländern durch ausländische Finanzinvestoren. Realitätsnäher kann man wohl von Landnahme – ja »Land an sich reißen« sprechen. Die Elemente von Land Grabbing bestehen laut einer Definition von 2011 im Wesentlichen aus:[245]

- einer Verletzung von Menschenrechten (insbesondere der Gleichstellung von Frauen);
- einer Landübernahme ohne Grundlage einer freien, vorherigen und informierten Zustimmung der betroffenen Landnutzer;
- einer Landübernahme ohne Grundlage einer tiefgreifenden Bewertung oder unter Missachtung sozialer, wirtschaftlicher und ökologischer Auswirkungen, einschließlich der Geschlechtergerechtigkeit;

> • einer Landübernahme ohne Grundlage transparenter
> Verträge, die klare und verbindliche Verpflichtungen in Be-
> zug auf geplante Vorhaben, Beschäftigung und Verteilung
> von Erlösen enthalten; und
> • einer Landübernahme ohne Grundlage effektiver demo-
> kratischer Planung, unabhängiger Aufsicht und sinnvoller
> Beteiligung.

Der Begriff »Land grabbing« wurde vermutlich 2008 erstmals eta-
bliert. Aneignung von »fremdem« Land gab es natürlich historisch
in allen Zeiten, allerdings waren es früher v.a. Armeen, die Land
annektierten. Heute verlaufen die Aneignungen dagegen subtiler
als zu Kolonialzeiten. Heute sind es Juristen, die im Auftrag von
Firmen und Regierungen komplizierte und undurchsichtige Über-
nahmeverträge abwickeln; oft in einem quasilegalen Rahmen, häufig verbunden mit Korruption und unter Verletzung bestehender
nationaler Gesetze.[246]

Selbst die Weltbank und viele Regierungen sprechen lieber vor-
nehm von »landwirtschaftlichen Investitionen«, denn diesen haftet
kein neokolonialer Beigeschmack an. De facto kommt diese Land-
aneignung aber einem Kolonialismus mit juristischen Mitteln sehr
nahe. Aufstrebende Wirtschaftsnationen wie China oder Indien
und vor allem rund 1.000 westliche Investment- und Hedge-Funds
(z.B. Passport Capital aus den USA oder PF(LUX)-Agriculture
Fund von Pictet aus der Schweiz) sowie Banken (z.B. UBS oder
Goldman Sachs) kaufen oder pachten Ackerland in armen Ländern.[247] Selbst der ehemalige Direktor der Uno-Ernährungs- und
Landwirtschaftsorganisation (FAO), Jacques Diouf (1938-2019)
warnte einmal vor dem Neokolonialismus, der mit dieser Art von
Landnahme verbunden sei.

GRAIN zählte 2010 zu den Initiatoren einer internationalen Erklärung gegen diesen Landraub. Die Organisation ist – laut Wikipedia – dezentral organisiert. Neben vier Angestellten mit einem
regionalen Mandat in Chile, Mexiko, Argentinien und Benin sind
drei Mitarbeiter in Barcelona, Paris und Montreal international tä-

tig.[248] GRAIN kann man somit als sehr klein und überschaubar bezeichnen, obwohl sie sich mit einem überaus wichtigen globalen Problem beschäftigt, aber bisweilen können auch einzelne Individuen, wie auch kleine Gruppen sehr effektive Arbeit leisten, wie ja in diesem Buch immer wieder gezeigt wird. Auf ihrer Webseite www.farmlandgrab.org publiziert die Organisation Nachrichten und Informationen über die weltweiten Landaufkäufe sowie Analysen und Aktionen vonseiten der Zivilgesellschaft.[249]

Tabelle: »Großflächige Landkäufe weltweit« (2000-2019)

Quelle: Roman Herre, in: Wirtschaft & Menschenrechte, 04/2020; https://www. welthungerhilfe.de/welternaehrung/rubriken/wirtschaft-menschenrechte/wie-landraub-sich-durch-finanzakteure-veraendert

Jahr	Anzahl	in Hektar
2000	22	589.888
2001	17	722.183
2002	24	521.456
2003	36	742.070
2004	38	1.163.464
2005	88	1.794.413
2006	100	1.482.393
2007	176	3.735.644
2008	193	7.131.751
2009	128	5.747.380
2010	127	5.453.838
2011	133	2.870.941
2012	105	2.746.598
2013	69	1.465.282
2014	48	964.888
2015	30	364.997

LANDGRABBING

2016	28	129.965
2017	52	878.617
2018	23	603.054
2019	9	152.057

Diese Tabelle zeigt recht schön, wie v.a. seit der Finanzkrise 2007-2008 der Agrarsektor (wieder) zu einem besonders lukrativen Geschäftsfeld wurde. «Dass sich das Finanzkapital für den Agrarbereich interessiert, ist nicht grundsätzlich neu. Bankkredite oder Warentermingeschäfte (Commodity Futures) mit Agrarprodukten gibt es seit Mitte des 19. Jahrhunderts. In den letzten Jahren haben die Spekulationen mit Agrarrohstoffen wie Weizen oder Mais deutlich zugenommen, da Vorschriften, die Geschäfte dieser Art eingeschränkt hatten, von der Politik gelockert wurden.»[250] Durch das Landgrabbing ist auch der Hunger zum Geschäft geworden, denn die Kombination aus immer mehr Menschen, weniger Land und zunehmend degradierten Böden macht Nahrung zu einem sicheren Investment. Land ist knapp, in Europa, den USA, China und es ist auch teuer. Neues Land muss erschlossen werden, und das gibt es vor allem im Globalen Süden, in Afrika, Asien und Südamerika. Fonds, Banken, Regierungen, sie alle liefern sich einen Wettlauf um den Zugang zu den Anbauflächen der Welt.[251] Land ist dadurch zu einer der sichersten Anlageformen geworden und dies zeigt auch obige Tabelle recht schön. Im großen Finanzkrisenjahr 2008 wurden bislang alleine an »large scale land aquisition« weltweit über rund 7,13 Mio. ha (71.317,5 km²) transferiert. Zum Vergleich: die Schweiz hat eine Fläche von 41.285 km² und Österreich von 83.871 km². «Land bank» (Bodenbank) ist dabei die neue Bezeichnung für Ackerland, das die Manager der Hedgefonds, der Private-Equity-Branche und der großen Pensionsfonds propagieren. Die erworbenen Flächen nutzen Käufer wie China oder Saudi-Arabien als Offshore-Farmland, um damit ihre eigene Lebensmittelversorgung sicherzustellen. Auf vielen Flächen werden auch Pflanzen für Biosprit oder begehrte Rohstoffe wie Palmöl angebaut. (Investment-)Banken wie die Deutsche Bank oder Goldman Sachs investieren sowohl im Agrobusiness – z. B. Schweinezuchtbetriebe und Geflügelfarmen in China –, als auch in Ackerland, das für den Anbau von Futtermitteln genutzt wird. Andere Länder, wie etwa Saudi-Arabien etc. greifen auf »Offshore-Farmland« zu, um damit ihre eigene Lebensmittelversorgung sicherzustellen.[252] Auch im Management des Agrobusiness sind Finanzdienstleister inzwischen aktiv: Seit einigen Jahren sind große Vermögensverwalter wie BlackRock mit ihren Fonds zu wichtigen Anteilseignern der großen Agrobusiness-Unternehmen geworden. Damit können sie auch auf die Geschäftspolitik der Unternehmen und den Markt Einfluss nehmen.[253]

Laut Roman Herre ist auch heute das internationale Landgrabbing noch nicht abgeflaut. Zunehmend tummeln sich Akteure der Finanzwirtschaft auf den Märkten. Sie sind weniger sichtbar. Viele der eher freibeuterisch handelnden Entwickler sind zwar verschwunden. Sie haben vor allem der professionellen Finanzwirtschaft Platz gemacht. »Um bei Deutschland zu bleiben: Heute mischen der Versicherungsgigant Münchner Rück, die Entwicklungsbank DEG oder die Ärztepensionskasse aus Westfalen (ÄVWL) bei den globalen Landgeschäften mit.«[254]

Laut Anseeuw Ward[255] deuten die Ergebnisse der Landmatrix[256] allerdings darauf hin, dass sich das Tempo der globalen Landinvestitionen in Agrobusiness in Ländern mit niedrigem und mittlerem Einkommen verlangsamt hat – dies sowohl nach der Zahl der Abschlüsse als auch nach der betroffenen Fläche.

Diverse Großtransaktionen sind auch gescheitert – darunter sind in Madagaskar von 53 dokumentierten Geschäften nur noch vier mit tatsächlichen Investitionen in die landwirtschaftliche Produktion aktiv. Erworbenes Land bleibt so oft unproduktiv: Nur 27 Prozent der in 20 Jahren erworbenen Fläche werden angeblich bewirtschaftet. Oft liegt das Land isoliert; schwierige ökologische, politische und bürokratische Rahmenbedingungen sowie soziale und wirtschaftliche Faktoren haben z.T. die Umsetzung behindert oder zum Scheitern gebracht.

Dennoch ist es mehr denn je wichtig, Landrechte durch Reformprozesse zu sichern, die von der Basis ausgehen und von Betroffenen gesteuert werden. Sie sollten durch nationale Gesetze und internationale Regeln ergänzt werden, die dem Privatsektor mehr Transparenz und Rechenschaftsverpflichtungen abverlangen, wie zum Beispiel, ihre Anteile an landbezogenen Investitionen zu veröffentlichen. Außerdem sollten vielfach Beteiligte das Monitoring von Land verstärken, um evidenz-basiert auf eine transparente und inklusive Landpolitik zu drängen.[257]

Dass GRAIN mit ihrer Arbeit dazu auch beigetragen hat, dürfte außer Streit stehen. So kann abschließend nochmals wiederholend festgehalten werden, dass eine kleine Gruppe von Menschen mit einem großen weltweiten Ziel auch wirksam sein und werden kann. Durch ihre Tätigkeit wurden die Lebensgrundlagen und Rechte bäuerlicher Gemeinschaften z.T. geschützt, zudem wurde der massive Aufkauf von Ackerland in Entwicklungsländern durch ausländische Finanzinvestoren transparenter gemacht. In diesem Sinne begründete auch die Jury die Verleihung des Alternativen Nobelpreises, den GRAIN sich zurecht verdient hat.

LANDGRABBING

MAATHAI WANGARI

MAATHAI Wangari (1940-2011)

Eine Sternschnuppe für die Ökologie

Wangari Maathai[258] stammte aus einer Kikuyu Familie südlich von Nairobi. Ihr Vater war polygam und hatte vier Ehefrauen und zehn Kinder. Sie wurde 1940 geboren und mit 8 Jahren in ihrem Dorf Ihithe in die Primary School eingeschult. Dann kam sie im Alter von elf Jahren ins Internat der Katholischen Mission von Mathari, wo sie 1956 »die Prüfungen im Abschlussjahr als Klassenbeste« bestand.[259] 1956 erfolge ein Wechsel an die Loreto Girls' High School in Limuru (außerhalb der Hauptstadt Nairobis). Wiederum schloss sie als Klassenbeste ab und war damit 1960 eine geeignete Kandidatin für ein Stipendium der Joseph-P.-Kennedy-Stiftung und kam so mit zwanzig Jahren in die USA an ein College in Kansas. 1964 schrieb sie sich an der Universität Pittsburgh für ein Masterstudium in Biologie ein. Zum ersten Mal mit Umweltthemen in Berührung kam sie, als sie sich einer Aktion von Umweltschützern gegen die Luftverschmutzung anschloss. Nach ihrem Master in Biowissenschaften 1965 erhielt sie ein Stellenangebot des University College in der Hauptstadt Nairobi und kehrte nach Kenia zurück. Die zugesicherte Stelle wurde jedoch an jemand anderen vergeben. Hauptgrund waren wohl »die Vorbehalte gegen Frauen in der von Männern dominierten Welt«. Nach monatelanger Arbeitssuche nahm die hoch qualifizierte junge Frau dann das Angebot eines deutschen Professors an und forschte für ihre Doktorarbeit in Gießen und München. 1969 kehrte sie wieder nach Kenia zurück und heiratete im selben Jahr ihren Freund Mwangi Mathai. 1971 erwarb sie als erste Frau in Ost- und Zentralafrika einen Doktortitel und bekam im selben Jahr ihr zweites Kind. Insgesamt hatte Wangari drei Kinder: Waweru, Wanjira und Muta.

Nach ihrer Promotion arbeitete sie als Dozentin an der University of Nairobi, 1974 als leitende Dozentin. 1977 wurde sie schließlich außerordentliche Professorin für Veterinäre Anatomie – in einer männerdominierten akademischen Welt, in der sie gegen die Diskriminierung von Frauen kämpfen musste.[260] Später wurde sie sogar Dekanin dieses Fachbereichs.

Da ihr Mann immer schon in die Politik gehen wollte, unterstützte ihn Wangari bei den Parlamentswahlen 1974, und sie hatte einen großen Anteil am Wahlerfolg ihres Mannes. Ihr Mann versprach, dass er als Abgeordneter Arbeitsplätze schaffen würde. Nach seiner Wahl wollte er jedoch davon nichts mehr wissen und argumentierte, dass die Menschen sich ohnedies nicht daran erinnern würden. Empört versuchte Wangari daraufhin, sein Wahlversprechen einzulösen, denn es stand auch ihr Ruf auf dem Spiel. Sie gründete mit Eigenkapital das Unternehmen »Environcare Ltd.«, das durch Aufforstung viele Arbeitsplätze schaffen sollte. Als Mitglied des »National Council of Women of Kenya« (NCWK) wollte sie vor allem Frauen im ländlichen Raum unterstützen, die aufgrund von Abholzung, nicht nachhaltiger Landwirtschaft und Bodenerosion keinen Zugang mehr zu sauberem Wasser und Feuerholz hatten. Um diese Probleme – im wahrsten Sinne des Wortes – an der Wurzel zu packen, reifte in ihr die Idee, Bäume zu pflanzen. Obwohl Environcare nach kurzer Zeit schon Konkurs beantragte, kann es als Vorläufer vom Green Belt Movement (GBM, 2016/2017, siehe unten) gesehen werden.[261]

1977 verließ ihr Mann sie und verunglimpfte sie, indem er sie des Ehebruchs und der Grausamkeit beschuldigte – auch seinen hohen Blutdruck sollte sie verursacht haben, zur Scheidung kam es dann 1979, wobei ihr Mann als Scheidungsgrund anmerkte, sie sei »zu gebildet, zu stark, zu erfolgreich, zu eigensinnig und zu schwer zu kontrollieren«.[262] Diese skurrile Begründung gelangte an die Presse und ging später um die Welt.

Da ihr Mann als Politiker Einfluss auf das Gericht hatte, gewann er den Scheidungsprozess. »In ihrer Empörung über das Urteil sagt

MAATHAI WANGARI

Wangari in einem Interview, dass der Richter entweder inkompetent oder korrupt sei. Als sie sich weigert, ihre Äußerung zurückzunehmen, wurde sie wegen Missachtung des Gerichts angeklagt und zu sechs Monaten Freiheitsstrafe verurteilt. Nach drei Tagen Haft erreichte ihr Anwalt aber ihre Freilassung«.[263] Im Gefängnis landete die Identifikationsfigur der Frauenbewegung in den nächsten Jahre immer wieder. Besonders in den 1990er Jahren wurde Maathai wegen ihres Engagements für Umweltschutz und Frauenrechte und ihrer Opposition zum damaligen Staatschef Daniel arap Moi mehrmals inhaftiert und misshandelt. Als sie Anfang der 90er Jahre den Uhuru-Park in Nairobi gegen Bebauungspläne des damaligen Staatspräsidenten Daniel arap Moi verteidigte, der dort seine Parteizentrale errichten wollte, kam es wieder zum Konflikt mit der Polizei. Wangari besetzte den Park und trat in den Hungerstreik. Die Polizei setzte Tränengas ein, prügelte auf die Umweltschützer:innen ein, Wangari wurde bewusstlos ins Krankenhaus eingeliefert.[264] Amnesty International setzte sich wiederholt für sie ein. An deren Adresse gerichtet meinte sie einmal: »Ich kann die vielen Male nicht mehr zählen, die ihr mir das Leben gerettet und unsere Arbeit möglich gemacht habt.«[265] Wanjira Mathai, ihre Tochter, berichtet über ihre Mutter: »Sie wurde beleidigt, bespuckt, von der Polizei verprügelt und ins Gefängnis gesperrt.«[266] Insgesamt zwölf Mal wurde die »Schwarze Grüne«, wie sie in Europa auch genannt wird, ins Gefängnis gesteckt, immer wieder bedroht und auch krankenhausreif geprügelt.[267]

Zu Beginn des 21. Jahrhunderts gelingt ihr aber sogar noch der Eintritt in die Regierung ihres Landes. Sie wird im Dezember 2002 für das von mehreren Oppositionsparteien gegründete Wahlbündnis »National Rainbow Coalition (NARC)« ins kenianische Parlament gewählt. Die NARC löste die Regierung von Daniel arap Moi ab, und der neugewählte Staatspräsident Mwai Kibaki ernannte Maathai zur stellvertretenden Ministerin für Umweltschutz. Maathai, die die »Mazingira Green Party of Kenya« gründete, schaffte damit als erste grüne Politikerin Afrikas den Sprung in eine Regierung.[268] Sie wurde mittlerweile auch eine international höchst angesehene Persönlichkeit, wie die unten angeführten Preise und Ehrungen, die sie bekommen hat, beweisen. Am 25. September 2011 starb Wangari Maathai mit 71 Jahren im Kreise ihrer Familie an den Folgen einer Krebserkrankung

Wangari Maathai ist preisrekordverdächtig.

Es gibt wohl wenige afrikanische Frauen, die so viele Ehrungen und Preise erhalten haben wie Wangari. Darunter befinden sich über 15 Ehrendoktorate – so etwa auch die Ehrendoktorwürde im Fachbereich Veterinärmedizin der Justus-Liebig-Universität in Gießen. Dazu kommen im Zeitraum von 1983 bis 2016 über 50 zusätzliche Ehrungen und Preise.[269] 2015 wurde sogar ein Asteroid nach ihr benannt. Zu den bekanntesten Preisen zählen wohl die zwei »Nobelpreise«, der alternative und der Friedensnobelpreis. Sie ist damit eine der wenigen Personen, welche beide Preise erhalten hat. Bereits 1984 war sie für ihre Arbeit in der 1977 von ihr gegründeten Bewegung Green Belt Movement (siehe unten) mit dem Alternativen Nobelpreis ausgezeichnet worden.[270] 2004 erhielt sie den Friedensnobelpreis für ihren Einsatz für »nachhaltige Entwicklung, Frieden und Demokratie«, wie es in der Erklärung des Komitees in Oslo heißt, und weiter: »Sie hat einen gesamtheitlichen Zugang zur nachhaltigen Entwicklung gewählt, der Demokratie, Menschenrechte und insbesondere Frauenrechte umfasst.« Mit dem Preis wurde sie nach der Begründung des Nobelkomitees für ihren couragierten Widerstand gegen das frühere kenianische Regime und als Gründerin vom Green Belt Movement geehrt. Damit wurde erstmals auch die Rolle des Umweltschutzes für den Weltfrieden in die oberste Nobelpreiswürdigkeit gehoben. Zudem war Wangari die erste afrikanische Preisträgerin.[271]

Christiane Meyer fasste die Vision von Wangari Maathai einmal pointiert so zusammen: »Die Umsetzung einer nachhaltigen Entwicklung beginnt mit der individuellen Verantwortung. Sie geht ein in die kollektive Verantwortung, die ihren Niederschlag in nachhaltigkeitsorientierten politischen Entscheidungen findet. Individuelle und kollektive Verantwortung dürfen nicht auf eine Region beschränkt bleiben, sondern müssen globale Verflechtungen berücksichtigen. Dafür ist eine umfassende Verbundenheit erforderlich, die mit einem höheren Bewusstsein einhergeht.«[272]

Preise und Ehrungen von 1983 bis 2016[273]

2016	Benennung des Wangari-Maathai-Platzes in Wien-Donaustadt (22. Bezirk).
2015	Benennung eines Asteroiden nach ihr
2010	Earth Hall of Fame, Kyoto (Japan)
2009	Humanity 4 Water Award for Outstanding Commitment 2 Action
2009	Seit 2009 war Wangari Maathai Ehrenmitglied beim World Future Council
2009	The Order of the Rising Sun, Japan
2009	Judge, 2009 Geotourism Challenge, National Geographic, USA
2009	NAACP Chairman's Award, USA
2008	Dignitas Humana Award, St John's School of Theology, USA
2008	Cinema Verite, Honorary President, France
2008	Royal Institute of British Architects (RIBA), Honorary Fellowship, UK
2007	The Nelson Mandela Award for Health & Human Rights, South Africa
2007	The Jawaharlal Nehru Award for International Understanding, India
2007	Cross of the Order of St. Benedict, Benedictine College, Kansas, USA
2007	World Citizenship Award, World Association of Girl Guides and Girl Scouts
2006	The Indira Gandhi International Award for Peace, Disarmament & Development, India
2006	Premio Defensa Medio Ambiente, Club Internacional De Prensa, Spain
2006	6th in 100 Greatest Eco-Heroes of All Time, The Environment Agency, UK
2006	Medal for Distinguished Achievement, University of Pennsylvania, USA
2006	Woman of Achievement Award from the American Biographical Institute Inc., USA

MAATHAI WANGARI

2006	The Kenya National Commission on Human Rights, Milele (Lifetime) Achievement Award
2006	Legion D'Honneur, Government of France
2006	The IAIA Global Environment Award, International Association for Impact Assessment, Norway
2006	Disney Wildlife Conservation Fund Award, USA
2006	World Citizenship Award
2005	New York Women's Century Award, New York Women's Foundation, USA
2005	One of the 100 Most Influential People in the World, Time magazine, USA
2005	One of the 100 Most Powerful Women in the World, Forbes magazine, USA
2004	Nobel Peace Prize, the Norwegian Nobel Committee. Norway
2004	Sophie Prize, the Sophie Foundation, Norway
2004	Elder of the Golden Heart, Republic of Kenya
2004	Petra Kelly Environment Prize, Heinrich Boell Foundation, Germany
2004	J. Sterling Morton Award, Arbor Day Foundation, USA
2004	Conservation Scientist Award, Center for Environmental Research and Conservation, Columbia University, USA
2003	Elder of the Burning Spear, Republic of Kenya
2003	WANGO Environment Award, World Association of Non-Governmental Organizations, USA
2002	Outstanding Vision and Commitment Award, Bridges to Community, USA
2001	Excellence Award, Kenyan Community Abroad, USA
2001	The Juliet Hollister Award, Temple of Understanding, USA
1997	One of 100 in the World Who've Made a Difference in the Environment, Earth Times, USA
1995	International Women's Hall of Fame, International Women's Forum Leadership Foundation, USA
1994	The Order of the Golden Ark Award, the Netherlands
1993	The Jane Addams Leadership Award, Jane Addams Conference, USA
1993	The Edinburgh Medal, Medical Research Council, Scotland

MAATHAI WANGARI

1991	The Hunger Project's Africa Prize for Leadership, United Nations, USA
1991	Global 500 Hall of Fame, United Nations Environment Programme, USA
1991	The Goldman Environmental Prize, the Goldman Foundation, USA
1990	The Offeramus Medal, Benedictine College, USA
1989	Women of the World Award, WomenAid, UK
1988	The Windstar Award for the Environment, Windstar Foundation, USA
1986	Better World Society Award, USA
1984	Right Livelihood Award, Sweden
1983	Woman of the Year Award

Exkurs: Green Belt Movement (GBM)

Green Belt Movement[274] ist eine Umweltschutzorganisation, die Gemeinschaften und dabei insbesondere Frauen stärkt, die Umwelt schützen und dabei gleichzeitig Lebensbedingungen und -umstände verbessern will. Die Organisation wurde 1977 unter der Schirmherrschaft von Kenias Nationalem Frauenrat (National Council of Women of Kenya – NCWK) von Wangari Maathai gegründet, um auf die Bedürfnisse kenianischer Bäuerinnen aufmerksam zu machen. Diese berichteten, dass einerseits ihre Flüsse austrockneten und damit ihre Ernährungssicherheit eingeschränkt sei und sie andererseits weitere Wege zurücklegen müssten, um Feuerholz zu organisieren. Die Grüngürtel-Bewegung animierte Frauen dazu, gemeinsam Samen zu säen und Bäume zu pflanzen, um den Boden zu festigen, Regenwasser zu speichern, Nahrung und Feuerholz bereitzustellen und eine kleine monetäre Leistung für ihre Arbeit zu erhalten. Die ersten Bäume, damals nur 7, wurden am 5. Juni 1977, dem Welt-Umwelttag, in Nairobi gepflanzt.

An diesem Tag marschierten die Mitglieder des kenianischen Frauenrates (NCWK) vom Internationalen Konferenzzentrum Kenyatta in Nairobi zum Kamukunji-Park am äußeren Rand der Stadt, wo sie sieben Bäume pflanzten, um bereits verstorbene Menschen, die in der Gemeinschaft sehr aktiv waren, zu ehren. Die sieben Bäume waren anfänglich unter dem Motto »Rettet das Land Harambee« bekannt, wurden dann aber zum ersten »grünen Gürtel«, aus dem sich im weiteren Verlauf die Grüngürtel-Bewegung entwickelt hat. Maathai brachte Frauen in Kenia dazu, Baumschulen im ganzen Land anzulegen. Die Samen wurden dabei in nahegelegenen Wäldern gesammelt, um einheimische Bäume pflanzen zu können. Aber Maathai hat auch ökonomisch gedacht. Um den Frauen im GBM einen Anreiz zu geben, erhielten diese für jeden Setzling, der anwurzelte, eine kleine Summe von umgerechnet vier amerikanischen Cent pro Baum. Damit leistete GBM einen Beitrag zur finanziellen Situation der Frauen, die in der Regel in finanzieller Abhängigkeit von ihren Männern lebten, und stärkte zudem deren Selbstbewusstsein. Im Zuge der weiteren Entwicklung von GBM wurde Maathai zunehmend bewusst, dass sie die Ursachen der Probleme herausfinden und vermitteln musste. Allmählich wurde GBM von einer Kampagne, die Bäume pflanzte, zu einer, die auch Ideen pflanzte. Es wurde auch über Demokratie, Menschenrechte, Geschlecht und Macht diskutiert.[275] Die anfängliche Idee von Umweltbildung und Naturschutz erweiterte sich um Elemente zivilen und politischen Engagements. Ausgangspunkt war eine »verrückte Frau«, wie Wangari Maathai damals von den Behörden in Kenia eingestuft wurde.

Die Organisation finanzierte sich hauptsächlich über Spenden, zum Beispiel durch Zuwendungen von Hilfsorganisationen in Skandinavien, den Niederlanden und den USA, außerdem durch Gelder der Vereinten Nationen. Die Grüngürtel-Bewegung ist seit Ende 2015 Partner bei der African Forest Landscape Restoration Initiative, die anstrebt bis 2030 eine Fläche von 100 Mio. Hektar in Afrika aufzuforsten.[276] Möge der Plan dieser Sternschnuppe in Erfüllung gehen und zumindest keine Rückentwicklung erfolgen.

MARSHALL George C. (1880–1959)

Ein Verteidigungsminister als Friedensnobelpreisträger

   Dass ein ehemaliger Verteidigungsminister einen Friedensnobel-preis bekommt, ist in der Tat kein alltägliches Ereignis. Somit ist es wohl legitim auch G. Marshall in diese humanitäre Sternschnup-pensammlung aufzunehmen. Die Literatur über ihn und den nach ihm benannten Marshallplan ist (fast) unüberschaubar, in der Folge werden somit auch hier nur ein paar allgemeine Anmerkungen über ihn dokumentiert, die vielleicht z.T. bereits bekannt sind, die allerdings immer wieder zum Nachdenken anregen können. Man stelle sich vor, wie die Welt und v.a. Europa heute aussehen wür-de, hätte es den Marshallplan nicht gegeben. Es fehlt völlig die Phantasie dazu.

Kurze biographische Hinweise[277]

   Geboren wurde er am letzten Tag des Jahre 1880 in Uniontown (Pennsylvania) USA. Er schlug dann eine Armeelaufbahn ein, wurde zum Offizier ausgebildet und machte beim Militär Karriere. Während des Zweiten Weltkrieges war er von 1939 bis 1945 Chef des Generalstabes und damit Leiter des Aufbaus der amerikani-schen Armee sowie der strategischen Planung der Operationen der Alliierten. Ab Dezember 1944 war er im Rang eines 5-Sterne Generals.[278] Zum Ende des Zweiten Weltkrieges war Marshall Be-fehlshaber der größten militärischen Streitmacht, die jemals von Amerika zusammengestellt worden war.

Als solcher ging er 1945 auch erstmals in den Ruhestand. Dabei sollte es aber nicht bleiben, denn von 1947 bis 1949 war er amerikanischer Außenminister; als Teil der von ihm mit entwickelten Politik der Eindämmung des sowjetischen Weltmachtstrebens schlug er einen europäischen Wiederaufbauplan vor, der als Marshall-Plan bekannt wurde. Dieser spielte beim wirtschaftlichen und politischen Wiederaufbau Nachkriegseuropas eine – wenn nicht die – entscheidende Rolle.

Zudem war Marshall auch an der Gründung des Nordatlantik-Paktes (1949) beteiligt. Sein letzter Posten war dann das US Verteidigungsministerium, das er 1950 übernahm. Aber bereits ein Jahr später (im September 1951) zog er sich für immer aus der Politik zurück, nachdem Senator Joseph McCarthy (der in der nach ihm benannten McCarthy-Ära vielerorts Kommunisten am Werk wähnte) ihn als Verräter und »Helfer der Kommunisten auf ihrem Weg zur Weltherrschaft« verdächtigt und beschimpft hatte.[279] Dieser Vorwurf ist in der Tat eine große Ironie der Geschichte. Gestorben ist er am 16. Oktober 1959.

Marshall wurde auch vielfach geehrt, das Time Magazine erkor ihn z.B. 1947 bereits zum zweiten Mal zum Mann des Jahres. Seine größte Auszeichnung war sicher der Friedensnobelpreis, den er 1953 erhalten hatte. Marshall ist damit der erste Soldat, der mit diesem Preis gewürdigt wird.[280] Obwohl Marshall sich stets für ein starkes militärisches Verteidigungssystem einsetzte, bemühte er sich immer, friedliche Lösungen für internationale Konflikte zu finden, ein Tatbestand, den man in Zeiten wie diesen nicht hoch genug hervorheben kann und muss. In seinem Todesjahr wurde ihm auch noch der Aachener Karlspreis verliehen. George C. Marshall konnte den Preis allerdings nicht mehr in Aachen entgegennehmen. Stellvertretend für ihn nahm seine Frau Catherine die Auszeichnung – Karlspreisurkunde und eine Sonderausführung als Plakette – am 4. Mai 1959 in einem Washingtoner Krankenhaus entgegen.[281]

MARSHALL GEORGE C.

Anmerkungen zum Marshallplan[282]

Entwicklungen werden (fast) immer ex post betrachtet, da es sehr schwer ist, sich in Entscheidungssituationen vor der faktischen Entwicklung hineinzudenken. An nur einem kleinen Beispiel beim Marshallplan sei dies kurz angedeutet. Im Sommer 1944 (ca. 9 Monate, bevor der Weltkrieg in Europa endete) hatte der damalige US-Außerminister Henry Morgenthau die verwegene Idee, nach Kriegsende Deutschland wieder in einen Agrarstaat (via Demilitarisierung und Deindustriealisierung) zu verwandeln. Damit sollte verhindert werden, dass von diesem Land langfristig je wieder ein Angriffskrieg erfolgen würde.[283] Dieses Faktum ist heute beinahe vergessen und den Göttern sei gedankt, dass der so genannte Morgenthau-Plan nach Kriegsende nicht in die Tat umgesetzt wurde. Umgesetzt wurde dagegen einige Zeit später ein ganz anderer Plan, nämlich der Marshall-Plan. Der Plan, offiziell European Recovery Program (ERP) genannt, war dann das genaue Gegenteil des Morgenthau-Plans. Man darf den Plan ohne Übertreibung als ein historisch bedeutendes Wirtschaftsförderungsprogramm der USA für den Wiederaufbau der Staaten Europas nach dem Zweiten Weltkrieg bezeichnen. Immerhin wurden im Zeitraum von 1948 bis 1952 Hilfen im Wert von ca. 13,12 Milliarden US$ (in Preisen von 2020 entspricht dies über 141 Mrd. Dollar) an viele, insbesondere westeuropäische Staaten geleistet.[284] Unter den am Programm teilnehmenden Staaten befanden sich die im Zweiten Weltkrieg mit den USA verbündeten Staaten wie Großbritannien, Frankreich und die Beneluxstaaten. Aber auch Kriegsgegner wie die Bundesrepublik Deutschland und Österreich kamen in den Genuss dieser Unterstützung. Wenn man bedenkt, unter welchen Bedingungen noch nach dem Ersten Weltkrieg mit Kriegsverlierern umgegangen wurde, dann gleicht dies einer wahren Sensation.

Auch den mittel- und osteuropäischen Staaten wären die Hilfen angeboten worden. Allerdings zog sich die Sowjetunion bald aus den Verhandlungen zurück und verbot auch den unter ihrem Einfluss stehenden europäischen Staaten die Teilnahme. Dies hatte langfristig recht negative ökonomische Folgen für diese Länder.

Österreich stellt einen Sonderfall dar, denn das Land erhielt als einziger Staat, der (teilweise) von sowjetischen Truppen besetzt war, auch die Marshallplan-Hilfe. Das Abkommen zwischen den USA und Österreich wurde am 2. Juli 1948 geschlossen; danach bekam Österreich die Mittel als »Grants« (Geschenk) in Form von Sachgütern. Im Gegenzug musste Österreich den Schilling stabilisieren und den Staatshaushalt möglichst ausgeglichen halten. Die Förderungen für Österreich waren sogar relativ hoch. Dafür gab es zwei Gründe: Zum einen war Österreich vor dem Zweiten Weltkrieg sehr schwach industrialisiert und musste erst eine Industrie aufbauen, zum anderen wurde die sowjetische Besatzungszone von den Sowjets wirtschaftlich ausgebeutet.[285]

Generell bestanden die Hilfsleistungen für alle Länder zu einem großen Teil aus Krediten sowie Lieferung von Rohstoffen, Lebensmitteln und Industriegütern. Das Programm verstand sich als Hilfe zur Selbsthilfe und war an Bedingungen geknüpft, wie den Abbau von Handelshemmnissen, die Stabilisierung der eigenen Währung und die zwischenstaatliche Kooperation. Da in den westeuropäischen Ländern spätestens ab Anfang der 1950er Jahre der Nachkriegsboom einsetzte, wurde dieser immer wieder auch ursächlich mit der Marshallplan-Hilfe in Verbindung gebracht. Wie groß der Anteil dieser Hilfe am tatsächlichen Wirtschaftsaufschwung war, ist aber schwer zu eruieren und bis heute umstritten. Ohne Zweifel beschleunigte der Marshallplan allerdings die wirtschaftliche Erholung in Europa. Zudem war er auch ein entscheidender Impuls für die europäische Integration und den Abbau von Handelshemmnissen zwischen den westeuropäischen Staaten. Ohne ihn wären die Einheitsbestrebungen in Europa sicher viel langsamer verlaufen. So gesehen diente er auch als Vorläufer zur Entstehung des heutigen vereinten Europas bis hin zur EU und zur gemeinsamen Währung des Euro.[286]

MARSHALL GEORGE C.

Die Annahme und Wahrscheinlichkeit, dass die Geschichte West- und Mitteleuropas ohne Marshallplan weniger positiv verlaufen wäre, scheint berechtigt. Schon deshalb sollte man als Bewohner dieser Gegend den Verteidigungsminister und Friedensnobelpreisträger George C. Marshall nicht völlig vergessen.

MARSHALL GEORGE C.

MELAKU Worede (* 1936)

Eine Sternschnuppe zum Schutz von Saatgut

1989 wurde Melaku Worede (* 1936), ein äthiopischer Genetiker und Biologe, der an der Universität von Nebraska Genetik studierte, mit dem so genannten Alternativen Nobelpreis ausgezeichnet.[287] Worede war von 1979 bis zu seiner Pensionierung 1993 Direktor des renomierten Wawilow-Zentrums[288] in Addis Abeba.

Wawilow war einer der bedeutendsten globalen Biologen zwischen den beiden Weltkriegen, der sich schon in den 1920er Jahren für den Erhalt natürlicher Ressourcen einsetzte. Er war Mitglied zahlreicher wissenschaftlicher Fachgesellschaften und Akademien, von 1931 bis 1940 war er Präsident der Geographischen Gesellschaft der UdSSR. Als höchste Auszeichnung seines Landes erhielt er 1926 sogar den Leninpreis.[289] Seine Reisen hatten ihn damals auch nach Äthiopien geführt, wo ihn die natürliche Vielfalt tief beeindruckt hatte. In der Folge wurden dann weltweit acht so genannte Wawilow Zentren gegründet. Diese Zentren befinden sich – mit Ausnahme von Ozeanien – global über alle Kontinente verstreut. In Äthiopien (inklusive Abessinien, Eritrea und Teilen von Somaliland) befindet sich allerdings das einzige diesbezügliche Zentrum in ganz Afrika. Dort werden die Sorten von vielen Pflanzen (wie Hartweizen, Emmer, Gerste, Perlhirse, Sorghum, Sesam, Kaffee, Myrrhe, etc.) aufbewahrt.[290]

In diesem Wawilow-Zentrum in Äthiopien baute Melaku Worede in relativ kurzer Zeit eine Saatbank mit zehntausenden Pflanzenarten auf. So arbeitete er am Seeds-of-Survival-Projekt mit, in dem das überlieferte Wissen der Bauern mit westlicher Wissenschaft und Technologie verbunden wird. Melaku Worede wurde 1989 »für ein richtungsweisendes Projekt zur dauerhaften Bekämpfung des Hungers durch den Aufbau eines der besten Zentren der Welt zur Bewahrung von Saatgut und ihrem Einsatz zum Erhalt der Artenvielfalt und der Weisheit der afrikanischen Bauern zum Nutzen der gesamten Menschheit«[291] mit dem Alternativen Nobelpreis geehrt. Die Samenbank in Äthiopien beherbergt zehntausende unterschiedliche Samen afrikanischer Pflanzen. Anders als beispielsweise die Samenbanken in Norwegen und Großbritannien arbeitet die Saatgutbank eng mit den lokalen Bauern zusammen. An regelmäßig stattfindenden Saatgutbörsen werden Saatgut und Wissen ausgetauscht.[292]

Immer wieder erhob Melaku Worede seine Stimme und warnte davor, dass die pflanzliche Vielfalt Afrikas zu verschwinden drohe. Pointiert formuliert er es so: »Die lokal angepassten Landsorten werden durch – teilweise als Hungerhilfe – eingeführte Hochertragssorten verdrängt. Diese müssen allerdings mit Kunstdünger und Pestiziden ›bestochen‹ werden, damit sie Erträge abwerfen, und niemand hat Geld für diese Bestechung.«[293]

Der Agrarwissenschaftler setzt sich dagegen in seinem Projekt »Seeds of Survival - Samen des Überlebens« für die Erhaltung und Verbesserung der regionalen Landsorten als Bausteine ein und vertraut so auf eine krisenfeste Selbstversorgung und auf die Weisheit der Bauern.

In Ejere, einer kleinen Stadt in Zentraläthiopien,[294] hat in den 1980er Jahren das »Seeds of Survival«- Programm seinen Anfang genommen. »Nach Dürre und Hungersnot war Ejere gezeichnet von Bodenerosion und Monokulturen. Die genetische Erosion der heimischen Nahrungspflanzen lag angeblich bei 95 Prozent«.[295] Die Anreize zur Verbesserung und Erhaltung der lokalen Agrobiodiversität, die in Äthiopien unternommen wurden, waren dabei nicht nur monetärer Natur, auch andere Vorteile wie der Zugang zu Fortbildungen, die sichere Versorgung mit Saatgut, etc. strebte man an. Das Projekt ermöglichte so, auch zahlreiche Analysen und Beschreibungen der lokalen Sortenvielfalt und des traditionellen Wissens anzufertigen und zu veröffentlichen.

Der Anreiz, den das System für die lokalen Farmer bot, zeigt sich an der Zunahme der Mitglieder und des gelagerten und verteilten Saatguts. Im Bezirk Ejere z.B. nahm von 1997 bis 2002 die Anzahl der Mitglieder in der Vereinigung von 156 auf 1.302 Mitglieder zu. Das jährlich verteilte Saatgut erhöhte sich im selben Zeitraum von 24 auf 339 t. Bereits verloren gegangene Sorten konnten neu eingeführt werden und befinden sich wieder in Nutzung.[296]

Und auch das Ergebnis dieser Anstrengungen kann sich sehen lassen: »Inzwischen« – so heißt es – »ist die Monokultur von den Feldern verschwunden, die alten Anbaumuster wurden reaktiviert und sind intakt. Es gibt heute auch wieder traditionelles Saatgut und die ehemalige Vielfalt ist wieder da.«[297] In der Tat eine wunderbare Sternschnuppe, die ihre Wirkung zeigt und von der man nur hoffen kann, dass sie weiter Schule macht.[298]

MELAKU WOREDE

MENCHU Rigoberta
(Rigoberta Menchú Tum (* 1959):

Sternschnuppe für indigene Menschenrechte

Rigoberta Menchú wurde als Quiche-Maya 1959 in Guatemala geboren. Sie genoss das Privileg, ein katholisches Internat besuchen zu können, in dem sie mit den Ideen der Befreiungstheologie und der Frauenbewegung in Berührung kam.[299] Beides beeinflusste sie nachhaltig. Ihre Familie stand der linken Guerillabewegung nahe; ihr Vater wurde wiederholt festgenommen und gefoltert. Mit 23 Jahren war sie Gründungsmitglied einer Organisation zur Dokumentation und Anklage von Menschenrechtsverletzungen. 1979 trat Rigoberta Menchú wie ihr Vater und die Brüder dem Komitee für Bauerneinheit (Comite de Unidad Campesina (CUC)) bei. Ihr Vater starb 1980 in der spanischen Botschaft in Guatemala, als diese von Anhängern des Regimes in Brand gesteckt wurde. Auch ihre Mutter und ein Bruder wurden gefoltert und ermordet.

Rigoberta Menchú engagierte sich immer mehr in der CUC, organisierte einen Streik für bessere Arbeitsbedingungen der Landarbeiter und zudem am 1. Mai 1981 große Demonstrationszüge in der Hauptstadt. Außerdem trat sie der radikalen Volksfront des 31. Januar bei. Dort motivierte sie die Bauern, der Unterdrückung durch die Militärdiktatur Widerstand zu leisten.

Dies hatte zur Folge, dass sie später in Guatemala untertauchen und schließlich nach Mexiko fliehen musste. Ab nun trat sie auch im Ausland energisch für die Rechte der indigenen Völker und gegen deren Unterdrückung in Guatemala ein. 1982 z.B. war sie Mitbegründerin einer gemeinsamen Front der guatemaltekischen Oppositionsparteien. Immer ging es ihr auch um eine stärkere Vertretung der indigenen Völker in der Politik. Weitere größere Bekanntheit erlangte sie durch eine 1983 (gemeinsam mit Elisabeth Burgos) verfasste Autobiographie. 1995 wurde sie Mutter eines Sohnes.

Mit ihrer 1999 in Madrid eingebrachten Klage gegen drei Generäle aus Guatemala scheiterte sie; dies brachte ihr Morddrohungen und eine Gegenklage wegen Hochverrats ein. Im September 2007 kandidierte sie für das Präsidentenamt in Guatemala. Sie erhielt im ersten Wahlgang allerdings nur 3 % der Stimmen. Bei einem Wahlsieg wäre sie die erste Frau und die erste Indigene in diesem höchsten Staatsamt gewesen.

Nachdem Rigoberta Menchú durch ihre Arbeit weltweit immer bekannter wurde, erhielt sie mehrfach Ehrungen. So z.B. 1990 den UNESCO-Preis für Friedenserziehung und 1992 für ihren Einsatz für die Menschenrechte, insbesondere von Ureinwohnern (v. a. der Maya), den Friedensnobelpreis.

1996 wurde sie dann von der UNO zur UNESCO-Sonderbotschafterin für die Förderung einer Kultur des Friedens und der Rechte indigener Menschen ernannt, zudem ist sie Mitglied im erlesenen Club of Rome (maximal 100 Mitglieder), 1999 wurde sogar ein Asteroid nach ihr benannt.

Das Preisgeld des Friedensnobelpreises nützte sie für humanitäre Zwecke. In Gemeinschaft mit einer mexikanischen Unternehmergruppe hat sie eine Kette von Apotheken aufgebaut, die im ganzen Land inzwischen als »Farmacias Similares« bekannt sind. Somit bewies sie auch mit ihrem Preisgeld für den Friedensnobelpreis, dass man sie zu Recht zu einer humanitären Sternschnuppe zählen darf.[300]

MENCHU RIGOBERTA

MENSCHENRECHTE

Sternschnuppen, die vielfach noch auf ihre Verwirklichung warten

Die »Allgemeine Erklärung der Menschenrechte« ist eine rechtlich nicht bindende Resolution der Generalversammlung der Vereinten Nationen. Sie wurde am 10. Dezember 1948 in Paris verkündet. Der 10. Dezember gilt seither auch als Tag der Menschenrechte. Der Text wurde in mehr als 460 Sprachen übersetzt und gilt deshalb auch als einer der meistübersetzten Texte weltweit. Sprachliche Barrieren dürften somit nicht der Hauptgrund für die z.T. sehr spärliche Umsetzung der Inhalte sein.

Man kann die Menschenrechte auch als eine Art »Magna Charta für die ganze Menschheit«[301] bezeichnen. Sie sind eine ganz und gar unwahrscheinliche Errungenschaft des 20. Jahrhunderts, es handelt sich um eine Ansammlung von Sternschnuppen, wobei ihre Schöpfer:innen heute so gut wie vergessen sind.[302]

Viele Personen wirkten an der Entstehung dieser wunderbaren Sternschnuppen mit, Männer wie der Chilene Hernán Santa Cruz, Frauen wie die Inderin Hansa Mehta, der philippinische Delegierte

Carlos P. Rómulo, etc., etc. Vor allem aber ist Eleanor Roosevelt, die Frau des ehemaligen US-Präsidenten, zu nennen; man kann sie wohl als nimmermüden Motor im ganzen Entstehungsprozess bezeichnen. Dazu kommen noch John Peters Humphrey (1905–1995) aus Kanada, zudem sind noch drei weitere Herren zu nennen, die den Text der Deklaration der Menschenrechte entscheidend mitbestimmten: der griechisch-orthodoxe Christ Charles Habib Malik (1906–1987) aus dem Libanon, der konfuzianische Gelehrte Peng Chun Chang (1892–1957) aus China und der französische Jude René Cassin.[303] Das 21. Jahrhundert erlebt niemand von ihnen. Peng Chun Chang erlag 1957 seinem Herzleiden. René Cassin, der 1968 den Friedensnobelpreis erhielt, starb 1976. Charles Habib Malik, zwischenzeitlich libanesischer Außenminister, lebte bis 1987, John Peters Humphrey, Mitgründer von Amnesty International Canada, bis 1995. Eleanor Roosevelt zog sich 1951 aus der Menschenrechtskommission zurück und starb 1962.

Eleanor Roosevelt, die frühere First Lady der USA, hatte sich schon vor ihrer Tätigkeit bei der UNO vielseitig sozial engagiert. Sie kämpfte für Frauenrechte und für die Aufnahme jüdischer Flüchtlinge aus Europa, stritt für soziale Gerechtigkeit und gegen die Diskriminierung der Afroamerikaner. Zum Text der Allgemeinen Erklärung der Menschenrechte hat sie zwar keine Zeile beigetragen, dennoch würde es das Dokument ohne sie wohl nicht geben,[304] denn sie hielt ein fragiles Unterfangen, das gleich auf der ersten Sitzung auseinanderzubrechen drohte, zusammen bis zum Endpun‹t am 10. Dezember 1948.

Um manche Artikel (und auch Worte) diskutierte man z.T. tagelang. Quasi in letzter Minute – symbolisch gesprochen – gelang die Finalisierung. Am 11. Oktober 1948 feiert Eleanor Roosevelt ihren 64. Geburtstag. Erst am 20. Oktober wird nach heftigem Streit über die Todesstrafe Artikel 3 beschlossen (»Jeder hat das Recht auf Leben, Freiheit und Sicherheit der Person«).

MENSCHENRECHTE

Um den ganzen Prozess zu beschleunigen, kaufte dann Charles Malik eine Stoppuhr. Die Redezeit der einzelnen Mitglieder der Arbeitsgruppe sollte ab nun nur mehr maximal drei Minuten betragen. Dies wirkte, denn bald erreicht man ein Arbeitstempo von z.T. einem Artikel pro Tag. Die Zeit drängte auch, denn an vielen Stellen der Welt spitzte sich die politische Lage schon wieder erheblich zu. Im Nahen Osten flohen bereits Hunderttausende Araber aus den israelischen Gebieten oder wurden vertrieben – was auch in der Deklaration Spuren hinterlässt. Der Libanon, wo viele Geflüchtete Schutz suchen, setzt als Ergänzung zu Artikel 13 (Freizügigkeit und Auswanderung) das Recht auf Rückkehr ins Heimatland durch. In Artikel 14 wird das Recht, Asyl zu erhalten, abgeschwächt zum Recht, »Asyl zu suchen und zu genießen«. 1949, gründen sich in Deutschland zwei Staaten, in China siegt Mao, und in Korea bricht 1950 der erste heiße Konflikt des Kalten Krieges aus. Das Tor, durch das die Menschenrechtskommission gerade noch rechtzeitig schlüpfen kann, drohte schnell versperrt zu werden, aber es gelang noch, den aufwändigen Prozess erfolgreich abzuschließen.

Am 7. Dezember 1948 nahm der Dritte Ausschuss die Erklärung nach insgesamt 168 Änderungsanträgen an. Dann tagte die Generalversammlung. Um halb neun am Abend des 9. Dezember 1948 trat Charles Malik ans Rednerpult im Palais de Chaillot nahe dem Eiffelturm. Die Menschenrechtserklärung, rief er den Versammelten zu, ermögliche es jedem, seine Regierung mit der »moralischen Unterstützung der ganzen Welt« zur Verantwortung zu ziehen. Das habe es nie zuvor gegeben.

Abgestimmt wurde zunächst über jeden Artikel einzeln. Sechs Neinstimmen zählte man zum Familienrecht, sieben zur Meinungsfreiheit (vor allem aus dem sowjetischen Block). Ansonsten: ein fast ausnahmsloses Ja der Delegierten. Vier Minuten vor Mitternacht begann die Abstimmung über das Gesamtdokument. Das Votum war eindeutig. 48 der damals 58 UN-Staaten nahmen die Deklaration an. Selbst die Länder des Sowjetblocks riskierten kein Nein, sondern enthielten sich. Ebenso Südafrika und – als einziges muslimisches Land – Saudi-Arabien.[305]

In der Rückschau wirkt es geradezu zwingend, dass nach Weltkrieg und Holocaust die Idee der Menschenrechte triumphierte. Doch zwingend war dies keineswegs. Die Menschenrechtserklärung ist ein eher zufälliges, unwahrscheinliches Nebenprodukt des Ringens um eine internationale Friedensordnung – eine Fußnote, die zur Sternstunde wurde.[306]

Fasst man das Entstehen, das Ergebnis und den Wirkungsgrad der Menschenrechte kurz zusammen, dann bieten sich die Worte von Christian Staas an, wenn er meint: »Es ist leicht, die Geschichte der Menschenrechte als eine Geschichte des Scheiterns und der Bigotterie zu erzählen. Was haben all die schönen Versprechungen genützt? Bis heute werden die Menschenrechte täglich verletzt – im Krieg gegen die Ukraine, in Diktaturen wie dem Iran und China, aber auch an Europas hochgerüsteten Außengrenzen oder durch eine verschleppte Klimapolitik. Ein Leitstern sind sie dennoch geblieben, selbst wenn ihr Licht ferner wirkt denn je. Auch darin liegt eine Ambivalenz des Guten: Es lässt den Menschen über sich selbst hinauswachsen – und demonstriert ihm doch stets seine Unzulänglichkeit.«[307] Genau dies ist auch das Wesen der hier zusammengestellten Sternschnuppen.

MENSCHENRECHTE NR 1 bis Nr. 30 (bzw. »Nr. 31«)[308]

Artikel 1 (Freiheit, Gleichheit, Brüderlichkeit): Alle Menschen sind frei und gleich an Würde und Rechten geboren. Sie sind mit Vernunft und Gewissen begabt und sollen einander im Geist der Brüderlichkeit begegnen.

Artikel 2 (Verbot der Diskriminierung): Jeder hat Anspruch auf die in dieser Erklärung verkündeten Rechte und Freiheiten ohne irgendeinen Unterschied, etwa nach Rasse, Hautfarbe, Geschlecht, Sprache, Religion, politischer oder sonstiger Überzeugung, nationaler oder sozialer Herkunft, Vermögen, Geburt oder sonstigem Stand. Des Weiteren darf kein Unterschied gemacht werden auf Grund der politischen, rechtlichen oder internationalen Stellung des Landes oder Gebiets, dem eine Person angehört, gleichgültig ob dieses unabhängig ist, unter Treuhandschaft steht, keine Selbstregierung besitzt oder sonst in seiner Souveränität eingeschränkt ist.

Artikel 3 (Recht auf Leben und Freiheit): Jeder hat das Recht auf Leben, Freiheit und Sicherheit der Person.

Artikel 4 (Verbot der Sklaverei und des Sklavenhandels): Niemand darf in Sklaverei oder Leibeigenschaft gehalten werden; Sklaverei und Sklavenhandel sind in allen ihren Formen verboten.

Artikel 5 (Verbot der Folter): Niemand darf der Folter oder grausamer, unmenschlicher oder erniedrigender Behandlung oder Strafe unterworfen werden.

Artikel 6 (Anerkennung als Rechtsperson): Jeder hat das Recht, überall als rechtsfähig anerkannt zu werden.

Artikel 7 (Gleichheit vor dem Gesetz): Alle Menschen sind vor dem Gesetz gleich und haben ohne Unterschied Anspruch auf gleichen Schutz durch das Gesetz. Alle haben Anspruch auf gleichen Schutz gegen jede Diskriminierung, die gegen diese Erklärung verstößt, und gegen jede Aufhetzung zu einer derartigen Diskriminierung.

Artikel 8 (Anspruch auf Rechtsschutz): Jeder hat Anspruch auf einen wirksamen Rechtsbehelf bei den zuständigen innerstaatlichen Gerichten gegen Handlungen, durch die seine ihm nach der Verfassung oder nach dem Gesetz zustehenden Grundrechte verletzt werden.

Artikel 9 (Schutz vor Verhaftung und Ausweisung): Niemand darf willkürlich festgenommen, in Haft gehalten oder des Landes verwiesen werden.

Artikel 10 (Anspruch auf faires Gerichtsverfahren): Jeder hat bei der Feststellung seiner Rechte und Pflichten sowie bei einer gegen ihn erhobenen strafrechtlichen Beschuldigung in voller Gleichheit Anspruch auf ein gerechtes und öffentliches Verfahren vor einem unabhängigen und unparteiischen Gericht.

Artikel 11 (Unschuldsvermutung): Jeder, der wegen einer strafbaren Handlung beschuldigt wird, hat das Recht, als unschuldig zu gelten, solange seine Schuld nicht in einem öffentlichen Verfahren, in dem er alle für seine Verteidigung notwendigen Garantien gehabt hat, gemäß dem Gesetz nachgewiesen ist. Niemand darf wegen einer Handlung oder Unterlassung verurteilt werden, die zur Zeit ihrer Begehung nach innerstaatlichem oder internationalem Recht nicht strafbar war. Ebenso darf keine schwerere Strafe als die zum Zeitpunkt der Begehung der strafbaren Handlung angedrohte Strafe verhängt werden.

Artikel 12 (Freiheitssphäre des Einzelnen): Niemand darf willkürlichen Eingriffen in sein Privatleben, seine Familie, seine Wohnung und seinen Schriftverkehr oder Beeinträchtigungen seiner Ehre und seines Rufes ausgesetzt werden. Jeder hat Anspruch auf rechtlichen Schutz gegen solche Eingriffe oder Beeinträchtigungen.

Artikel 13 (Freizügigkeit und Auswanderungsfreiheit): Jeder hat das Recht, sich innerhalb eines Staates frei zu bewegen und seinen Aufenthaltsort frei zu wählen. Jeder hat das Recht, jedes Land, einschließlich seines eigenen, zu verlassen und in sein Land zurückzukehren.

Artikel 14 (Asylrecht): Jeder hat das Recht, in anderen Ländern vor Verfolgung Asyl zu suchen und zu genießen. Dieses Recht kann nicht in Anspruch genommen werden im Falle einer Strafverfolgung, die tatsächlich auf Grund von Verbrechen nichtpolitischer Art oder auf Grund von Handlungen erfolgt, die gegen die Ziele und Grundsätze der Vereinten Nationen verstoßen.

Artikel 15 (Recht auf Staatsangehörigkeit): Jeder hat das Recht auf eine Staatsangehörigkeit. Niemandem darf seine Staatsangehörigkeit willkürlich entzogen noch das Recht versagt werden, seine Staatsangehörigkeit zu wechseln.

Artikel 16 (Eheschließung, Familie): Heiratsfähige Frauen und Männer haben ohne Beschränkung auf Grund der Rasse, der Staatsangehörigkeit oder der Religion das Recht zu heiraten und eine Familie zu gründen. Sie haben bei der Eheschließung, während der Ehe und bei deren Auflösung gleiche Rechte. Eine Ehe darf nur bei freier und uneingeschränkter Willenseinigung der künftigen Ehegatten geschlossen werden. Die Familie ist die natürliche Grundeinheit der Gesellschaft und hat Anspruch auf Schutz durch Gesellschaft und Staat.

Artikel 17 (Recht auf Eigentum): Jeder hat das Recht, sowohl allein als auch in Gemeinschaft mit anderen Eigentum innezuhaben. Niemand darf willkürlich seines Eigentums beraubt werden.

Artikel 18 (Gedanken-, Gewissens-, Religionsfreiheit): Jeder hat das Recht auf Gedanken-, Gewissens- und Religionsfreiheit; dieses Recht schließt die Freiheit ein, seine Religion oder Überzeugung zu wechseln, sowie die Freiheit, seine Religion oder Weltanschauung allein oder in Gemeinschaft mit anderen, öffentlich oder privat durch Lehre, Ausübung, Gottesdienst und Kulthandlungen zu bekennen.

Artikel 19 (Meinungs- und Informationsfreiheit): Jeder hat das Recht auf Meinungsfreiheit und freie Meinungsäußerung; dieses Recht schließt die Freiheit ein, Meinungen ungehindert anzuhängen sowie über Medien jeder Art und ohne Rücksicht auf Grenzen Informationen und Gedankengut zu suchen, zu empfangen und zu verbreiten.

Artikel 20 (Versammlungs- und Vereinigungsfreiheit): Alle Menschen haben das Recht, sich friedlich zu versammeln und zu Vereinigungen zusammenzuschließen. Niemand darf gezwungen werden, einer Vereinigung anzugehören.

Artikel 21 (Allgemeines und gleiches Wahlrecht): Jeder hat das Recht, an der Gestaltung der öffentlichen Angelegenheiten seines Landes unmittelbar oder durch frei gewählte Vertreter mitzuwirken. Jeder hat das Recht auf gleichen Zugang zu öffentlichen Ämtern in seinem Lande. Der Wille des Volkes bildet die Grundlage für die Autorität der öffentlichen Gewalt; dieser Wille muss durch regelmäßige, unverfälschte, allgemeine und gleiche Wahlen mit geheimer Stimmabgabe oder in einem gleichwertigen freien Wahlverfahren zum Ausdruck kommen.

Artikel 22 (Recht auf soziale Sicherheit): Jeder hat als Mitglied der Gesellschaft das Recht auf soziale Sicherheit und Anspruch darauf, durch innerstaatliche Maßnahmen und internationale Zusammenarbeit sowie unter Berücksichtigung der Organisation und der Mittel jedes Staates in den Genuss der wirtschaftlichen, sozialen und kulturellen Rechte zu gelangen, die für seine Würde und die freie Entwicklung seiner Persönlichkeit unentbehrlich sind.

Artikel 23 (Recht auf Arbeit, gleichen Lohn): Jeder hat das Recht auf Arbeit, auf freie Berufswahl, auf gerechte und befriedigende Arbeitsbedingungen sowie auf Schutz vor Arbeitslosigkeit. Jeder, ohne Unterschied, hat das Recht auf gleichen Lohn für gleiche Arbeit. Jeder, der arbeitet, hat das Recht auf gerechte und befriedigende Entlohnung, die ihm und seiner Familie eine der menschlichen Würde entsprechende Existenz sichert, gegebenenfalls ergänzt durch andere soziale Schutzmaßnahmen. Jeder hat das Recht, zum Schutz seiner Interessen Gewerkschaften zu bilden und solchen beizutreten.

Artikel 24 (Recht auf Erholung und Freizeit): Jeder hat das Recht auf Erholung und Freizeit und insbesondere auf eine vernünftige Begrenzung der Arbeitszeit und regelmäßigen bezahlten Urlaub.

Artikel 25 (Recht auf Wohlfahrt): Jeder hat das Recht auf einen Lebensstandard, der seine und seiner Familie Gesundheit und Wohl gewährleistet, einschließlich Nahrung, Kleidung, Wohnung, ärztliche Versorgung und notwendige soziale Leistungen, sowie das Recht auf Sicherheit im Falle von Arbeitslosigkeit, Krankheit, Invalidität oder Verwitwung, im Alter sowie bei anderweitigem Verlust seiner Unterhaltsmittel durch unverschuldete Umstände. Mütter und Kinder haben Anspruch auf besondere Fürsorge und Unterstützung. Alle Kinder, eheliche wie außereheliche, genießen den gleichen sozialen Schutz.

Artikel 26 (Recht auf Bildung): Jeder hat das Recht auf Bildung. Die Bildung ist unentgeltlich, zum mindesten der Grundschulunterricht und die grundlegende Bildung. Der Grundschulunterricht ist obligatorisch. Fach- und Berufsschulunterricht müssen allgemein verfügbar gemacht werden, und der Hochschulunterricht muss allen gleichermaßen entsprechend ihren Fähigkeiten offenstehen. Die Bildung muss auf die volle Entfaltung der menschlichen Persönlichkeit und auf die Stärkung der Achtung vor den Menschenrechten und Grundfreiheiten gerichtet sein. Sie muss zu Verständnis, Toleranz und Freundschaft zwischen allen Nationen und allen rassischen oder religiösen Gruppen beitragen und der Tätigkeit der Vereinten Nationen für die Wahrung des Friedens förderlich sein. Die Eltern haben ein vorrangiges Recht, die Art der Bildung zu wählen, die ihren Kindern zuteilwerden soll.

Artikel 27 (Freiheit des Kulturlebens): Jeder hat das Recht, am kulturellen Leben der Gemeinschaft frei teilzunehmen, sich an den Künsten zu erfreuen und am wissenschaftlichen Fortschritt und dessen Errungenschaften teilzuhaben. Jeder hat das Recht auf Schutz der geistigen und materiellen Interessen, die ihm als Urheber von Werken der Wissenschaft, Literatur oder Kunst erwachsen.

Artikel 28 (Soziale und internationale Ordnung): Jeder hat Anspruch auf eine soziale und internationale Ordnung, in der die in dieser Erklärung verkündeten Rechte und Freiheiten voll verwirklicht werden können.

Artikel 29 (Grundpflichten): Jeder hat Pflichten gegenüber der Gemeinschaft, in der allein die freie und volle Entfaltung seiner Persönlichkeit möglich ist. Jeder ist bei der Ausübung seiner Rechte und Freiheiten nur den Beschränkungen unterworfen, die das Gesetz ausschließlich zu dem Zweck vorsieht, die Anerkennung und Achtung der Rechte und Freiheiten anderer zu sichern und den gerechten Anforderungen der Moral, der öffentlichen

Ordnung und des allgemeinen Wohles in einer demokratischen Gesellschaft zu genügen. Diese Rechte und Freiheiten dürfen in keinem Fall im Widerspruch zu den Zielen und Grundsätzen der Vereinten Nationen ausgeübt werden.

Artikel 30 (Auslegungsregel): Keine Bestimmung dieser Erklärung darf dahin ausgelegt werden, dass sie für einen Staat, eine Gruppe oder eine Person irgendein Recht begründet, eine Tätigkeit auszuüben oder eine Handlung zu begehen, welche die Beseitigung der in dieser Erklärung verkündeten Rechte und Freiheiten zum Ziel hat.

Fiktiver »Artikel 31« der Menschenrechtserklärung aus den Überlegungen von Eleanor Roosevelt und ihrem täglichen Nachtgebet: Sie betonte immer wieder, dass es die »kleinen Orte« seien, an denen die Menschenrechtsarbeit beginne – in der Nachbarschaft, der Schule, bei der Arbeit. Hier müsse sich das Prinzip der Universalität zuallererst beweisen. Und so betete sie jeden Abend: »Lieber Gott (Our Father), öffne unsere Augen für die Schönheit, die uns umgibt, und unsere Herzen für die Liebenswürdigkeit, die Menschen vor uns verbergen, weil wir nicht versuchen, sie zu verstehen. Rette uns vor uns selbst, und zeige uns die Vision einer neu geschaffenen Welt.«[309]

MENSCHENRECHTE

MERKLE Guya (* ca. 1986)

Eine Sternschnuppe für nachhaltigen Goldschmuck

Guya Merkle ist eine deutsche Unternehmerin, Schmuckdesignerin und Umweltaktivistin. Geboren wurde sie Mitte der 1980er Jahre.[310] Ihr Großvater Rudolf Merkle († 1965) gründete Ende der 1930er Jahre in Pforzheim, der – wie es immer heißt – Goldstadt Deutschlands, eine Schmuckgroßhandelsfirma. Nach dem Tod des Firmengründers übernahm dessen 17-jähriger Sohn Eddy Vieri das Unternehmen und verlegte es in die Schweiz (Crans-Montana/Kanton Wallis). Dank der modischen Entwürfe seiner Ehefrau Kate, einer belgischen Theaterwissenschaftlerin, erhielt das Unternehmen in den 1980er Jahren Aufträge aus Japan und den Vereinigten Arabischen Emiraten. Als der Vater Eddy Vieri 2007 überraschend verstarb, übernahm die damals 21-jährige Guya Merkle das Unternehmen.[311]

Guya, die eigentlich keine Verbindung zu Schmuck hatte und ursprünglich das Geschäft gar nicht übernehmen wollte, stieg aber dann doch ein und versuchte das Unternehmen 1:1 wie ihr Vater zu führen, konnte damals jedoch mit der jahrelangen Erfahrung und dem Selbstbewusstsein ihres Vaters, den sie als den «besten Salesmen on Earth" bezeichnete, nicht mithalten. Zudem verstand sie damals die Bedürfnisse der Zielgruppe noch nicht. Nach 3 Jahren war das Unternehmen pleite, und sie erfuhr mit 24 Jahren, was es bedeutet zu scheitern. Sie beschreibt diese Phase als die unglücklichste in ihrem ganzen Leben.[312]

Aber Guya Merkle gab nicht auf. Sie geht an das GIA (Gemological Institute of America) in London und studiert die Geschichte und die Bedeutung von Schmuck. In der Folge besucht sie einige kleine Goldminen in Peru. Was sie dort sieht, schockt sie regelrecht, verändert ihr Leben und motiviert sie zu neuem Handeln. Auf der Reise bekommt sie Einblick in die Situation der Goldproduktion der kleinen, z.T. illegalen Minen.

Ein paar Zahlenskizzen zum Goldabbau

2020 wurden weltweit 3.400 Tonnen Gold gefördert – das meiste in China. Ca. 20 Prozent des jährlich geförderten Goldes stammt dabei von Kleinstschürfern. Im kleinhandwerklichen Goldabbau arbeiten weltweit geschätzt etwa 25 bis 40 Millionen Menschen. Etwa 100 bis 200 Millionen Menschen sind dabei indirekt Teil der Versorgungskette. Obwohl nur etwa 20 bis 25% des global geschürften Goldes aus dieser Art des Abbaus stammt, sind dennoch 80% der Menschen, die im Goldabbau tätig sind, in diesem Zweig beschäftigt. Dazu eine wichtige Anmerkung zum Nachdenken: 1 Gramm Gold kann aus dem Recycling von 40 alten Handys hervorgehen. Normalerweise müsste dafür eine Tonne Gestein abgebaut werden.[313]

Bei ihrer Reise zu den kleinen Goldabbaugebieten sieht Guya Frauen, die Kanister mit Wasser hochschleppen und erfährt wie hoch toxisch dieses Wasser ist. Sie hört von den hohen Fehlgeburten und der Kindersterblichkeit in den Regionen. Sie riecht zum ersten Mal den beißenden Geruch von verbranntem Quecksilber, etc., etc. Lauter für sie unakzeptable Zustände, gegen die sie ab nun etwas unternehmen will.[314]

Dazu kommt ein weiteres wichtiges Problem: Nicht nachhaltig produziertes Gold aus den Kleinschürfungen nicht mehr zu importieren, würde auch massive Auswirkungen vor Ort haben, denn es würden dort Einkommensmöglichkeiten verhindert. Das heißt, es geht auch darum, den Abbau und auch die Lebensumstände der Menschen vor Ort zu verbessern.

Deshalb gründete sie 2013 die Earthbeat Foundation, deren Ziel es ist, einen legalen, sicheren, nachhaltigen und umweltschonenden Umgang mit dem Rohstoff Gold zu etablieren. Ja, die Intention geht noch weiter: Earthbeat Foundation versucht mit kleinen Communities, die vom Goldschürfen leben, in Kontakt zu treten und Hilfe für eine berufliche Neuorientierung anzubieten. Dazu Merkle: »Kein Mensch arbeitet freiwillig im Goldabbau. Wir versuchen mit konkreten Job-Alternativen zu helfen. In Uganda haben wir kürzlich einer Community mit dem Ausstieg geholfen und ihnen Ausbildungen zu Imkern ermöglicht.« Die Mine wurde zugeschüttet und auf der Fläche ein Permakulturgarten gebaut. Finanziert werden solche Projekte u.a. auch mit kleinen Gewinnanteilen der Firma.[315]

Eine Einkommensquelle aus Honigproduktion und aus einem Permakulturgarten statt aus gefährlicher und lebensbedrohlicher Goldproduktion ist in der Tat eine humanitäre Sternschnuppe.

2015 folgte dann die Gründung ihrer nachhaltigen Schmuck-Brand »Vieri«. Guya nahm dabei den Markennamen des Familienunternehmens wieder auf, die als Rohstoff nur fair gehandeltes oder recyceltes Gold verwendet.[316] Seit 2018 engagiert sich Guya Merkle zudem bei »the wearness«, einem Online-Marktplatz für ethisch korrekten Luxus.[317] Für den 14. November 2019 hat die Stiftung den ersten »World Gold Day« ins Leben gerufen, um auch außerhalb der Schmuckindustrie Menschen für das Thema zu sensibilisieren.[318]

Alleine diese wenigen biographischen Daten zeigen schon, dass Guya Merkle eine äußerst umtriebige Person mit hoffnungsvollen Visionen für die Zukunft ist. Auch die Frankfurter Rundschau reihte sie Ende 2022 in die Reihe der »Menschen, die Hoffnung machen« ein.[319]

Zu ihrer Vision meinte Guya einmal, es ginge ihr darum, »ein Unternehmen aufzubauen, das nicht nur verantwortungsvoll handelt und produziert, sondern auch die Welt durch seine Produkte zu einem schöneren und besseren Ort macht.«[320] Besonders hervorzuheben ist dabei, v.a. einen lebensverbessernden Impact für die Menschen vor Ort zu schaffen, denn gerade dieser Aspekt wird allzu häufig bei vielen nachhaltigen Verbesserungsvorschlägen vergessen.[321] In einem Interview verweist Guya Merkle einmal auf die alte »goldene Regel« und meint: »Wir sollten handeln und behandeln, wie wir selbst behandelt werden möchten«.[322]

In der Tat, wenn dieses Motto nur in Ansätzen mehr umgesetzt würde, dann wäre auch unsere Welt wohl schon eine viel friedlichere und gerechtere Welt. Es bedarf somit wesentlich mehr solcher Sternschnuppen.

MERKLE GUYA

MUKWEGE Denis (* 1955)

Eine Sternschnuppe gegen Massenvergewaltigungen von Frauen

»Lassen Sie uns gemeinsam nach Lösungen suchen und tun, was in unseren Kräften steht. Ihr Mitleid brauchen die Frauen im Kongo nicht. Was sie sich wünschen, sind Taten. Wenn ich einen Wunsch äußern darf, dann den, dass jeder Einzelne unter uns seinen Beitrag leisten möge.«[323]

Diese Worte verwendet der Arzt Denis Mukwege in seiner Rede bei der Verleihung des »Global Citizen Award« in New York im Jahr 2012. Der kongolesische Arzt wurde am 1. März 1955 in Bukavu (Belgisch-Kongo) geboren. Mukwege studierte im Nachbarland Burundi Medizin und arbeitete zunächst in einem Krankenhaus im kleinen Ort Lemera in der ländlichen Region Süd-Kivu.[324] Er war schockiert, wie viele Frauen dort jeden Tag starben – etwa bei der Geburt ihrer Kinder. So beschloss er, Gynäkologie und Geburtshilfe in Frankreich (in Angers) zu studieren. Zurück im Kongo, damals noch Zaire genannt, ließ er sich 1989 in Lemera nieder, um eine gynäkologische Station zu eröffnen. Lemera lag Mitte der 1990er Jahre mitten im Kampfgebiet der Kongokriege, und Mukwege sah sich ganz neuen Herausforderungen gegenüber. Seit dem Genozid in Ruanda 1994 setzten die verschiedenen Rebellengruppen und Soldaten zunehmend Vergewaltigung und Verstümmelung von Frauen systematisch als Kriegswaffe ein. 1996 wurden Lemera und die gynäkologische Station, die über Landesgrenzen bekannt war, komplett zerstört. Als Überlebender von Lemera zog Mukwege in die Provinzhauptstadt Bukavu.

Mit internationaler Unterstützung konnte Mukwege dort ein neues Projekt starten, das Panzi-Krankenhaus. Besonders mit seiner gynäkologischen Abteilung machte sich das Krankenhaus schnell einen Namen. Hier behandelten Mukwege und seine Kollegen Frauen und Mädchen aus der ganzen Provinz, die den Kriegsparteien in den Dörfern schutzlos ausgeliefert waren. Schon kurz nach der Einweihung 1999 stellte Mukwege eine hohe und weiter steigende Zahl von Frauen fest, die sexuelle Kriegsgewalt überlebt hatten. Er richtete seine Station für die spezielle Behandlung dieser Frauen ein. Ein weiterer Schwerpunkt liegt bei der Unterstützung von AIDS-kranken Frauen. Er arbeitet mit internationalen Experten des Fistula Hospital in Addis Abeba zusammen.[325] In den Jahren 1999 bis 2013 operierten Mukwege und seine Kollegen im Panzi-Hospital rund 40.000 (!) vergewaltigte Frauen. Dabei beobachteten sie, wie die Täter immer grausamer wurden.[326] Er widmete – so kann man es wohl ohne Übertreibung beschreiben – sein Leben der Rehabilitation zehntausender Opfer von Vergewaltigung und brutaler sexueller Gewalt. Mukwege gilt deshalb als ein weltweit führender Experte für die Behandlung von Verletzungen von Mädchen und Frauen, die durch Gruppenvergewaltigungen sowie durch gezielte physische Unterleibsschändungen verursacht wurden.[327] Seine Arbeit konzentriert sich allerdings nicht ausschließlich auf die medizinischen Belange. Er engagiert sich ebenso politisch, indem er die Grausamkeiten dokumentiert und wiederholt verantwortliche Tätergruppen öffentlich benannte und benennt. Auf seiner Rede vor der UNO 2012 rief er die Weltgemeinschaft auf, sexualisierte Kriegsgewalt einhellig zu verurteilen und die Vergewaltiger wegen Verbrechen gegen die Menschlichkeit vor Gericht zu stellen. Zudem hat er für alle Männer eine recht eindeutige Botschaft, die er auch recht einschlägig einforderte: »Wenn man nicht vergewaltigt, aber zu Vergewaltigungen schweigt«, meinte er, »bedeutet das, dass man sie akzeptiert.«[328] Und ein anderes Mal meinte er zu den Konflikten in dieser Region: »In Wahrheit geht es in diesem Konflikt nicht um ethnische Probleme, sondern es ist eine territoriale Auseinandersetzung um Bodenschätze. Die Region Kivu ist reich an Coltan, das man für Mobiltelefone und Laptops braucht. Ohne den politischen Willen wird sich die Situation nie-

MUKWEGE DENIS

mals ändern. Diese zugrunde liegenden Probleme können nicht durch meine Arbeit gelöst werden.«[329]

Mit seinem Engagement hat er sich nicht nur im eigenen Land Feinde gemacht. Im Oktober 2012 entging er nur knapp einem Anschlag. Unbekannte versuchten, ihn zu ermorden. Schwer bewaffnete Männer drangen dabei in sein Haus ein. Mukwege kam nur knapp mit dem Leben davon, da einer seiner langjährigen Mitarbeiter, Joseph Bizimana, die Mörder ablenkte und dabei selbst von ihnen erschossen wurde. In der Folge floh er mit seiner Familie ins Exil nach Europa. Doch bereits ein Jahr später war er wieder zurück in Bukavu.

Für seinen bedingungslosen Einsatz erhielt er zahlreiche Auszeichnungen. Alleine für die Zeit von 2008 bis 2020 listet Wikipedia nicht weniger als 20 internationale Preise und Ehrungen auf, darunter etwa den Menschenrechtspreis der Vereinten Nationen (2008), den Alternativnobelpreis (2013), den Sacharow-Preis (2014) und 2018 den Friedensnobelpreis (gemeinsam mit Nadia Murad). Er ist somit eine der wenigen Personen, die sowohl den alternativen wie auch einen »allgemeinen« Nobelpreis bekommen haben.

Im Sommer 2022 besuchte sogar das belgische Königspaar das Panzi-Krankenhaus; es war dies der erste Besuch von König Philippe und seiner Frau Mathilde in Begleitung des belgischen Regierungschefs Alexander De Crop in der ehemaligen Kolonie. Auch dabei forderte Mukwege die Besucher auf, das so von Gewalt geschundene Land nicht zu vergessen. Er warf dabei dem Westen Doppelmoral vor und verglich die Gewalt mit dem Ukraine-Krieg. Wenn der Westen Sanktionen gegen Russland wegen seiner Invasion in der Ukraine verhängt, sollte er auch gegen die Gewalt im Kongo – wo auch eine der schlimmsten humanitären Krisen des 21. Jahrhunderts stattfindet – vorgehen. Mukwege betonte dabei nochmals, dass hier auch v.a. sexuelle Gewalt als Waffe eingesetzt wird, und meinte: »Sie ist eine wirksame Waffe, denn sie zerstört Frauen nicht nur körperlich, sondern auch psychisch. Wegen der Stigmatisierung zerstört sie auch Familienbande und damit gan-

MUKWEGE DENIS

ze Gemeinschaften«.[330] Dem ist nichts mehr hinzuzufügen, und es kann abschließend wohl mit Recht festgehalten werden, dass Mukwege eine riesige humanitäre Sternschnuppe darstellt.

MUKWEGE DENIS

NAKALEMBE Catherine (* 1980er Jahre)

Eine Sternschnuppe zur Klimawandelanpassung via Satelliten

Catherine Nakalembe hat sich auf die Auswertung von Satellitenbildern spezialisiert, um Landwirt:innen bei der Entscheidung zu helfen, was und wann sie anpflanzen sollen: Ein Service, der in Afrika nicht selten über Leben oder Hungertod entscheidet.[331] Aufgewachsen ist sie in Kampala, Uganda.[332] Ihr Vater war Automechaniker und ihre Mutter besitzt und betreibt ein Restaurant in Makindye. Catherine kam durch Zufall in die Umweltwissenschaften; eigentlich wollte sie Sportwissenschaften studieren, verpasste aber die Anmeldung. So schrieb sie sich 2002 für ein Umwelt-Bachelor-Programm an der Makerere University ein. 2007 schloss sie dieses Studium ab. Danach erhielt sie ein Teilstipendium für ein Master-Programm in Geographie und Umwelttechnik an der Johns Hopkins University/USA, wo sie 2009 dieses Studium abschloss. In der Folge setzte sie ihren PhD in Geographical Science an der University of Maryland fort. Ihre Doktorarbeit zielte darauf ab, die Folgen von Dürre etc. für die Landnutzung und das Leben in Nordostuganda aufzuzeigen. Es war der erste Schritt, um die Grundlage für ein Fernerkundungselement zu installieren. Damit sollte ein Risikofinanzierungsprojekt für eine Ernährungs-Katastrophe etc. geschaffen werden.

Mit ihrer Arbeit unterstützt Catherine Nakalembe Gemeinden bei der Nutzung von Satelliten- und Drohnendaten, damit sie landwirtschaftliche Entscheidungen treffen, Feldbedingungen kartieren und überwachen, um sich auf mögliche Ernteausfälle im Voraus vorbereiten zu können. Ihre Arbeit hat z.B. 2017 bei der Dürre dazu beigetragen, potenziell katastrophale Auswirkungen von Ernteausfällen zu verhindern bzw. zu verkleinern, und führte zur Formulierung von Regierungsrichtlinien und -programmen in mehreren Ländern Ostafrikas, u.a. in Kenia, Tansania, Uganda und Ruanda.[333] Damit können Ressourcen gespart werden, die man ansonsten für die Nothilfe verwenden müsste.

Catherine Nakalembe ist dabei Leiterin des Afrika-Programms im NASA Harvest Program und verwendet für ihre Arbeit Fernerkundungs- und maschinelle Lerntechnologien, die die Entwicklung der Landwirtschaft und Ernährungssicherheit in ganz Afrika unterstützen. Sie betrieb und betreibt Forschung in der Fernerkundung von Dürre und Landwirtschaft und leitete bzw. leitet die Integration von Erdbeobachtungen in die landwirtschaftliche Überwachung der kleinbäuerlichen Landwirtschaft in mehreren Ländern. Sie war und ist auch Pionierin der Fernerkundung durch unbemannte Luftfahrzeuge bei der Vermessung von Flüchtlingssiedlungen und Erdrutschkartierungen in Uganda.[334]

Zudem organisiert und leitet Nakalembe Schulungen zu Fernerkundungsinstrumenten und -daten, arbeitet mit nationalen Ministerien bei ihren landwirtschaftlichen Entscheidungsfindungsprozessen zusammen und leitet Initiativen, um potenziell katastrophale Auswirkungen von Ernteausfällen zu verhindern.[335]

Catherine Nakalembe wurde für ihre Arbeiten und Aktivitäten auch geehrt:

So erhielt sie 2019 den ersten Individual Excellence Award der Group on Earth Observations.

2020 teilte sie sich den Africa Food Prize (AFP) gemeinsam mit Dr. André Bationo aus Burkina Faso. Der Preis ist mit 100.000 US$ dotiert und wird jährlich vergeben. Olusegun Obasanjo, Vor-

NAKALEMBE CATHERINE

sitzender des AFP-Ausschusses, erklärte bei der Preisverleihung: »Wir brauchen innovative Afrikaner wie Dr. Bationo und Dr. Nakalembe, um das Potenzial neuer Erkenntnisse und Technologien zusammen mit praktischen Technologien zu demonstrieren, die dazu beitragen, das Wertversprechen für Landwirte zu verbessern. Diese beiden sind in der Tat außergewöhnliche Afrikaner.«[336]

2020 wurde sie von der Universität Maryland auch als UMD Research Excellence Honoree geehrt.

Heute ist Catherine Nakalembe Professorin an der Universität von Maryland und Leiterin von NASA Harvest in Ostafrika. Verheiratet ist sie mit Sebastian Deffner, einem Quantenphysiker, ebenfalls an der Universität Maryland; gemeinsam haben sie zwei kleine Kinder.[337]

Die Wahrscheinlichkeit, dass – neben vielen anderen Aktivitäten – satellitenunterstützte Informationen bei der Prognose von Ernteerwartungen und v.a. auch bei der Hungerbekämpfung immer wichtiger werden, ist sehr realistisch; oder anders formuliert: Ohne Unterstützung von »OBEN« wird die Lösung dieser Probleme immer schwieriger werden. So gibt es schon heute Langfristprognosen durch Computersimulationen (erstellt mit Daten von der Nasa), die darauf hinweisen, dass sich in Bälde tiefgreifende Veränderungen in den Anbaubedingungen und Erträgen der wichtigsten Kulturpflanzen zeigen könnten, wenn sich die derzeitigen Trends der globalen Erwärmung fortsetzen. So wird vermutet, dass etwa bis Ende 2100 die globalen Mais-Erträge um fast ein Viertel zurückgehen, während die Weizenerträge möglicherweise weltweit um etwa 17 % steigen könnten. In den wichtigsten Kornkammern der Welt kann es somit viel schneller als bisher erwartet zu gravierenden Veränderungen kommen, und die Landwirte (ob groß oder klein) in vielen Regionen werden sich vermutlich schon bald an die neuen klimatischen Gegebenheiten anpassen müssen.[338] Weltraum- und Landwirtschaftsforschung dürften diesbezüglich auch immer näher zusammenrücken und Ferndiagnosen durch

Satelliten – ursprünglich primär nur für militärische Belange gedacht – zu wichtigen agrarpolitischen Entscheidungshilfen werden, denn Erdbeobachtung hilft auch bei der Optimierung und Kontrolle landwirtschaftlicher Subventionen.[339]

Die Frankfurter Rundschau reihte deshalb Catherine Nakalembe Anfang 2023 unter jene wichtigen Menschen, »die Hoffnung machen«, ein.[340]

NAKALEMBE CATHERINE

NYIRABENDA Jane (* um 1982)[341]

Sternschnuppe einer unglaublichen Versöhnung

1994 fand in Ruanda eines der größten Massaker der zweiten Hälfte des 20. Jahrhunderts statt. Von Mitte April bis Mitte Juli wurden etwa 800.000 (bis zu einer Million) Tutsi und gemäßigte Hutu von radikalen Hutu ermordet. Niedrigste Schätzungen sprechen von zumindest 500.000 Toten.[342] Ein Großteil der Opfer wurde dabei mit Macheten regelrecht hingerichtet und zerstückelt.

Die Mörder schreckten dabei auch nicht davor zurück, verängstigte und völlig verunsicherte Frauen und Kinder, die in Kirchen geflüchtet waren, zu ermorden. Südlich von Kigali, der Hauptstadt Ruandas, finden sich diesbezüglich zwei erschütternde kirchliche Genozidstätten. Die kleine Kirche von Ntarama liegt gut 30 km südlich der Hauptstadt (etwas abseits der Hauptstraße). Hier wurden im April 1994 vermutlich mehr als 5.000 Menschen, vor allem Frauen und Kinder, brutal ermordet. In der Kirche liegen heute noch die Gebeine der Schutzsuchenden zusammen mit den Resten von Matratzen, Kleidung, Tellern, Trinkgefäßen sowie einige aufgeschlagene Bibeln. Ein Gedenkgarten wurde im Außenbereich angelegt. Die größere Kirche von Nyamata liegt rund 40 km südlich von Kigali. Hier sollen an die 10.000 Menschen getötet worden sein. Heute noch stapeln sich deren Kleidung und persönliche Gegenstände auf den Bänken der Kirche. Man kann die Spuren von Granateinschlägen erkennen, an den Wänden sind noch vereinzelt Blutspritzer sichtbar. Zahlreiche Kränze zum Gedenken an verstorbene Familien sind im Inneren der Kirche niedergelegt. Die Schädel und Gebeine wurden in einer Grabkammer direkt neben der Kirche beerdigt. Auch diese kann besichtigt werden.[343] In der Kirche von Ntarama kamen an einem Tag fast doppelt so viele Menschen ums Leben, wie beim World Trade Center in New York. In Nyamata waren es sogar mehr als dreimal so viele. Trotzdem sind Ntarama und Nyamata im allgemeinen Bewusstsein keine Begriffe und werden es wohl auch in Zukunft nie werden. Auch in der Informationsgesellschaft gibt es eben gleiche und gleichere.

Wenden wir uns aber jetzt der (fast) unglaublichen Versöhnungsgeschichte von Nyirabenda Jane zu, so wie sie von Barbara Achermann in ihrem Buch »Frauenwunderland. Die Erfolgsgeschichte von Ruanda« beschrieben wird.[344] Es geht um Nyirabenda Jane (eine Tutsi) und ihre Freundin Bampire Jane (eine Hutu). Beide waren vor dem Genozid nicht nur Nachbarn, sie waren auch ein Herz und eine Seele. Sie gingen zusammen in die Schule, beteten zusammen in der Kirche, gingen gemeinsam zur Quelle, um Wasser zu holen, trugen sogar wechselseitig ihre Kleider … auch die Familien der Mädchen waren befreundet, sie wohnten Hof an Hof, manche Parzellen bearbeiten sie sogar gemeinsam. Doch dann kam der Genozid und trieb einen Keil zwischen die beiden Familien, denn die eine war Tutsi und die andere Hutu. Dazu Nyirabenda Jane: »Eine Gruppe Männer klopfte nachts an unserer Tür, es waren acht oder vielleicht zehn, ich kannte sie, sie wohnten in unserer Gegend. Wir mussten ihnen mit erhobenen Händen folgen, so wie wir geschlafen hatten, im Nachthemd oder nackt«. Die Männer brachten sie zum Marktplatz, wo bereits mehrere Tutsi-Familien aus der Gegend zusammengetrieben waren. Männer und Buben wurden von den Frauen und Mädchen getrennt. Dann geschah etwas, was Jane Nyirabenda bis heute nicht fassen kann und weswegen sie immer noch nachts aus dem Schlaf hochfährt, schweißnass und mit rasendem Herzen. »Wir mussten zusehen, wie unsere Brüder und Väter umgebracht wurden und durften dabei weder weinen noch beten. … Sie befahlen uns zu lachen. Und weil wir um unser Leben fürchteten, gehorchten wir. Ich kicherte, während sie meine drei Brüder zerhackten. Damit ihre Körper in die bereit stehenden Schubkarren passten, zerschnitten sie sie in kleine Teile.

Die Frauen und Mädchen wurden auf verschiedene Häuser verteilt und eingesperrt. Man holte sie einzeln raus, vergewaltigte sie hinter einem Busch oder auf einem Feldweg und brachte sie wieder zurück. Auch Jane, sie war damals 12 Jahre alt, musste das erleiden.

Dann kam aber ein junger Mann und half ihr zu fliehen, gemeinsam mit ihrer Mutter. Verletzt konnten sie mit letzter Kraft in den Busch fliehen. Dort verriet sie der Vater ihrer besten Freundin Bampire Jane und sie musste wieder fliehen. Sie versteckte sich, wollte aber eigentlich nur mehr sterben.

Rund 100 Tage dauerte das Massaker und danach war nichts mehr so wie zuvor. Nyirabenda ertrug auch den Anblick ihrer Freundin Bampire Jane nicht mehr, schon gar nicht ihren Vater. Sie hielt das Leben im Dorf nicht mehr aus … jedes zweite Gesicht erinnerte sie an die Zerstückelung ihrer Brüder … und an die Vergewaltigungen ihrer Mutter. … so zog sie nach Kigali … sie wurde dort Hausmädchen … es vergingen Jahre, die man kaum Leben nennen konnte. Es ging letztlich nur ums Überleben. Jane war traumatisiert … ließ sich im Krankhaus Antidepressiva spritzen … ging dann aber wieder ins Dorf zurück. Dort arbeitete sie im Haus des Bürgermeisters. Und es ging wieder aufwärts. Sie konnte zum ersten Mal seit dem Genozid wieder Menschen auf der Straße grüßen, auch ihre Freundin Jane. Sie konnte aber noch nicht mit ihr reden oder »schwatzen«, geschweige denn ein Glas Wasser teilen.

Dann kam der nächste Tiefschlag: ein positiver Aids Test. Es folgt Abscheu und Furcht. Jane dazu: »Es war, als hätten sie mich noch einmal vergewaltigt und meine Brüder noch einmal umgebracht.« Der Hass kam wieder und stärker wie vorher.

Sie flüchtete wieder in die Anonymität der Großstadt Kigali. Wieder dauerte es Jahre bis sie zurückkehrte. Diesmal schwanger. Dann aber kam es zu einer wundersamen Öffnung. Sie war gerade im Gesundheitszentrum, um neue HIV-Medikamente zu holen.

Dort erfuhr sie von einem Versöhnungstreffen, wo sie dann auch hinging. Die Idee dabei war: Man sollte die Begriffe HUTU und TUTSI nicht mehr verwenden. Ein alter Mann erzählte dabei von der Entstehung dieser Begriffe durch die Kolonialherren, auch um Neid und Feindschaft zu schüren. Dies müsse man überwinden. Man bildete einen Kreis, und wer bereit war zur Versöhnung, sollte die Hand heben. Dazu Nyirabenda: »Ich sah Jane und sie sah mich. Ich wollte ihr nicht vergeben und rannte weinend davon«. Aber einige Leute vom Workshop gingen ihr nach und drängten sie, zurück in den Kreis zu kommen. Sie ging widerwillig zurück in die Gruppe. Da hob ihre Freundin Jane Bampire die Hand, stand auf, sagte ihren Namen, blickte sie an und bat um Verzeihung für das, war ihr Vater ihr angetan habe. Jane Nyirabenda dazu: »Ihre Worte berührten mich tief. Sie hatte die Sünden des Vaters auf sich geladen. Erst in diesem Moment verstand ich, dass es nicht richtig war, sie für seine Taten verantwortlich zu machen. Sie ist unschuldig.«

Jane Nyirabenda entschloss sich, die Vergangenheit hinter sich zu lassen. Sie wollte allen vergeben, dem Vater ihrer Freundin, den Mördern und Vergewaltigern. Sie wollte endlich diesen Hass los sein, der ihr jede Lebensfreude raubte. Doch mehr als alles andere wollte sie ihre Freundin Bampire zurückhaben. Sie umarmten sich. Da schrie Bampire laut auf und brach zusammen. Ihre Freundin hatte all die Jahre ebenfalls gelitten. Sie wurde kollektiv mit allen anderen Hutu zur Täterin gemacht.

Und wie ging es mit den Familien weiter? Die Familien waren gegen die Versöhnung. Die einstigen Nachbarn hassten sich seit dem Völkermord gegenseitig weiter. Janes Bampires Vater wurde zu 30 Jahren Gefängnis verurteilt. Die beiden Freundinnen mussten in der Folge einige Zeit von zu Hause wegziehen, doch sie hielten an ihrer Versöhnung fest. Ja, sie gründeten einen Klub, in dem sich junge Leute treffen, die ihrem Beispiel folgen wollten. Und siehe da, nach einiger Zeit fanden auch die beiden Familien einen Weg, wieder miteinander auszukommen, ja sie arbeiten heute sogar wieder Seite an Seite. Und die beiden Janes sind ebenfalls wieder beste Freundinnen.

Die Hauptstadt Kigali hatte für Jane Nyirabenda als »Fluchtort« zum Abbau von Hass zweimal eine wichtige Funktion. Generell dürfte es so sein, dass die Anonymität städtischer Ballungsgebiete den Hass schneller überwinden lässt. Kigali hatte 1978 erst gut 100.000, zur Zeit des Genozids vielleicht 250.000 Einwohner. Mittlerweile ist die Hauptstadt eine Millionenstadt, und es gibt Schätzungen, dass um 2050 rund 4,5 Millionen Menschen im dortigen Agglomerat leben könnten.[345] Mittlerweile finden in Kigali bereits wieder Hochzeiten zwischen ehemaligen Hutu und Tutsi statt. Ja unter den jungen Leuten sei vielfach die ethische Zugehörigkeit kein Thema mehr.[346] Möge das auch in Zukunft so bleiben, denn es bedarf wohl viele solcher Sternschnuppen wie die der beiden »Janes«, damit ein scheinbar unüberwindbarer Hass in diesem Land besiegt werden kann.

NYIRABENDA JANE

RAJAN Christin Priya (*1993)

Ein unglaublicher Aufstieg zur Bürgermeisterin

Eine junge Christin aus der Unterschicht der Unberührbaren wird Bürgermeisterin in der indischen Millionenstadt Chennai[347]

Dass die 28-jährige Christin Priya Rajan 2022 Bürgermeisterin der mit 10 Millionen Einwohnern viertgrößten indischen Stadt Chennai (bis 1996 Madras genannt) wurde, gleicht einer Sensation. Chennai ist die Landeshauptstadt des südlichen Bundesstaates Tamil Nadu. Die Stadt ist ein Zentrum für Bildung und Gesundheit sowie der Informations- und Automobilindustrie. Die dortige Stadtverwaltung »Greater Chennai Corporation« gilt nach London als zweitälteste Stadtverwaltung der Welt und wurde 1668 von der Ostindien-Kompanie gegründet, welche die Stadt 1640 als Handelsposten gründete.

Dass Priya Rajan dort Bürgermeisterin wurde, gleicht in mehrfacher Hinsicht fast an ein Wunder, und man darf dieses Ereignis wohl auch als Hoffnungstropfen und Sternschnuppe für Frauen v.a. auch für indische Frauen, sehen:

1) In der immer noch männerdominierten Politik sind Frauen als Bürgermeisterinnen generell eher eine Seltenheit.

2) Priya Rajan erlangte ihr Amt mit 28 Jahren, also recht jung.

3) Zudem wurde Priya Rajan als Christin (sie ist Mitglied der Evangelical Church of India (ECI)) im Hindustaat Indien in das Amt gewählt. Auch dies dürfte ein sehr seltenes Ereignis sein. Welche so junge Frau mit dem Bekenntnis der Hindureligion würde wohl in einer mitteleuropäischen Großstadt Bürgermeisterin?

4) Noch ein Letztes muss unbedingt erwähnt werden. Priya Rajan stammt aus der Kaste der Dalits. Dalit ist die gängige Bezeichnung der untersten Gruppen der hinduistischen Gesellschaft, die innerhalb des indischen Kastensystems als »Unberührbare« und »Kastenlose« gelten. Dalits zählen somit zu den untersten Gruppen der hinduistischen Gesellschaft, die oft diskriminiert werden. Christliche Dalits haben dabei einen noch niedrigeren Rang als etwa Hindu-Dalits oder buddhistische Dalits.

Dass die Diplomkauffrau Rajan als Bürgermeisterin ab 2022 die Geschicke einer 10 Millionen Einwohnerstadt lenkt, darf man wohl summa summarum als äußerst seltenes Ereignis bezeichnen.

Ein früherer indischer Sprecher des katholischen Bischofsrates von Tamil Nadu bezeichnete die Ernennung deshalb auch als einen »bemerkenswerten Moment für christliche Dalit-Frauen« und einen mutigen Schritt der Regionalregierung. Dadurch würden viele Frauen von Priya Rajan inspiriert. Und ein Bürgerrechtler meinte, die Ernennung sei eine »wichtige Entscheidung« für die gesellschaftliche Teilhabe der Marginalisierten und die Verbesserung des gesellschaftlichen Status der Dalits.[348] Dem ist in der Tat nichts hinzuzufügen.

RINAUDO Tony (* 1957)

Eine Sternschnuppe für Wiederaufforstung

1981 kam der Australier Tony Rinaudo als junger Agrarwissenschaftler in den Staat Niger, um dort die wachsende Ausbreitung der Wüsten und das damit verbundene Elend der Bevölkerung zu bekämpfen. Radikale Rodungen hatten im Laufe der Geschichte das Land veröden lassen und die einst fruchtbaren Böden ausgelaugt. Rinaudo versucht zu Beginn, die Wüste durch das Pflanzen von neuen Bäumen aufzuhalten, doch der Großteil all seiner Setzlinge ging wieder ein. Als er schon der Verzweiflung nahe war, machte er einen sensationellen Fund. Er entdeckte unter dem vermeintlich toten Boden ein gewaltiges Wurzelnetzwerk, das es zu aktivieren galt.

Rinaudo – selbst ein gläubiger Mensch – erklärt die Erleuchtung oder Idee gern mit einer Anekdote.[349] Vor vielen Jahren sei er im Auftrag der Regierung im Staat Niger unterwegs gewesen, er sollte Bäume pflanzen. So sei er mit seinem Pick-up-Truck durch die dürre Landschaft gefahren. Vor einem Sandfeld habe er aus den Reifen etwas Luft lassen müssen. In diesem Moment, so erzählt er, sei ihm die Sinnlosigkeit des Unterfangens bewusst geworden. Er habe spontan gebetet und dabei eine Art Erleuchtung gehabt: Neben ihm stand ein kleines Gewächs, nicht größer als ein Busch, doch Rinaudo wurde klar – es ist eigentlich ein Baum, der es nie geschafft hat zu wachsen. Ob es nun ein Zeichen Gottes, eine Sternschnuppe oder was auch immer war: Rinaudo ist seitdem auf einer Mission, die so kaum jemand für möglich gehalten hätte.

Er begann ab nun, das Wurzelwerk der noch lebenden Baumstümpfe zu hegen, schützte die Sprösslinge vor dem Abbiss durch Tiere und startete so eine beispiellose Begrünungsaktion, die in der Folge unzähligen Menschen in den betroffenen Gebieten neue Hoffnung schenkte. Er nannte diese Methode, den »unterirdischen Wald« zu reaktivieren, »Farmer Managed Natural Regeneration« (FMNR).[350]

Die Maxime des Umweltaktivisten lautet: Wo einmal ein Wald gestanden hat, da kann er von ganz allein zurückkommen. Man müsse ihn nur lassen. Genau da setzt FMNR an; Baumstümpfe, Jahrzehnte alte Samen im Erdboden und Wurzelwerk werden regeneriert, indem etwa vorhandene Triebe ausgedünnt und speziell beschnitten werden, damit sie wieder wachsen können. Dadurch soll sich nach und nach das Erdreich stabilisieren, Nährstoffe zurückkehren und ganze Landstriche neu erblühen. Dabei muss das Areal auch gegen übermäßige Nutzung geschützt werden: Ziegen oder Rinder dürfen die Triebe nicht abfressen, Landwirte nur auf speziell zugewiesenen Flächen etwas anbauen.[351]

Ganz wichtig war, dass Rinaudo die Menschen vor Ort (auch die Frauen) in seine Arbeit mit einbezog und sie so zur Wiederaufforstung motivierte. Dadurch wurde nicht nur Boden, sondern auch Würde und Hoffnung wieder hergestellt. Rinaudo gilt mittlerweile als der »Waldmacher«, manchmal wird er sogar als »Mutter Teresa Afrikas« bezeichnet und zu Recht wurde er 2018 für sein Lebenswerk mit dem so genannten Alternativen Nobelpreis, dem Right Livelihood Award, ausgezeichnet.

Durch das Pflanzen von Bäumen wird auch der Boden wieder fruchtbar. Rinaudos Methode ist mittlerweile schon in 25 (also fast der Hälfte) Ländern Afrikas verbreitet, in Niger wurden so schon 60.000 bis 70.000 km² Ackerland durch die Pflanzung von Millionen von Bäumen gewonnen.[352] Zum Vergleich: Belgiens gesamte Fläche beträgt 30.688 Quadratkilometer, die der Schweiz rund 41.300 km².

Im Norden Ghanas sind z.B. ganze Waldgebiete entstanden, die den unerbittlichen Wüstenwind Harmattan aufhalten und damit die Gegend vor Sandstürmen schützen. Auch im eben erwähnten Niger haben die FMNR-Aktivisten große Waldflächen wiederbelebt. Expertinnen konnten dort sogar den Nutzen der Methode zur CO_2-Reduzierung wissenschaftlich nachweisen.[353]

Ein weiterer Vorteil dieser Wiederbegrünung ist die Steigerung der Biodiversität. So kehren zunächst Insekten und in ihrer Folge auch Bienen, Vögel und Säugetiere in die Gebiete zurück. Die FMNR-Methode gilt zudem als sehr effektiv und kostengünstig. So beziffern Experten die Kosten pro Hektar mit etwa 4 US-Dollar im Vergleich zu etwa 150 US-Dollar bei konventionellen Neupflanzungen. Mittlerweile haben auch lokal und international arbeitende NGOs den Ansatz übernommen und verbreiten die FMNR-Methode. Rinaudo selbst ist sehr euphorisch, wenn er festhält, dass mit entsprechender Unterstützung mindestens 100 Millionen Hektar (also eine Million km²) mit FMNR wieder begrünt werden könnten.[354] In seiner Euphorie geht Rinaudo noch weiter und rechnet vor, dass mit Hilfe seiner Methode die Welt wieder mit Bäumen bedeckt werden könnte, die insgesamt der Größe der USA entsprechen würden, womit bis zu 25 Prozent des weltweiten CO_2-Ausstoßes aufgenommen werden könnte.[355] Ja, er geht sogar noch weiter und meint: »Würden alle Bauern in Afrika mitmachen, könnte der Kontinent nicht nur sich selbst, sondern die ganze Welt ernähren.«[356] Es gleicht einem vergessenen Wunder, was der bescheidene Einzelkämpfer Tony Rinaudo schon bis jetzt erreicht hat. Sein simples Motto lautet dabei: »Wenn du etwas tun kannst: Tu es!«[357] Dies könnte auch das Motto aller in diesem Buch beschriebenen Sternschnuppen sein.

RINAUDO TONY

SCOTT MacKenzie (* 1970)

Sternschnuppen durch Spenden

Eine kurze Biographie[358]

MacKenzie Scott (geb. Tuttle, vormals Bezos) wird bisweilen als die »spendabelste« Frau der Welt bezeichnet. In den diversen Medien wurde sie zudem als viert-, dritt- oder sogar zweitreichste Frau der Welt gehandelt. Sie wurde am 7. April 1970 in San Francisco (Kalifornien) als mittleres von drei Kindern eines Finanzplaners und einer Hausfrau geboren. Sie wuchs in Ross, einem Vorort San Franciscos, in begüterten Verhältnissen auf. Schon früh begeisterte sie sich für Literatur und schrieb schon im Grundschulalter erste Geschichten. Sie absolvierte die High School an der Hotchkiss, einer renommierten Privatschule mit Internat in Connecticut. 1987 – kurz vor ihrem dortigen Abschluss – ging die Investmentfirma ihres Vaters in Konkurs, wodurch die Eltern in finanzielle Not gerieten. Diese Erfahrung dürfte sie bis heute nicht ganz vergessen haben. Drei Niedriglohnjobs und die Unterstützung von Alumni brachten sie letztlich durchs Studium in »Kreativem Schreiben« an der Elite-Universität Princeton (New Jersey), wo Toni Morrison zu ihren Dozentinnen zählte und auch ihre Abschlussarbeit betreute (Bachelorgrad 1992).

Toni Morrison erhielt später als erste afroamerikanische Autorin den Literaturnobelpreis. Nach dem Studium zog Scott nach New York und verfolgte ihr Ziel, Schriftstellerin zu werden. Sie schrieb unter einem Pseudonym und veröffentlichte zwei vielbeachtete Romane: »The Testing of Luther Albright«, der 2005 von der »Los Angeles Times« zum »Buch des Jahres« gekürt wurde, und »Traps«, der acht Jahre später erschien und von »Kirkus Reviews« als »klug inszenierte, cool tonige« Geschichte bezeichnet wurde.

Bereits Anfang der 1990er Jahre nahm Scott eine Stelle beim Hedgefonds D. E.Shaw & Co in New York an, um sich den Lebensunterhalt zu finanzieren. Dort lernte sie 1992 auch Jeff Bezos kennen. Die beiden heirateten 1993. 1994 kündigten sie ihre Jobs und zogen nach Seattle (Washington), um in der Garage ihres neuen Hauses das Unternehmen Amazon (damals als Online-Buchhandlung konzipiert) zu gründen. »Ich habe Bücher als das erste und beste Produkt für den Online-Verkauf ausgewählt, nach dem ich eine Liste mit etwa 20 verschiedenen Produkten erstellt hatte«, sagte Bezos 1997 in einem Interview. Einem Interview mit »Wired« aus dem Jahr 1999 zufolge handelte MacKenzie die ersten Frachtverträge für Amazon aus, während er in einem Starbucks-Café in einem örtlichen Barnes & Noble arbeitete.

Der Ehe entsprangen drei Söhne, zudem adoptierten sie eine Tochter aus China. Nach 25 Ehejahren gaben MacKenzie und Jeff Bezos am 9. Januar 2019 via Twitter bekannt, dass sie sich trennen wollen. Am 4. April 2019 wurde die Scheidung abgeschlossen, MacKenzie behielt 25 % der von ihr und Jeff Bezos gehaltenen Amazon-Aktien und gab die Kontrolle über das Unternehmen Blue Origin an ihren Ex-Mann ab. Nach ihrer Scheidung legte MacKenzie den Nachnamen Bezos ab und nennt sich seither stattdessen Scott, bisher ihr Mittelname.

2021 heiratete sie wieder, und zwar den Lehrer Dan Jewett. Erwähnt sei auch noch, dass sie 2021 vom Wirtschaftsmagazin Forbes auf Platz eins der Liste der 100 mächtigsten Frauen der Welt gewählt wurde. Vorher hatte 10 Jahre lang diese Position Angela Merkel – bis zu ihrer Pensionierung – inne. Die Begründung für die Wahl von MacKenzie lautete: »In einer Zeit, in der Milliardäre wie ihr Ex-Mann in den Weltraum geflogen sind, nutzt Scott ihr enormes Vermögen, um nicht nur gemeinnützige Organisationen zu unterstützen, die gute Arbeit leisten, sondern auch um die Art und Weise wie Reichtum und Macht in diesem Land angehäuft werden, infrage zu stellen.« [359]

Die Scheidung erlaubte enorme Spendenmöglichkeiten

Als sich MacKenzie Scott und Jeff Bezos 2019 scheiden ließen, nachdem der Amazon-Gründer seine Affäre mit der ehemaligen TV-Moderatorin Lauren Sánchez öffentlich gemacht hatte, erhielt Scott die angeblich größte Abfindung, die es jemals bei einer Eheauflösung gab: 38 Milliarden Dollar in Amazon-Aktien. Das Ende der 25-jährigen Ehe machte Scott sofort zu einer der reichsten Frauen auf unserem Globus. Manchmal wird sie als viertreichste[360] Frau der Welt bezeichnet, manchmal als drittreichste,[361] ja man findet auch den Hinweis, sie sei sogar die zweitreichste.[362] Da der Aktienwert sich natürlich permanent ändert, ändert sich auch der Vermögensstand von Scott immer wieder; in den diversen Zeitungen kursieren deshalb über ihr Vermögen recht divergierende Angaben.

Eine Frage, welche die Öffentlichkeit sehr interessierte, war was MacKenzie wohl mit ihrem Vermögen machen werde, und diese hat sie auf eine bislang unnachahmliche Weise beantwortet. Nach ihrer Scheidung von Bezos hatte Scott angekündigt, mindestens die Hälfte ihres Milliardenvermögens spenden zu wollen. Sie trat dazu der Initiative »The Giving Pledge« bei, wie die Organisation damals mitteilte. Die Unterzeichner verpflichten sich, zu ihren Lebzeiten oder in ihrem Testament mindestens die Hälfte ihres Vermögens gemeinnützigen Zwecken zukommen zu lassen.[363] Der Ankündigung und dem Versprechen folgte sogleich die Tat. MacKenzie hat die Charity-Welt mit einigen der größten wohltätigen Spenden, die je von einer einzelnen Person gemacht wurden, komplett auf den Kopf gestellt.[364] In weniger als drei Jahren hat Scott mindestens 12,5 Milliarden Dollar gespendet (Stand v. April 2022), so viel wie noch keine Person weltweit in so kurzer Zeit vor ihr. Und das in aller Stille. Mehr als 1.257 Hilfsorganisationen haben bisher direkt Spenden von Scott empfangen. Im März 2022 verteilte sie z.B. auf einen Schlag über 3,8 Mrd. Dollar – vor allem an NGOs, die auf lokaler Ebene Hilfe leisten. Mehr als 430 Mio. gingen etwa an Habitat for Humanity, eine Organisation, die Wohnraum für benachteiligte Menschen schafft. Auch Bürger- und Frauenrechte stehen im Fokus von Scotts Spendentätigkeit.[365] Eine kleine Liste soll zeigen, wohin die Gelder z.T. gingen

Spenden gingen und gehen an:[366]

- Anti-Diskriminierungsorganisationen
- Kreditinstitute für Benachteiligte
- Pandemie (Covid) Geschädigte
- Lebensmittel-Tafeln
- Bürger- und Frauenrechtsbewegungen
- Obdachlosenhilfe
- YMCA-Hostels
- NGOs
- Einrichtungen gegen Rassismus
- Einrichtungen für Kultur und Bildung, so z.B. an afroamerikanische Colleges und Universitäten, oder an Colleges und Schulen für die Nachfahren amerikanischer Ureinwohner:innen
- Organisationen, die den Klimawandel bekämpfen
- Organisationen, die sich weltweit für Entwicklungshilfe einsetzen
- An Colleges und Universitäten, von denen viele Menschen noch nie etwas gehört haben und die eher von Studierenden aus Regionen besucht werden, in denen es Minderheiten und einkommensschwächere Schichten gibt
Etc., etc.

Wie oben angeführt, weit über 1.000 Einrichtungen wurden in den ersten drei Jahren ihrer Spendentätigkeit mit Geld unterstützt. Und es wird wohl so weitergehen und man kann von folgendem ausgehen: Wenn der Amazon-Aktienkurs weiter (konstant) zulegt, wird MacKenzie Scott bis ans Ende ihres Lebens weiter Geld verteilen können, «bis der Safe leer ist».[367]

MacKenzie Scott gibt dabei ihr Vermögen ohne großen Rummel weiter, benötigt weder eine Stiftung noch Konzertsäle, die nach ihr benannt werden, und knüpft keinerlei Bedingungen an ihre Spen-

SCOTT MACKENZIE

den.[368] Wie sie das Geld verwenden, bleibt den Empfängern überlassen. Das gibt ihnen nicht nur Freiheit, sondern entlastet sie auch von Bürokratie. Eines ihrer Mottos hat sie dem persischen Mystiker Rumi entnommen, der da meinte: »Eine Kerze, die schwächer wird, erklärt: Mehr und mehr zu sammeln ist nicht der Weg. Brenne, werde Licht und spende Wärme und Hilfe. Schmelze.«[369]

Auch die Wiederverheiratung wird Scotts Spendentätigkeit nicht tangieren, ganz im Gegenteil. Ihr neuer Mann Dan Jewett kündigte an, er werde seine Frau dabei unterstützen, den Großteil ihres Vermögens zu spenden. »Durch einen glücklichen Zufall bin ich mit einem der großzügigsten und freundlichsten Menschen verheiratet, die ich kenne«, schrieb er in einem Post der Website von »Giving Pledge«.[370]

Ist die Zukunft der Philanthropie weiblich, oder: sind Frauen freigiebiger als Männer?[371]

MacKenzie Scott, aber auch Melinda Gates sind die bekanntesten Vertreterinnen, die einen neuen Trend ankündigen: Die Philanthropie wird wohl weiblicher. Das hat weitreichende Konsequenzen. Denn Frauen spenden mehr, und sie spenden anders als Männer.

Abseits aller Unterschiede im Stil von Scott und Melinda Gates gibt es allerdings auch Gemeinsamkeiten der Philanthropinnen, die sie von ihren männlichen Kollegen unterscheiden. Die Forschungen haben nämlich gezeigt, dass Frauen mehr spenden. Dabei spielt die soziale und ethnische Herkunft keine Rolle, alle Frauen sind im Durchschnitt freigiebiger als Männer.

Dies ist auch bei den superreichen Spenderinnen sichtbar. Jeff Bezos ist eher als Weltraumpionier statt als Philanthrop bekannt, die Spenden seiner Ex-Frau lassen ihn geizig erscheinen. Bei den Gates war es schon immer die Ehefrau Melinda, die Bill dazu drängte, einen Großteil seines Vermögens der Allgemeinheit zu überlassen. Und während der Apple-Gründer Steve Jobs zu Lebzeiten keinen Penny öffentlich spendete, ist seine Witwe Laurene Powell eine der größten Philanthropinnen der Welt.

Die Art und Weise, wie Frauen spenden, ist ebenfalls eine andere. Frauen würden sich häufiger zusammenschließen, sagt Jeannie Sager. MacKenzie Scott und Melinda French Gates haben beispielsweise gemeinsam die «Equality Can't Wait Challenge» ins Leben gerufen. Die Initiative will bis 2030 rund 40 Millionen Dollar für die Geschlechtergerechtigkeit in den USA vergeben.

Es scheint, als seien Frauen weniger als Männer davon motiviert, mittels ihrer Philanthropie ein Vermächtnis für die Nachwelt zu hinterlassen. «Frauen geben Geld aus Empathie für ein bestimmtes Thema, Männer haben im Durchschnitt eher eigennützigere Motive», sagt die Philanthropie-Expertin Anne Monier von der Pariser ESSEC Business School. Außerdem würden Frauen ihr Geld auf viele verschiedene, kleinere Organisation streuen, während Männer ihre Spenden eher konzentrierten.

Schließlich ist es wenig überraschend, dass sich auch die geförderten Ziele unterscheiden. «Wir sehen, dass sich Philanthropinnen in den USA stark auf bestimmte Themen wie Chancengleichheit für Mädchen und Geschlechtergerechtigkeit fokussieren», sagt Jeannie Sager vom Women's Philanthropy Institute. Geschlechtergerechtigkeit werde auch der Fokus von Melinda French Gates sein, meint Sager. Bereits in der Vergangenheit habe sie sich für die Frauenförderung und den weltweiten Zugang zur Empfängnisverhütung eingesetzt. Ein Vehikel ihres philanthropischen Engagements wird voraussichtlich ihr Unternehmen Pivotal Ventures sein, eine Mischung aus Stiftung und Investmentfonds.

In der Tat, die Zukunft der Philanthropie dürfte wesentlich weiblicher werden, und diese Entwicklung wird sich aller Voraussicht nach fortsetzen. «Momentan findet ein globaler Vermögenstransfer von Männern zu Frauen statt», sagt Jeannie Sager. Weltweit nehmen die durchschnittliche Bildung, das Einkommen und das Vermögen von Frauen zu. Dies seien die drei stärksten Indikatoren für verstärkte philanthropische Aktivität.

Den größten Unterschied sehe man laut Sager bei alleinstehenden Frauen. Sie würden noch mehr Geld für wohltätige Zwecke ausgeben als verheiratete Frauen und leisteten überdurchschnittlich viel Freiwilligenarbeit. Für MacKenzie Scott wird sich durch ihre neuerliche Hochzeit daran aber kaum was ändern, denn ihr neuer Ehemann Dan unterstützt sie bei ihrer bewundernswerten Spendentätigkeit.

SCOTT MACKENZIE

SORIANO Luis (* 1970)

Sternschnuppen für Kinder oder: Wenn die Bücher mit den Eseln kommen

Der Biblioburro (dt. Bücher-Esel) ist eine fahrende (besser reitende) Bibliothek, die vom Rücken von zwei Eseln namens Alfa und Beto herunter Bücher an Kunden (v.a. Kinder) verleiht. Das Projekt wurde von Luis Soriano in La Gloria, Kolumbien ins Leben gerufen.[372]

Luis wurde als viertes von fünf Geschwistern 1970 geboren. Seine Geburt wird sehr dramatisch beschrieben. Als die Wehen bei seiner Mutter schon zwei Tage andauerten, wollte der Arzt das Baby schon aufgeben. Doch Carlota del Socorro, Luis' Mutter, gab nicht auf. »Dieses Kind wird nicht sterben«, soll sie gestöhnt haben. »Dieses Kind wird ein Doktor werden.« Am dritten Tag löste angeblich Carlotas Bruder das Problem: Er setzte sich so lange auf ihren Bauch, bis sie ein schmächtiges Baby in die Welt drückte.[373]

Sorianos Begeisterung für das Lesen begann bereits im Kindesalter. Im kolumbianischen Bürgerkrieg kam er – weil das Leben am Land zu gefährlich wurde – zu seiner Großmutter in die Stadt Valledupar. Die Großmutter war eine strenggläubige Pfingstkirchlerin, die in den Wirren des Bürgerkrieges nicht weniger als 17 (!) Enkelkinder aufgenommen hatte, wie Luis erzählt und weist darauf hin, dass er dort die wichtigste Entdeckung seines Lebens machte, »ein Bücherregal.«[374] Er fand Bücher wie: Die schöne Kleopatra mit der Schlange an der Brust, Ali Baba vor der Räuberhöhle und

Don Quijote mit Sancho Panza vor den Windmühlen. Das war für ihn die Entdeckung einer neuen Welt, sagt Soriano. Diese neue Welt wollte er auch armen Kindern in Kolumbien eröffnen und entwickelte als Grundschullehrer die Idee mit dem »Biblioburro«, dem Bücheresel. Lesen sollte die Kinder aus einer Welt, die meist durchsetzt von Konflikten war, herausführen. Als Grundschullehrer begann er damit in den späten 1990er Jahren. Seine tragbare Bibliothek hatte am Beginn nur rund 70 Bücher, mit denen er zu den Gemeinden im kolumbianischen Hinterland der Karibik reiste. In den folgenden Jahren steigerte sich die Anzahl der Bücher dann in die Tausende.

Die Weiler, die Luis Soriano besucht, liegen häufig weit entfernt von der nächsten Schule. Gedrucktes kennt dort niemand, rund ein Drittel der Bewohner kann weder lesen noch schreiben. Dafür sprechen die Namen ihrer Orte Bände: Sie heißen Pueblito, Dörfchen, El Difícil, die Schwierigkeit, El Silencio, die Stille, oder El Tormento, die Qual.[375]

Soriano war getrieben von einer festen Überzeugung, die er einmal so ausdrückte: »Wenn ein Mensch Zugang zu Büchern findet, verändert das die Gesellschaft. Die Kinder sehen, welche Möglichkeiten es gibt, sie lernen ihre Rechte und Pflichten kennen und werden später stark genug sein, Nein zu sagen zu Krieg und Gewalt.«[376]

Um dieses Ideal zu verwirklichen, scheute Soriano keine Mühen und Plagen und ließ sich auch von harten Rückschlägen – von denen es einige gab – nicht von seinem Ideal abbringen.

Den schlimmsten Rückschlag erleidet der Bibliothekar im Juni 2010: Eines Morgens will er seinen Esel besteigen – wie üblich mit einem beherzten Sprung von der Seite. Aber Alfa ist brünstig und hält ihn für einen Freier. Als sie bockt, stürzt Soriano und wird niedergetrampelt. Die Knochenbrüche können wieder geflickt werden, was aber viel schlimmer ist, zeigt sich erst später. Durch den Unfall ist es zu einer Infektion im Bein gekommen und sein

SORIANO LUIS

linker Fuß passt in keinen Schuh mehr. Nach zwei Jahren Leiden entschließt sich Soriano zu einer Amputation des Beines. Bereits einen Tag nach der Operation berichtet die Regionalzeitung El Heraldo aus der Klinik: »Der berühmte Lehrer empfing uns munter und lächelnd, mit einer bewundernswerten Charakterfestigkeit und Beherrschung.« Die Reporter erleben einen vom Schmerz befreiten Mann. »Dies ist nur eine weitere Prüfung«, sagt Soriano zu ihnen. »Ich glaube, dass ich in weniger als 30 Tagen wieder auf meinen Eseln sitzen werde.«[377]

Ein anderes Mal wird Soriano von Banditen überfallen. Er schildert das wie folgt: »Hier haben mich einmal zehn Vermummte mit MGs an den Baum gefesselt, weil ich ihr Weggeld nicht zahlen konnte«. Die Erinnerung an die vier Stunden, in denen er um sein Leben bangte, kann er bis heute nicht vergessen und meint dazu: »Einer der Paramilitärs hat mich dann zum Glück losgebunden – ich sollte ihm ein Märchen vorlesen«. Auch ihren Wegzoll hätten die Männer schließlich noch kassiert – in Form eines Sexualkundeheftes.[378]

All diese Strapazen unternimmt Soriano, um seine Kinder mit Büchern zu versorgen. Wenn er in den entlegenen Dörfern ankommt und seine Esel anbindet, überfallen ihn gleich viele Kinder. Gierig greifen sie nach den Büchern, kreischen, als wäre ein Zirkus gekommen. Für einen kurzen Moment wird begreifbar, was Soriano, der Mann mit den Eseln, diesen Kindern bedeutet, die keine Spielsachen haben, keine Bücher und schon gar kein Fernsehen: Hier kommt der einzige Mensch, der jemals ihr gottverlassenes Dorf besucht, um sich ausschließlich um sie zu kümmern. Eine humanitäre Sternschnuppe sondergleichen. Die Landbevölkerung besteht hier fast ausschließlich aus den Nachkommen der Enteigneten – der Ureinwohner und eingeschleppten Sklaven.[379]

Für seine Leistungen ist Luis Soriano schon in den kolumbianischen Präsidentenpalast eingeladen worden; Journalisten sind nach La Gloria gekommen, und ausländische Organisationen haben ihn eingeladen – nach Spanien, Kenia, Singapur und Osttimor. Der Biblioburro ist eine kolumbianische Ikone geworden – seine

SORIANO LUIS

Geschichte gibt es inzwischen sogar als Kinderbuch zu kaufen. Der kolumbianische Dokumentarfilmer Carlos Rendón Zipagauta drehte zudem einen Film, der die Geschichte von Soriano und den Bücher-Eseln erzählt.

Der Stiftung Fundación Biblioburro, die Soriano 2010 gegründet hat, hat das alles wenig geholfen. Spenden sind vor allem aus dem Ausland gekommen, während in Kolumbien 35.000 Euro Fördermittel versickerten: »Ein korrupter Senator hat das Geld genommen – in La Gloria ist davon nicht ein Peso angekommen.« klagt Soriano.

Und dennoch ließ sein Einsatz und Idealismus in vielen anderen Ländern vergleichbare Projekte entstehen: In Bolivien, Äthiopien und Osttimor tragen Esel die Bücher, in Venezuela Maultiere, in Kenia Kamele und in Chile Lamas.[380] Was die vielzitierten Eselsohren betrifft: Dafür sind wohl dennoch nicht die jeweils transportierenden Tiere verantwortlich zu machen.

Seit nunmehr 25 Jahren bringt Luis Soriano von der Gemeinde La Gloria (Departement Magdalena) seinen Kindern in abgelegenen Orten Kolumbiens Bücher zum Lesen. Mittlerweile wird dieses ungeheure Engagement auch im Lande selber anerkannt und gewürdigt, denn am 22. April 2022 wurde er dafür in der »Feria Internacional del libro in Bogotá«[381] ausgezeichnet.

Beenden wir den Bericht über Luis Soriano nochmals mit dem schon oben zitierten Motto: »Wenn ein Mensch Zugang zu Büchern findet, verändert das die Gesellschaft.« Möge diese Sternschuppe bei vielen wirken.

STARCEVIC Franjo (1923-2011)

Eine Sternschnuppe für Frieden oder wenn Worte die Waffen besiegen[382]

Franjo Starcevic (1923-2011) wurde vor rund 100 Jahren in Mrkopalj[383] (Kroatien) geboren und lebte in der Region Gorski Kotar im Westen Kroatiens, südlich der (slowenischen) Gottschee und östlich von Rijeka. Er war Professor für Psychologie und Philosophie, hatte aber 1971 wegen seines Eintretens für die kroatische Autonomie seinen Arbeitsplatz verloren. Als Pensionist lebte er – als der Jugoslawienkrieg begann – zurückgezogen in seinem (kroatischen) Geburtsort Mrkopalj, wo er großen Einfluss hatte. Im Spätherbst 1991 drohte allerdings der Krieg auch seine Region zu erreichen. Die Kroaten und Serben, die relativ geschlossen in ihren Dörfern lebten, hatten schon Waffen gesammelt und Barrikaden gebaut. Es fehlte nicht mehr viel, und es wäre auch hier zu Kämpfen gekommen. Doch durch sein mutiges Engagement ist es dem fast 70-jährigen Franjo Starcevic gelungen, diese Gefahr abzuwenden.[384] Wie war dies möglich?

Werner Wintersteiner lässt Franjo Starcevic selbst zu Wort kommen, und dieser berichtete ihm wie folgt: »Im vorigen Jahr, im November oder Dezember, als der Krieg in Kroatien voll im Gang war, habe ich mich entschieden, in unser Nachbardorf Jasenak zu gehen, welches ganz serbisch ist und sich auf der anderen Seite eines Berges, der Bjelalasica, befindet. Zwischen den beiden Dörfern, die rund 30 km voneinander entfernt sind, besteht eine traditionelle Freundschaft. Es gab früher viele kroatische und serbische Dörfer, die eng verbunden waren, aber diese Freundschaft ist zerbrochen, und zwar sehr brutal. Also, ich komme nach Jasenak, und sie waren sehr gastfreundlich, wie die Serben immer sind. Das ist ihre nationale Eigenschaft. Ich habe den Leuten aus dem Gemeinderat gesagt, dass es sehr dumm ist, jetzt im 20. Jahrhundert mit Waffen gegeneinander zu kämpfen. Das Gespräch dauerte einige Stunden. …

In diesem Gespräch war natürlich die Schwierigkeit, dass es schon auf beiden Seiten Barrikaden gab. Wir haben damit angefangen, weil wir eine Offensive der Volksarmee befürchteten. Wir hatten zehn Bäume auf die drei Verbindungsstraßen Richtung Jasenak gelegt. Daraufhin haben die Serben auch auf ihrer Seite Straßensperren errichtet. Und sie hatten viel mehr Waffen als wir. Aber ich habe versprochen, dass wir unsere Barrikaden wegräumen.

Als ich zurückgekommen bin, habe ich alles das unserem Bürgermeister erzählt und auch in unserer Provinzstadt Delnice darüber berichtet. Und wir haben beschlossen, dass diese Aktion richtig war und dass man sie ausweiten muss. Vorher waren meine Leute sehr skeptisch und dagegen, dass ich nach Jasenak fahre. Sie hatten geglaubt, dass es gefährlich und unsinnig ist, zu den Serben zu gehen. Aber jetzt sahen alle, dass es erfolgreich war.

Nach etwa zwei Monaten, zu Beginn dieses Jahres, bin ich ein zweites Mal nach Jasenak gefahren. Vorher haben wir unsere Barrikaden weggeräumt, um ihnen zu demonstrieren, dass wir es ehrlich meinen. Und diesmal bin ich länger geblieben. Wir sind als Freunde geschieden. Und dann haben sie, vielleicht nach einem Monat, auch ihre Barrikade weggeräumt. Und unsere Beziehungen sind besser und besser geworden. Im Mai war ihre Delegation bei uns, und jetzt können wir diese guten Beziehungen fortsetzen. … Auf unserer Seite des Berges gibt es auch Serben, und wir haben sie auch besucht, und jetzt besteht zwischen uns eine Ruhe und ein Frieden.«[385] Soweit Franjo Starcevic in einem Augenzeugenbericht, den man am besten vielleicht auch mit »Wenn Worte die Waffen besiegen« umschreiben könnte. Das Besondere daran ist eben: Die Utopie der Friedensworte ist Realität geworden. Es gelang, regional den prekären Frieden zwischen den dort lebenden Serb*innen und Kroat*innen zu retten und zu bewahren.

Die Aussöhnungserfolge gingen sogar so weit, dass eine eigene Friedensschule in Gorski Kotar gegründet wurde, um die Verständigung auf lokaler Ebene beständig zu machen.[386] Zunächst dachte man daran, die Kinder nur aus der Region via Freizeitkurse in diese Friedensschule einzubinden; dies wurde dann aber ausgedehnt auf ganz Ex-Jugoslawien sowie auf das benachbarte Ausland. Auf Vermittlung der Friedensbewegungen des Alpen-Adria-Raums konnte eine Zeitlang auch der Europarat als Sponsor gewonnen werden. In Summe war das wohl das erfolgreichste Friedensprojekt in der gesamten Alpen-Adria-Region.

In einer kurzen pointierten Analyse führt Franjo Starcevic den Erfolg seiner Mission auf eine Reihe von objektiven Faktoren zurück: »Gorski Kotar, die Region, liegt sehr im Westen Kroatiens, wo der Krieg kulturell eine geringere Rolle spiele. Kriegshelden würden nicht gefeiert, auch in der Erziehung lege man auf Frieden viel Wert. Die traditionelle Freundschaft zwischen serbischen und kroatischen Dörfern habe auch anderswo bestanden, aber hier habe man in den letzten Jahren die Differenzen nicht so hochgespielt. Und vor allem habe man nicht aufgehört, gemeinsame Aktionen durchzuführen. Vor allem die Gedenkfeier für die Partisanen, die hier im 2. Weltkrieg erfroren sind, habe man in Form einer »Friedensfeier« fortgeführt.[387]

Wintersteiner meint abschließend, dass für ihn der sehr bescheidene und zurückhaltend agierende Franjo Starcevic ein Held, ja ein Friedensheld sei und deshalb ist es auch gerechtfertigt, ihn – gerade in Zeiten wie diesen – in diese kleine Sammlung von humanitären Sternschnuppen aufzunehmen.

STARCEVIC FRANJO

SUBOTIC Neven (* 1988)

Der Brunnenbauer unter den Fußballern[388]
Hoffnungs- und Wassertropfen für Afrika

Die Fußballkariere von Neven Subotic ist in der Tat keine alltägliche. Subotic wurde zwar zwei Mal – in den Saisonen 2010/11 und 2011/12 – mit Borussia Dortmund Deutscher Meister, einmal gewann er zudem den Cup. 2013 spielte er sogar mit den Dortmundern im Finale der Champions League, das Spiel wurde aber gegen Bayern München verloren. Heute hat der Profifußball für ihn aber keine Bedeutung mehr, denn er hat sich ganz anderen Zielen verschrieben.

Er gründete nämlich 2012 eine Stiftung mit dem Namen WASH (Wasser, Sanitäranlagen, Hygiene), welche in Afrika (in Äthiopien, etc.) Gemeinden und Schulen mit Brunnen versorgen soll. Weit über 100 Brunnen wurden bis 2018 gebaut, damit konnten bis 2018 rund 50.000 Menschen mit Wasser versorgt werden. Insgesamt haben bisher (Stand 2022) rund 170.000 Menschen einen sicheren Zugang zu WASH erhalten. Bis 2025 will die Neven-Subotic-Stiftung das Menschenrecht auf sauberes Wasser für 300.000 Menschen realisiert haben.[389] Viele Kinder müssen nun nicht mehr ihre Zeit mit Wasserholen vergeuden und können dafür auf einer Schulbank lernen.

Subotic verspricht dabei, all die Spenden, die an die Stiftung fließen, direkt und vollständig (zu 100%) in das Projekt WASH weiterzuleiten. Alles andere – Verwaltungs- oder Reisekosten – bezahlt der ehemalige Spieler von Borussia Dortmund und der serbischen Nationalmannschaft aus eigener Tasche. In einem NZZ-Bericht ist die Rede davon, dass ihn die Stiftung jährlich 350.000 bis 400.000 Euro kostet.[390]

Ein Damaskus-Erlebnis, das seine Wandlung für das Sozialprojekt einläutete, hatte Neven Subotic nicht. Es war eher ein schleichender Prozess. Er entfremdete sich nach und nach von seinem Beruf als Fußballer, der auch einmal seine Leidenschaft war. Hatte er früher für den Fußball »ALLES GEGEBEN«, so gibt er heute ALLES für sein Sozialprojekt in fremden Ländern.[391] Pointiert meinte er einmal dazu: »Da ich mich als Bürger der Welt begreife, finde ich es richtig, mit meiner Stiftung diejenigen Probleme anzugehen, die die Menschen in den ärmsten Regionen betreffen.«[392] An einer anderen Stelle zitiert Subotic den verstorbenen US-Schriftsteller David Foster Wallace: «Die wirklich wichtige Freiheit erfordert Aufmerksamkeit und Offenheit und Disziplin und Mühe und die Empathie, andere Menschen wirklich ernst zu nehmen und Opfer für sie zu bringen, wieder und wieder, auf unendlich verschiedene Weisen, völlig unsexy, Tag für Tag.»[393]

Im Dezember 2022 erhielt Subotic vom Verband Deutscher Sportjournalisten die Auszeichnung »Das Goldene Band«. Damit würdigte der VDS das soziale Engagement des Fußballers. Möge diese Sternschnuppe von Subotic viele Nachfolger*innen finden. Dies wäre die beste Garantie dafür, dass unser Globus ein völlig anderer und hoffnungsvollerer Ort werden könnte.

SUBOTIC NEVEN

SUTTNER Bertha von (1843-1914)

Eine Sternschnuppe für den Frieden

Die österreichisch-ungarische Pazifistin Bertha von Suttner war 1905 die erste Frau, die den Friedensnobelpreis erhielt. Neben den vielen – hier nicht angeführten – Aktivitäten,[394] war es vor allem auch der im Herbst 1889 veröffentlichte pazifistische Roman »Die Waffen nieder!«, der damals großes Aufsehen erregte und sie zu einer der prominentesten Vertreter:innen der Friedensbewegung machte. Sie beschrieb in diesem Roman die Schrecken des Krieges aus der Sicht einer Ehefrau und traf damit den Nerv der Gesellschaft.

Bertha von Suttner hatte ein sehr bewegtes Leben. Ihr Vater starb 74-jährig schon vor ihrer Geburt. Nachdem das ererbte Vermögen ihres Vaters (nicht zuletzt aufgrund der Spielleidenschaft der Mutter) weitgehend aufgebraucht war, nahm Bertha 1873 eine Stelle als Gouvernante bei dem Industriellen Karl Freiherr von Suttner in Wien an und erteilte den vier Töchtern der Familie Unterricht in Musik und Sprachen. In dieser Zeit verliebte sie sich in den um sieben Jahre jüngeren Arthur Grundaccar von Suttner, den jüngsten Sohn der Suttners. 1876 reiste sie nach Paris, wo sie knapp zwei Wochen lang die Privatsekretärin von Alfred Nobel war. Arthurs Mutter hatte nämlich, um das Verhältnis zwischen Bertha und ihrem Sohn zu beenden, Bertha entlassen. Jedoch verschaffte sie ihr die Stelle bei Nobel, um sie nicht mittellos aus dem Haus zu werfen. Nobel wurde aber bald vom schwedischen König in seine Heimat zurückberufen.

So kehrte auch Bertha wieder nach Wien zurück und heiratete am 12. Juni 1876 heimlich ihren Geliebten Arthur Gundaccar, gegen den Willen seiner Eltern. Sie lebte dann mit ihrem Ehemann fast ein Jahrzehnt im Kaukasus (Georgien). Sie erlebt dort auch den russisch-türkischen Krieg von 1877. Im Jahre 1885 kehrten sie gemeinsam nach Wien zurück, söhnten sich mit der Familie aus und bezogen das Familienschloss in Harmannsdorf (Gemeinde Burgschleinitz-Kühnring) in Niederösterreich. 1902 starb ihr Ehemann Arthur.

Den von ihr selbst angeregten Friedensnobelpreis erhielt sie am 10. Dezember 1905, entgegennehmen durfte sie ihn am 18. April 1906 in Kristiania. Obwohl Alfred Nobel, der bereits vor der ersten Vergabe 1901 verstorben war (er starb am 10. Dezember 1896), an Bertha von Suttner als Preisträgerin gedacht hatte, wurde sie erst in der fünften Preisrunde ausgewählt. Sie hatte sich den Preis redlich verdient, denn sie war eine Pazifistin, Friedensforscherin, -aktivistin und Schriftstellerin, die Zeit ihres Lebens leidenschaftlich gegen Kriege und für Abrüstung und Frieden kämpfte. Man kann sie deshalb auch als eine Vordenkerin der Vereinten Nationen sehen. Bezeichnend ihr Bonmot zur Rache: »Rache und immer wieder Rache! Keinem vernünftigen Menschen wird es einfallen, Tintenflecken mit Tinte, Ölflecken mit Öl wegwaschen zu wollen. Nur Blut, das soll immer wieder mit Blut ausgewaschen werden.« Und an die Männer gerichtet: »Vielleicht ist eine weltumfassende Schwesterlichkeit notwendig, ehe eine brüderliche Verständigung der gesamten Menschheit möglich wird.«

Bertha von Suttner selbst starb am 21. Juni 1914, wenige Wochen vor dem Beginn des Ersten Weltkrieges, vor dem sie wiederholt gewarnt hatte. Ein Krebsleiden hatte somit verhindert, dass sie die Gräuel dieses großen Krieges noch miterleben musste.

SUTTNER BERTHA

THOMPSON Hugh (1943-2006)

Eine Sternschnuppe aus dem Vietnamkrieg[395]

Es geschah im März 1968 in Vietnam: Mitten im Massaker von My Lai tut ein amerikanischer Soldat das Richtige. Er macht nicht mit beim Töten – und riskiert alles, um Männern, Frauen und Kindern zu helfen. Der Held dieser Geschichte, Hugh Thompson, wird so zu einer humanitären Sternschnuppe mitten im grausamen Kriegsgeschehen.

Geboren wurde Hugh Clowers Thompson Junior 1943 in Atlanta, Georgia/USA, gestorben ist er im Jänner 2006 in Alexandria, Louisiana/USA.[396] Thompson meldete sich 1961 als Freiwilliger für die US Navy und diente dort bis 1964 bei den Seabees in einer Pioniereinheit. Zwei Jahre später (1966) trat er in die US-Armee ein und erhielt eine Ausbildung zum Hubschrauberpiloten. Er meldete sich freiwillig für die Aerial Scout Unit (Luftaufklärung). Dort wurde er der Task Force Barker zugewiesen, die für die Truppenaufklärung in Vietnam zuständig war. Er ist ein stolzer Soldat aus einem streng christlichen Elternhaus.

Als er sich am 16. März 1968 gegen sieben Uhr morgens in Chu Lai, Südvietnam, zum Dienst meldet und in seinen Hubschrauber steigt, spricht wenig dafür, dass er an diesem Tag Geschichte schreiben wird. Thompsons Helikopter sieht wie eine fliegende Seifenblase aus: rundherum Glas, damit man eine perfekte Aussicht hat. Denn das ist seine Aufgabe: Zusammen mit seinen beiden Crewmitgliedern soll er 45 Kilometer von Chu Lai entfernt das Gelände rund um den Weiler My Lai absuchen und Vietcong-Kämpfer ausfindig machen.

Als Thompson und die beiden mitfliegenden Schützen namens Colburn und Andreotta den Ort My Lai erreichten, sahen sie »Kampfhandlungen« vor Ort am Boden. Thompson bemerkte zudem eine Gruppe Zivilisten, die in Panik flohen und sich in einem Bunker versteckten. Sie wurden aber von amerikanischen Soldaten verfolgt. Deshalb landete Thompson zwischen Verfolgern und den Gejagten und wies Colburn und Andreotta an, auf die eigenen US-Soldaten zu feuern, falls diese versuchen sollten, die Zivilisten zu ermorden! Thompson stieg aus und sprach mit dem Zugführer der Soldaten namens Brooks. Thompson erklärte ihm, dass er die Zivilisten aus dem Bunker holen wolle. Brooks dagegen schlug ihm vor, eine Handgranate in den Bunker zu werfen. Thompson, der rangniedriger als Brooks war, versuchte mit diesem zu diskutieren und es gelang ihm, insgesamt elf Vietnamesen zum Verlassen des Bunkers zu überreden und sie mit Hilfe zweier Flüge eines Bell-UH-1 Helikopters, der seinen Hubschrauber als Geleitschutz begleitete, zu evakuieren. Während ihres Abflugs entdeckte Andreotta Bewegungen in einem Bewässerungsgraben, wo sich ein »Haufen von Köpern« befand, ein lebendes Kind. Thompson landete erneut, nahm das Kind auf und brachte es mit dem Hubschrauber in ein Hospital in Quang Ngai.[397]

De facto waren Thompson und seine Crew Zeugen eines schrecklichen Massakers an Zivilisten geworden, so wie sie sich leider immer wieder in Kriegsgebieten ereignen. Nur drei weitere dieser schaurigen Beispiele seien kurz angeführt: 1943 töteten Angehörige der deutschen Wehrmacht im griechischen Dorf Kalavrita Hunderte Zivilisten, unter den Toten waren viele Mönche. 1995 wurden in Srebrenica mehr als 8.000 muslimische Zivilisten, allesamt Jungen und Männer, von Mitgliedern bosnisch-serbischer Militäreinheiten und Polizeitrupps ermordet. Eines der jüngsten Massaker fand im Frühjahr 2022 im Kiewer Vorort Butscha, wo nach dem Abzug der russischen Soldaten die erschossenen, gefolterten oder erschlagenen Menschen, zum Großteil Zivilisten, gefunden wurden.[398]

THOMPSON HUGH

Das Massaker von My Lai forderte 504 Tote, so lautet die später veröffentlichte offizielle Opferzahl. Babys, Kinder, Frauen, Alte. Die meisten von ihnen wurden erschossen, einige skalpiert. Frauen wurden vergewaltigt, Hütten niedergebrannt, Tiere getötet.

Dies geschah völlig gegen die Regeln der Genfer Konvention von 1949, die auch von den USA als einer der Erstunterzeichner anerkannt werden und die da verkürzt zusammengefasst fordern, dass auch im Krieg niemand unnötig sterben soll, das Töten einem Ziel dienen muss, aber Racheüben eben kein Ziel ist und dass zudem Zivilisten, genauso wie Kriegsgefangene und Verwundete geschützt werden sollten. Die Genfer Konvention wurde bisher immerhin von 196 Staaten ratifiziert,[399] allerdings gibt es immer noch viel zu wenige humanitäre Sternschnuppen, die den Inhalt auch ernst nehmen.

Auch wenn von den US-Geheimdiensten – vermutlich irrtümlich – angenommen wurde, dass sich um May Lai »besonders viele Vietcong-Kämpfer aufhalten« sollen, rechtfertigt dies keineswegs das Massaker an den Zivilisten in dem Dorf, durchgeführt von etwa 100 Soldaten. Zudem rechtfertigte man den Angriff damit, dass an einem Samstagsmorgen die Zivilisten ohnedies am Markt, einige Kilometer weit weg und nicht zu Hause sein würden.[400] Für die über 500 toten Zivilisten klingt dies wie ein purer Zynismus.

Gegen elf Uhr am 16. März 1968 ist Thompson zurück auf der Militärbasis in Chu Lai. Aufgebracht berichtet er seinem Kommandeur, was geschehen ist. Die Meldung geht die Befehlskette hinauf. Das Feuer wird eingestellt. Über Funk geht die Order raus: »Stop the killing«, »stop killing civilians«. Nach vier Stunden ist das Massaker von My Lai zu Ende.

Wer der Meinung ist, dass nach so einem Ereignis es zu schnellen Nachforschungen oder gar zu Aufklärungsarbeiten kommt, der unterschätzt die z.T. sehr langsamen militärischen Mühlen. Aber immerhin – und dies ist ein sehr leiser Trost – geriet das

Massaker nicht völlig in Vergessenheit. Mehr als anderthalb Jahre später, im November 1969, machte der investigative Journalist Seymour Hersh auf das Ereignis aufmerksam. Zunächst wollten die großen Medien Hershs Berichte nicht abdrucken, weshalb er sie über eine kleine Nachrichten-Agentur namens »Dispatch News Service« verbreitete. Diese ersten Berichte fielen zusammen mit den großen Anti-Kriegs-Demonstrationen in Washington, DC. Später erschien dann im Life-Magazin ein ausführlicher Artikel über das Massaker. Anschließend berichteten auch Newsweek und das Time-Magazin darüber. Die Weltöffentlichkeit reagierte schockiert. Seymour Hersh bekam 1970 den Pulitzer-Preis für internationale Berichterstattung.[401]

Am 3. Dezember 1969 wurde auch Thompson im Pentagon als Zeuge vor eine Untersuchungskommission zu dem Fall geladen. Auf die Frage: »Hatten Sie zu der Zeit, als das geschah, das Gefühl, dass einige Unschuldige oder Nichtkombattanten unnötig getötet wurden? Hatten Sie dieses starke Gefühl?« antwortet Thompson: »Ja. Ich hatte das Gefühl, dass einige Leute getötet wurden, die nicht hätten getötet werden sollen.«[402] In der Folge kommt es zu einer ganzen Reihe von Gerichtsprozessen gegen Militärangehörige. Doch nur ein einziger Soldat wird verurteilt, wegen Mordes in 22 Fällen. Die lebenslange Haftstrafe wird von Präsident Nixon bereits am folgenden Tag in Hausarrest umgewandelt, und auch der wird 1974 aufgehoben.[403]

Thompson selbst flog auch nach dem Massaker noch einige Zeit Hubschraubereinsätze in Vietnam, wobei er fünfmal abgeschossen wurde. Beim fünften Abschuss wurde er an der Wirbelsäule verletzt, was seinen aktiven Kriegsdienst beendete. Er arbeitete später als Berater im Kriegsveteranenministerium der USA in Louisiana und hielt ab dem Jahr 2003 Vorträge an der US-Marineakademie zum Thema »Professional Military Ethics«. Zuletzt arbeitet er auch als Pilot für Ölkonzerne. Viermal heiratet er, sein Glück findet er nicht. Er stirbt 2006 mit 62 Jahren an Leberkrebs, eine Folge seiner Alkoholsucht.[404]

Es dauerte 30 Jahre, bis er für sein humanitäres Verhalten auch Auszeichnungen erhielt: 1998 wurde ihm die Soldier's Medal der US-Armee sowie 1999 der Peace Abbey Courage of Conscience Award verliehen. Im Jahre 2010 wurde die Hugh Thompson Foundation gegründet, die sich den Anliegen von Kriegsveteranen widmet, insbesondere für Soldaten, die für ihre richtigen Entscheidungen schikaniert oder bestraft wurden.[405]

Kurze Conclusio:

My Lai ist ein Ort, an dem gleichzeitig das Schlimmste und das Beste geschah. Absolute Inhumanität traf auf absolute Humanität. Man kann es auch anders formulieren: Selbst in den schlimmsten Stunden von Inhumanität können gleichzeitig humanitäre Sternschnuppen aufblitzen. Diese Tatsache sollte man nie vergessen. Man kann Hugh Thompson auch als einen Menschen definieren, »der mitten zwischen Menschen, die den moralischen Kompass verloren hatten, wusste, was richtig ist und was falsch«.[406]

WAFFEN-HANDEL und Kampf dagegen

Sternschnuppen, die (bislang) recht wirkungslos blieben

Manchmal sagen ein paar Zahlen mehr als viele Worte. Deshalb sei bei diesem kleinen Unterkapitel statt vieler Worte mit einer kurzen Tabelle mit wenigen Zahlen aus dem Jahr 2020 begonnen.

Drei globale Zahlen von 2020 zum Vergleichen (in Mrd. Dollar)[407]

Weltmilitärausgaben (2020)	1.984,0
Öffentliche Ausgaben für Entwicklungszusammenarbeit (2020)	161,2
Internationale Ausgaben zur Bekämpfung von Hunger (2020)	12,0

Es gibt wohl kaum eine schlimmere Anklage gegen die humanitäre Situation auf unserem Globus als die drei oben genannten Zahlen. Laut dem kanadischen International Institute for Sustainable Development (IISD) werden global jährlich lediglich zwölf Milliarden Dollar zur Hungerbekämpfung ausgegeben. Zusätzliche 14 Milliarden Dollar pro Jahr könnten bis 2030 circa 500 Millionen Menschen aus Hunger und Fehlernährung befreien. Höhere Zahlen nennt dazu der ehemalige deutsche Bundesentwicklungsminister Gerd Müller, der Hunger als Mord bezeichnete, denn es stünde sowohl das Wissen wie auch die Technik zur Verfügung, um alle Menschen auf der Welt ernähren zu können. Er bezifferte die notwendige Summe zur Beendigung des Hungers bis zum Jahr 2030 auf 40 Milliarden Euro zusätzlich pro Jahr. Das ist viel Geld, oder? Die Summe mag hoch erscheinen, verblasst allerdings neben den von dem schwedischen Friedensforschungsinstitut SIPRI auf 1984 Milliarden Dollar geschätzten globalen Militärausgaben im Jahr 2020.

Seit 1980 der Alternative Nobelpreis vergeben wird, wurden immer wieder Personen und Organisationen geehrt, die sich zum Ziel gesetzt hatten, gegen besonders gefährliche Waffen, bis hin zum Waffenhandel anzukämpfen. Bislang hat dieser Kampf wohl sehr wenig gefruchtet. Dies ist aber kein Argument dafür, dass der Einsatz gegen Nuklear- und chemische Waffen, bis hin zum Verbot von Waffenhandel nicht intensiv weiterbetrieben werden soll und muss.

In der Folge sollen einige Beispiele seit Anfang der 1980er Jahre genannt werden, die mit dem Alternativen Nobelpreis ausgezeichnet wurden. Es sind dies Personen oder Organisationen, die sich für dieses (utopische?) Ziel besonders einsetzen und einsetzten.

1983 erhielt Häuptling **Ibedul Yutaka Miller Gibbons** (1944-2021) und das **Volk der Inselrepublik Palau** einen Alternativen Nobelpreis. Der Häuptling führte über viele Jahre den Kampf der Bewohner für ein Verbot der Lagerung von Nuklearwaffen durch die USA auf ihrem Territorium. Palau ist ein Inselstaat (356 Inseln) im Pazifischen Ozean. 1979 stimmten die Bürger von Palau für eine Verfassung, die erstmals in der Welt die Nutzung und Lagerung von atomaren, chemischen und biologischen Waffen verbot. In den Jahren danach verteidigte er mit der Bevölkerung diesen Passus gegen den politischen Druck der USA. Langfristig war Häuptling Ibedul Yutaka Miller Gibbons aber nicht erfolgreich, denn 1994 schloss die Republik Palau ein Assoziierungsabkommen mit den USA, in dem ein Verbot der Lagerung von Atomwaffen nicht mehr enthalten war. 1996 verlor er bei den Präsidentschaftswahlen gegen den Amtsinhaber. Er starb 2021 in Taiwan.[408]

2001 erhielten die »**Trident Ploughshares**« den Alternativen Nobelpreis.[409] Dabei handelt es sich um eine Gruppe von Kernwaffengegnern, die 1997 gegründet wurde und auf friedlichem Weg für eine atomare Abrüstung Großbritanniens eintritt. Es ist recht offensichtlich, dass hinter dem Namen der Gruppe das geflügelte Wort von »macht Schwerter zu Pflugscharen« steckt, das auch in der Bibel öfters zu finden ist. So formulierte z.B. im 8. Jahrhundert vor Christus der Prophet Micha eine Zukunftsvision wie folgt: »Alle Völker werden ihre Schwerter zu Pflugscharen und ihre Spieße zu Sicheln machen. Kein Volk wird gegen das andere das Schwert erheben, und sie werden nicht mehr lernen, Krieg zu führen.«[410] Über Jahrtausende hielt sich dieser Traum, vor allem ab 1980 wurde das Zitat immer wieder von diversen staatsunabhängigen Abrüstungsinitiativen bzw. von Teilen der Friedensbewegung verwendet.[411] Auch die Wünsche und Sehnsüchte der Trident Ploughshares sind bislang leider nicht in Erfüllung gegangen. Man denke nur an den grausamen Angriffskrieg, den Putin im Februar 2022 gegen die Ukraine losgetreten hat. Wird die Sternschnuppe, die der Prophet Micha vor fast dreitausend Jahren beschworen hat, überhaupt je in Erfüllung gehen? Bei aller Utopie, ohne permanente neue Versuche, gegen Waffen und Krieg anzukämpfen, wird es wohl nie gelingen. Das Komitee des Alternativen Nobelpreises geht hier sicher mit dem richtigen Vorbild voran, indem es immer wieder Personen auszeichnet, die sich für eine friedvolle Welt einsetzen; so ist es auch bei der nächsten Person.

2003 erhielt **David Lange** (1942–2005) aus Neuseeland den Alternativen Nobel-Ehrenpreis für den Kampf gegen Kernwaffen. David Lange (väterliche Wurzeln stammen aus Bremen) wuchs in einer methodistischen Familie auf und wurde davon auch stark humanitär geprägt.[412] Er studierte Rechtswissenschaft in Auckland und arbeitete nach dem Studienabschluss 1966 zeitweise in London für die Methodist Central Mission (inklusive Laienpredigertätigkeit). Zwischen 1970 und 1977 war er Rechtsanwalt in Auckland, wobei er u.a. dafür bekannt war, arme Mandanten kostenlos zu vertreten. 1977 wurde er Abgeordneter in Neuseeland (Labor Party) und daselbst zuerst 1983 Oppositionsführer und ein Jahr später sogar zum jüngsten Premierminister des Landes gewählt. Diese Position hatte er bis 1989 inne. Gestorben ist er 2005.

International bekannt wurde Lange vor allem durch seinen Einsatz für eine atomwaffenfreie Zone und gegen Atomtests im Pazifik. Im Rahmen dieser Politik kam es 1985/86 zu diplomatischen Konflikten mit den USA, als seine Regierung ein Anlegeverbot für Schiffe mit Nuklearwaffen und -antrieb verhängte und daraufhin Neuseeland aus dem ANZUS-Pakt ausgeschlossen wurde. Der ANZUS-Pakt wurde 1951 von den Ländern Australien, Neuseeland und den USA geschlossen (deshalb auch der Name: Australia, New Zealand und United States). Zwei Jahre später (1988) vereinbarten Australien und die Vereinigten Staaten, den Vertrag zwischen ihnen aufrechtzuerhalten, obwohl er ursprünglich in einem Dreierbündnis geschlossen wurde. Der Name ANZUS wurde beibehalten, obwohl die Buchstaben NZ nicht mehr den Tatsachen entsprechen.[413] Militärschiffe ohne Nuklearantrieb und Nuklearwaffen hätten zwar weiter in neuseeländischen Häfen anlegen dürfen, aber die USA weigerten sich, Angaben darüber zu machen. So entschloss sich Neuseeland, alle Schiffe der amerikanischen Marine aus ihren Häfen zu verbannen. Der kurze Kommentar der USA dazu: Neuseeland sei ab jetzt zwar »ein freundliches Land, aber kein Verbündeter« mehr.[414]

Dass offiziell in den Häfen von Neuseeland keine »Atomschiffe« mehr anlegen dürfen, ist zumindest eine kleine positive Sternschnuppe für Pazifisten.

2009: Vier Jahre nach dem Tod von David Lange wurde ein weiterer Neuseeländer, **Alyn Ware** (* 1962)[415] mit dem Alternativen Nobelpreis versehen. Er bekam die Auszeichnung – so die Begründung des Komitees 2009 – »für sein bereits zwei Jahrzehnte andauerndes, effektives und kreatives Engagement und seine Initiativen, um Friedenserziehung zu fördern und eine atomwaffenfreie Welt zu verwirklichen«.[416]

Diese Begründung ist bei Alyn Ware im wahrsten Sinne des Wortes gerechtfertigt. Sein großes Engagement für Frieden und gegen Atomwaffen kann hier nur sehr kurz und chiffrenartig angedeutet werden. Schon als Pädagoge in Volksschulen und auch in Kindergärten zeigte er seine pazifistische Einstellung. Ware entwickelte Richtlinien der Friedenserziehung, die in die neuseeländischen Lehrpläne Eingang fanden.[417] So gründete er in den 1980er Jahren die »Mobile Peace Van Society«, die sich der pazifistischen Erziehung von Kindern verschrieb. Er reiste dabei durch sein Heimatland, in zahlreichen Kindergärten und Schulen über den Grund und die Vorzüge des Friedens zu dozieren. 1987 beteiligte sich Ware an einer großen Demonstration in seinem Heimatland, die sich zum Ziel gesetzt hatte, dass Neuseeland auch in Zukunft ein atomwaffenfreies Gebiet bleibt – siehe dazu oben auch die Anmerkungen zum ANZUS-Pakt, den Neuseeland 1986 verlassen hatte.

»Vom Kindergarten zu den Vereinten Nationen«, so beschrieb die Wochenzeitung «Die ZEIT» einmal recht pointiert den weiteren Werdegang von Ware,[418] denn Anfang der 90er Jahre begann er seine Tätigkeit bei den Vereinten Nationen in New York. Er richtete dort das Büro des Gulf Peace Team ein und arbeitete für eine Verhinderung des Golfkrieges.[419]

Ab 1991 war er für die Weltföderalistische Bewegung tätig, eine internationale Bürgerbewegung, und begleitete die UN-Verhandlungen über die Schaffung eines Internationalen Strafgerichtshofs (International Criminal Court, ICC).[420]

Sieben Jahre lang (1992 – 1999) war Alyn Ware dann der Geschäftsführer beim Lawyers Committee on Nuclear Policy, der US-Sektion der Internationalen Jurist:innen gegen Atomwaffen (IALANA). In dieser Zeit war er durch seine Lobbyarbeit maßgeblich beteiligt an der Verabschiedung einer wichtigen UN-Resolution, die ein Rechtsgutachten über die Völkerrechtswidrigkeit von Atomwaffen durch den Internationalen Gerichtshof (IGH) in Den Haag einfordert. Für die mündlichen Gerichtsverhandlungen beim IGH 1995 stand Alyn Ware einigen Ländern bei der Vorbereitung ihrer Aussagen mit fachlicher Beratung bei. 1996 erklärte der IGH den Einsatz sowie die Drohung mit einem Einsatz von Atomwaffen generell für völkerrechtswidrig und sagte aus, dass Staaten im Sinne des Völkerrechts verpflichtet seien, Atomwaffen abzurüsten.[421]

Schon ein Jahr vor diesem Beschluss gründete 1995 Ware eine Gesellschaft, »Abolition 2000«, die eine allgemeine Abschaffung von Atomwaffen bewirken wollte. Das Projekt war in den ersten Jahren von Erfolg gekrönt und verfügte schon schnell über mehr als 2.000 Tochtergesellschaften weltweit. 2009 wurde eine Gesetzesvorlage von der UN-Versammlung mit großer Mehrheit verabschiedet.[422]

Zudem betätigte sich Alyn Ware im World Future Council als Ratsmitglied und auch als Berater des Präsidiums der International Association of Lawyers against Nuclear Arms.

Alleine die soeben kurz angeführten Aktivitäten rechtfertigen den Alternativen Nobelpreis in jeder Hinsicht. Der Spiegel bezeichnete ihn einmal recht treffend als »Missionar für weltweite Abrüstung«.[423] Die Auszeichnung zeigt zudem auch, dass dem Alternativen Nobellpreis-Komitee die Belange des Friedens ein großes Anliegen sind.

Dies belegt auch der nächste Preisträger, die **»Campaign Against Arms Trade«** (CAAT, gegründet 1974 im Vereinigten Königreich), die 2012 den Alternativen Nobelpreis bekam. Die Organisation werde – so begründete das Komitee – »für ihren innovativen und effektiven Widerstand gegen den globalen Waffenhandel« ausgezeichnet.[424] Die Organisation, die sich für die Abschaffung des internationalen Waffenhandels einsetzt, ist von einer Koalition aus diversen Friedensgruppen gegründet worden und kämpft einen heroischen Kampf gegen übermächtige Gegner. Nur Idealisten können sich bei so einer Übermacht nicht entmutigen lassen, und dies ist in der Tat schon förderungswürdig. Die Aktionen von CAAT können und konnten den (immer noch) steigenden Waffenhandel nicht verhindern, aber kleine Nadelstiche gelingen und gelangen immer wieder. So z.B. im Frühjahr 2011, als die autoritären Regime in Libyen und Bahrain gewaltsam Demonstrationen niederschlugen. Zum Einsatz kamen dabei auch britische Waffen. Die Regierung in London verurteilte diesen Waffeneinsatz, während gleichzeitig Premierminister David Cameron, begleitet von den Vertretern

WAFFEN-HANDEL

von acht Waffenfirmen, zu Staatsbesuch in mehreren Ländern des
mittleren Ostens unterwegs war. Die »Campaign Against Arms Trade« machte auf dieses Doppelspiel aufmerksam. Dies blieb nicht
ohne Folgen, denn die Empörung in der britischen Öffentlichkeit
war groß. »Die Heuchelei geht weiter« titelte beispielsweise Daily
Mail.[425]

Gerade gegen diese permanente Heuchelei und Intransparenz
im Waffenhandel ein wenig anzukämpfen, ist sehr verdienstvoll
und hat sich schon deshalb den Alternativen Nobelpreis verdient.

2013: Ein Jahr nach Auszeichnung für CAAT gab es eine weitere Auszeichnung mit dem Alternativen Nobelpreis für einen Waf-
fengegner. Diesmal ehrte das Komitee den US-amerikanischen
Politikwissenschaftler **Paul F. Walker** (* 1946).[426] Nach seinem
Einsatz im Vietnamkrieg studierte Walker Politikwissenschaft und
internationale Beziehungen und absolvierte ein Praktikum bei der
amerikanischen Abrüstungsbehörde ACDA (Arms Control and
Disarmament Agency). Er veröffentlichte seit den siebziger Jahren
mehrere Bücher zur Kriegsprävention und Abrüstung. Er war auch
in diversen Organisationen tätig, die sich v.a. gegen den Einsatz
von Chemiewaffen stark machten. 1995 wurde er z.B. Direktor
bei Global Green USA, der US-amerikanischen Untergliederung
des 1993 von Michail Gorbatschow gegründeten Internationalen
Grünen Kreuzes. Auch dort setzte er sich für die weltweite Umsetzung der Chemiewaffenkonvention der Vereinten Nationen ein. In
Summe trug Paul Walker dazu bei, dass mehr als 55.000 Tonnen
chemischer Waffen vernichtet wurden.

Er spielt auch eine Schlüsselrolle dabei, dass die USA jährlich
über eine Milliarde Dollar für Programme zur Waffenkontrolle,
Abrüstung und Nichtverbreitung zur Verfügung stellen. Dies ist
zwar nur ein Bruchteil der Summe dessen, was die USA jährlich
an Militärausgaben tätigen, aber eine kleine Sternschnuppe ist es
dennoch.

WAFFEN-HANDEL

Immerhin hat Walker Regierungen, Nichtregierungsorganisationen, Expertenkommissionen und Bürgerbewegungen dazu motiviert, sich für eine vollständige Umsetzung der Chemiewaffenkonvention und eine Welt frei von chemischen Waffen einzusetzen. Den Alternativen Nobelpreis erhielt er auch für sein Verhandlungsgeschick, mit dem er es immer wieder schaffte, die Vertreter unterschiedlichster Positionen an einen Tisch zu bekommen.[427] Auch das ist eine kleine Sternschnuppe.

Wir beenden diesen kurzen Rundgang von Alternativen Nobelpreisen gegen Rüstung und Waffenhandel im weitesten Sinne des Wortes mit einem weiteren Ehrenpreis aus dem Jahr 2015. Geehrt damit wurden **Tony de Brum** (1945–2017) und das Volk der Marshallinseln und zwar – so die Begründung – »in Anerkennung ihrer Vision und ihres Mutes, mit rechtlichen Mitteln gegen die Atommächte vorzugehen, weil diese ihren Abrüstungsverpflichtungen aus dem Atomwaffensperrvertrag nicht nachkommen«.[428]

De Brum lebte als Kind und Jugendlicher auf den Marshallinseln als diese unter US-amerikanischer Verwaltung standen und als Kernwaffentestgebiet benutzt wurden. Er studierte dann an der University of Hawaii und war dort an einem 1976 veröffentlichten Marshallesisch-Englisch-Wörterbuch beteiligt. Ab Ende der 1970er Jahre war de Brum dann dreimal, jeweils mit Unterbrechungen, Außenminister der Marshallinseln, auch schon zu Zeiten, als die Inseln noch keine vollständig souveräne Republik waren.

Wichtigste Themen für de Brums politische Arbeit waren die ökologischen Kernthemen der Marshallinseln, der Klimawandel, sowie die nukleare Abrüstung. Für de Brum waren diese beiden Gefahren aber nicht nur ein Problem für die Marshallinseln, sondern auch für die gesamte Menschheit, ja sie würden zukünftige Generationen global bedrohen. Zu einer im April 2014 vor dem Internationalen Gerichtshof eingebrachten Klage gegen acht Atommächte erklärte de Brum: »Unsere Leute haben unter dem katastrophalen und nicht wieder gutzumachenden Schaden dieser Waffen gelitten, und wir schwören weiter zu kämpfen, damit kein anderer auf der Erde jemals diese Gräueltaten erlebt.«[429]

Bei der UN-Klimakonferenz Mitte Dezember 2015 in Paris gelang es ihm, eine Koalition (»High Ambition Coalition«, übersetzt etwa »Koalition mit ehrgeizigen Zielen«) zwischen Entwicklungs- und Industriestaaten zu bilden. Das 2015 verabschiedete Klimaabkommen von Paris hätte es ohne den engagierten Politiker womöglich nie gegeben. Neben dem Alternativen Nobelpreis erhielt de Brum 2015 auch noch den »Nuclear-Free Future Award« in der Kategorie Lösungen.[430] Den Friedensnobelpreis, für den er 2015 auch nominiert wurde, erhielt er aber nicht. Dafür wurde er nach seinem Tod 2017 noch posthum mit dem DBU (Deutschen Bundesstiftung Umwelt)-Ehrenpreis ausgezeichnet.[431] De Brum zält sicher auch zu den Sternschnuppen, die versuchen (und versuchten), das Leben auf unserem Planeten humanitärer zu gestalten. Mit seinem Tod verlor nicht nur Ozeanien, sondern die gesamte Welt einen wichtigen Streiter gegen die Verbreitung von Nuklearwaffen und einen Botschafter im Kampf gegen den Klimawandel. Andererseits ist er aber ein Beleg dafür, dass es sich lohnt, sich für eine bessere Welt einzusetzen.[432] Diese letzte Feststellung gilt übrigens für alle, die in diesem kleinen Unterkapitel kurz genannt wurden.

WAFFEN-HANDEL

NACHTRAG: «Wir haben keine andere Wahl»: Tuvalu überträgt seine Existenz ins Metaversum

Bis zum Ende des Jahrhunderts dürften weite Teile des Pazifikstaats Tuvalu unbewohnbar werden. Die Regierung will nun eine virtuelle Replika der Nation erstellen, «um unsere Kinder und Enkelkinder daran zu erinnern, wie unsere Heimat einst war».

Simon Kofe, der Außenminister des Inselstaats Tuvalu, steht am Strand und blickt ernst in die Kamera. «Während unser Land verschwindet, haben wir keine andere Wahl, als die erste digitale Nation der Welt zu werden», sagt er. Es ist eine Videoansprache seiner Regierung zur Klimakonferenz COP27.

Mario Tama / Getty Images AsiaPac

Gioia da Silva, in: NZZ v. 26.11.2022, 05.30 Uhr; https://www.nzz.ch/technologie/wir-haben-keine-andere-wahl-tuvalu-uebertraegt-seine-existenz-ins-metaversum-ld.1714064

WAFFEN-HANDEL

WAINOI Kabui Jane

Eine Sternschnuppe gegen Kobaltausbeutung im Kongo

Bisweilen gibt es sehr symbolträchtige Auszeichnungen. So verleiht die Missio Österreich (das pästliche Missionswerk) seit einiger Zeit den Esel »Emil« als Symbol für Eselsarbeit. 2022 erhielt diesen »hero of charity« u.a. Sr. Jane Wainoi Kabui.[433]

Sr. Jane Wainoi Kabui kommt aus Kenia und ist Ordensobere der Schwestern vom Guten Hirten in Kolwezi (DR Kongo). Die Schwestern engagieren sich seit 2012 in Kolwezi auf sehr umfassende und professionelle Art und Weise gegen moderne Sklaverei, häusliche Gewalt, Prostitution und Kinderarbeit. Sie haben ihre Arbeit zunächst von Kenia aus gestartet und werden von der Good Shepherd International Foundation unterstützt. Für ihre Arbeit haben die Schwestern bereits mehrere Auszeichnungen und Preise gewonnen. Im Frühjahr 2021 wurde ihnen der »Stop Slavery Hero Award« der Thomsen Reuters Foundation verliehen, die zum Medienunternehmen Reuters gehört.[434] Der »Stop Slavery Award« ist eine jährliche Auszeichnung der Thomson Reuters Foundation. Ursprünglich ehrte sie mit dem Preis Unternehmen, die Maßnahmen und Praktiken zur Beseitigung von Zwangsarbeit in ihren Lieferketten fördern. Inzwischen wurden die Kriterien auch auf Nichtregierungsorganisationen und all jene ausgeweitet, die vor Ort gegen die verschiedenen Formen der modernen Sklaverei kämpfen, unter denen weltweit mehr als 40 Millionen Menschen leiden.[435]

Kolwezi, eine staubige 600.000-Einwohner-Stadt, liegt im Süd-
osten der DR Kongo. Es gibt dort bedeutende Kobalt- und Kup-
ferbergwerke. Die Schweizer Firma Glencore besitzt zwei Kup-
fer-Bergwerke (Katanga-Mining und Mutanda). In der Nähe von
Kolwezi gibt es auch Uranvorkommen. Die Stromrichterstation der
HGÜ Inga-Shaba liegt ebenfalls in der Nähe.[436] Vor allem Kobalt ist
ein gefragter Rohstoff. Etwa 40.000 Minderjährige schuften dort
in illegalen Minen unter menschenunwürdigen Bedingungen. Über
70 % der Bevölkerung im Kongo leben von weniger als 2 Euro am
Tag, fast jedes 2. Kind ist unterernährt.[437]

Kolwezi ist geradezu ein klassisches Beispiel für Segen und Fluch
von Rohstoffen. Obwohl die Erde unter Kolwezi voll begehrter
Reichtümer ist, bleiben die Menschen darüber bitterarm. Vor ihren
Augen wird ihr Land ausgeraubt. Und sie selbst sind es, die den
Räubern noch beim Raustragen der Rohstoffe helfen müssen, um
überhaupt zu überleben. Gerade das weitweit größte Vorkommen
an Kobalt, ein Erz, das für Akkus in Computern, Smartphones und
E-Autos dringend gebraucht wird, könnte ein Segen für Kolwezi
sein – wäre es nicht zu dessen Fluch geworden. Selbst Satel-
liten-Aufnahmen zeigen die riesigen Kobalt-Minen in Kolwezi.[438]
Zwei Drittel des global gehandelten Kobalts stammen aus dem
Kongo. Kein anderes Land hat nur annähernd so viele Vorräte.
Innerhalb von 20 Jahren hat sich die Fördermenge verdreifacht.
Bis 2026 soll sie sich noch einmal verdoppeln. Die Preise gehen
durch die Decke. Wer glaubt, das würde den Kongo reich machen,
irrt. Kolwezi ist das Gegenteil von Dubai. [439] Die Jahrhunderte lange
Geschichte des Kongo ist eine Ausbeutungsgeschichte par excellence. Sklaven, Elfenbein, Kautschuk, Kupfer, Diamanten, Coltan,
Edelhölzer, Erdöl waren und sind begehrte »Güter«.[440] Der Res-
sourcenreichtum des Landes bewirkte keinen Segen, sondern einen riesigen Fluch, der sich auch bei der Ausbeutung des Kobalts
wieder zeigt. Menschen – oft Kinder – müssen ohne Schutzausrüs-
tung und unter unsicheren und ungesunden Bedingungen arbeiten
und schuften. Sie bekommen für ihre Arbeit teilweise weniger als
einen Dollar am Tag, was zu wenig zum Überleben ist. So werden

ihnen auch die Grundrechte auf Schutz, Gesundheit und Bildung verwehrt. Traten früher nur die Europäer (v.a. Belgien) als Ausbeuter auf, so kamen dann auch die USA und in letzter Zeit besonders China dazu. Sie alle luden (und laden) unendliche Schuld auf sich und Entschuldigungen dafür sind bis heute kaum zu finden.

In dieser (fast) hoffnungslosen Lage blitzen aber immer wieder auch kleine Sternschnuppen auf; fast hat man das Gefühl, als kämen sie von einem anderen Planeten. Es sind dies in Kolwezi heute die Schwestern vom Guten Hirten[441] mit ihrer Ordensoberin Jane Wainoi Kabui. Sie versuchen vor Ort durch ihre Arbeit den Teufelskreis des Missbrauchs und der Gewalt gegen Frauen und Kinder zu durchbrechen, die Kinderarbeit in den Minen zu stoppen und die Grundrechte der Menschen zu schützen. Sie errichteten und führen informelle Schulen, in denen die Opfer von Kinderarbeit auf ein Bildungsniveau gebracht werden, das ihnen erlaubt, in reguläre Schulen aufgenommen werden zu können. Ebenso bieten sie ein Berufsausbildungsprogramm für Jugendliche an. Durch ihren Einsatz konnten die Schwestern bereits Tausenden Kindern einen Ausstieg aus der gefährlichen Arbeit in den Minen ermöglichen und ihnen Bildung, Nahrung und Gesundheit verschaffen.[442]

Was die Schwestern rund um die Ordensoberin Jane Wainoi in den vergangenen Jahren geschaffen haben, ist dabei weit mehr als nur eine Schule. Es ist der einzig mögliche Ausweg an einem der schlimmsten Orte der Erde. Aus dem Nichts bauten sie mit Hilfe von Spenden und Stiftungen insgesamt sieben Schulen in und rund um Kolwezi. Sie schufen ein Programm, das dabei hilft, Konflikte zu schlichten, die erst durch das Kobaltfieber nach Kolwezi gelangt waren. Angezogen von der trügerischen Aussicht auf raschen Reichtum kamen Angehörige völlig verschiedener Volksgruppen in die Stadt, was immer wieder in Gewalt ausartet. In einer Berufsschule der Schwestern finden zudem Mädchen Hilfe, die von Schürfern aufs Ärgste missbraucht worden waren. Denn die Gier, der Rausch und die Drogen, die manche in die Schächte steigen lassen, arten allzu oft in grausame Exzesse aus.[443] Diesen

Grausamkeiten setzten die Schwester nicht nur Worte, sondern eindrucksvolle Taten entgegen, die mutigen Ordensschwestern jammern nicht über »das Elend der Welt«, sondern retten Leben.

Im Talmud findet sich der berühmte Satz: »Wer auch nur ein einziges Leben rettet, der rettet die ganze Welt.« Jane Wainoi und ihre Mitschwestern sind gerade dabei – sternschnuppenartig – eine Anzahl von Kindern aus der schlimmen Minenwelt auf die Schulbank zu bringen. Auch wenn dies nur ein kleiner Teil der Betroffenen ist, sollte man aber die Symbolkraft dieser Hilfe nicht unterschätzen.

Mittlerweile engagieren sich sogar schon große Konzerne wie die BMW Group, BASF SE, Samsung SDI oder Samsung Electronics etc., um für die Verbesserung der Arbeits- und Lebensbedingungen der Bergarbeiter im Kleinstbergbau und ihrer Gemeinden beizutragen. Im September 2019 wurde in der Gegend das Pilotprojekt »Cobalt for Development« gestartet, dessen Ziel die Verbesserung von Arbeitsbedingungen der Menschen in ausgewählten Kobaltminen im Kleinstbergbau in der Demokratischen Republik Kongo ist. Dafür konnte auch die Deutsche Gesellschaft für Internationale Zusammenarbeit (GIZ) GmbH, ein weltweit tätiges deutsches Bundesunternehmen im Bereich der internationalen Zusammenarbeit für nachhaltige Entwicklung, ins Boot geholt werden. Für das »Cobalt for Development«-Projekt arbeitet GIZ zudem mit IMPACT zusammen, einer internationalen Nichtregierungsorganisation, spezialisiert auf die Verbesserung der Steuerung natürlicher Ressourcen, und mit der Good Shepherd International Foundation/Bon Pasteur, einer Organisation mit langjähriger Erfahrung in der Gemeindeentwicklung in der Region.[444]

Sr. Jane Wainoi Kabui selbst ist von einer Ordensoberin auch zu einer taffen Managerin geworden. Sie und ihre Mitschwestern beschäftigen mittlerweile über 100 Angestellte. Gemeinsam versuchen sie, einem Ort Perspektiven zu geben, dessen einzige bislang tief unter der Erde lag. »Es ist aber nicht genug, dass Kinder nun zur Schule gehen«, sagt Schwester Justicia, eine weitere junge Mitschwester aus Kenia, die mittlerweile auch in Kolwezi arbeitet.

»Genauso wichtig ist es, dass deren Eltern auf andere Art an Einkommen gelangen, denn sonst werden sie über kurz oder lang
ihre Kinder von der Schule nehmen und erneut mit ihnen in die
Minen gehen.«[445] Sie gründeten deshalb »Chakuishi« – übersetzt,
die Nahrung zum Leben, was in einem Land wie dem Kongo,
wo die Hälfte der Kinder unterernährt ist und wo selbst einfache
Grundnahrungsmittel überteuert aus dem Ausland importiert
werden müssen, überaus vernünftig ist. Die Schwestern errichteten deshalb eine Farm nur für Frauen: 40 Hektar an Feldern, 12
Fischteiche, finanziert mit einem Kleinkreditmodell, das einen Ausstieg aus der Ausbeutung ermöglichen soll. Stolz zeigt Schwester
Wainoi Kabui auf die Äcker, wo mittlerweile Bananen, Bohnen,
Spinat, Mais sowie Gemüse wachsen. Rund 1.500 Frauen bewirt-
schaften die Farm. »Sie sind es, die in den Minen am gefährdetsten sind«, sagt sie, »doch da die meisten von ihnen weder lesen
noch schreiben können, blieb ihnen bislang keine Alternative zum
Kobalt. Geben wir sie ihnen, retten wir so auch ihre Kinder. [...]
Bei den Frauen anzusetzen, macht Sinn, denn sie sind verant-
wortungsvoller. Sie setzten einen Schritt nach dem anderen und
lassen dabei ihr Ziel nie aus dem Auge.«[446] Damit haben sie viel
gemein mit Sr. Jane Wainoi Kabui und den Schwestern vom Guten
Hirten, die sich in der Tat in Kolwezi zu wahren Sternschnuppen
der Humanität entwickelten.

WAINOI KABUI JANE

WESA Matiullah (* um 1992) und die Pen Path Volunteers

Sternschnuppen für Bildung in Afghanistan

Matiullah Wesa (32) ist gemeinsam mit seinem Bruder der Gründer von Pen Path, einem ländlichen Netzwerk in Afghanistan, das Schulen wieder einrichtet und betreibt.[447] In einem Interview in der Frankfurter Rundschau meint Matiullah Wesa auf die Frage, wie es dazu kam: »Das ist eine lange Geschichte. Ich knüpfe mit dieser Arbeit an die Tätigkeit meines Vaters an. Ich war noch ein Kind, als mein Vater 2001 unter den Stammesführern unserer Region dafür warb, eine Schule zu bauen. Es gab damals keine bei uns. Ein Jahr lang ist mein Vater von Haus zu Haus gegangen, um mit den Familien zu sprechen – am Ende waren sie einverstanden, auch ihre Töchter in die Schule zu schicken. Als der Unterricht begann, war die Schule nicht viel mehr als ein Zelt unter einem Baum, doch ich war ebenso glücklich darüber wie mein Vater. Zwei Jahre später kamen eines Morgens Taliban auf Motorrädern angefahren. Sie haben das Zelt verbrannt, die Bücher, einfach alles. Weinend bin ich mit den anderen Kindern nach Hause gerannt. Ich war damals zwölf. Die Taliban sind zu uns nach Hause gekommen und haben meinem Vater gedroht: Wenn er die Schule wieder öffnen sollte, würden sie ihn töten.«[448]

In Afghanistan sind nicht nur die Taliban gegen eine Schulbildung der Mädchen und Frauen, sondern die ganze Tradition ist davon geprägt, sprich dagegen. Die gesellschaftlichen Folgen: In Afghanistan können nur 38 Prozent der Bevölkerung lesen und schreiben, der weltweite Durchschnitt liegt bei 84 Prozent. Die Alphabetisierungsrate von Frauen in Afghanistan beträgt dabei nur rund 17 Prozent. Doch es sind nicht die Schüler, sondern die Lehrer das Problem. Weniger als die Hälfte von ihnen hat einen Abschluss. Das Problem z.B. im Süden Afghanistans ist nicht primär der Islam, sondern die lokale Kultur der Paschtunen. Hier sagt ein Sprichwort: »Du bist zuerst Paschtune und dann Muslim.« Ein anderes sagt: »Eine Frau ist am besten zu Hause aufgehoben oder in einem Grab.«[449]

Dagegen kämpfen Pen Path und die Pen Path Volunteers seit 2009 landesweit an. Viele freiwillige Lehrer:innen helfen dabei und seit Kurzem betreibt man auch 34 »geheime« Schulen.[450] Das ist nicht ohne Risiko. Auf Matiullah Wesa wurde schon viermal geschossen. Zuletzt wurde er per Twitter bedroht. Ein Taliban drohte ihn umzubringen, doch ein anderer entschuldigte sich dann und forderte, ihn zu schützen.

In Zahlen ausgedrückt präsentiert sich diese humanitäre Sternschnuppe wie folgt:

> * Knapp 3.000 Freiwillige arbeiten ehrenamtlich für die NGO Pen Path Volunteers, darunter 500 Frauen. Sie helfen, Schulen aufzubauen oder fahren mit einem zur »mobilen Schule« umgerüsteten Fahrzeug mit Lernmaterial in entlegene Dörfer und unterrichten dort. Auch ortsansässige Geschäftsleute, religiöse Autoritäten und respektierte Stammesälteste sind in das Projekt eingebunden, um dessen Akzeptanz zu vergrößern.
> * In den vergangenen Jahren konnten laut Wesa rund 100 geschlossene Schulen wieder geöffnet und mehr als 40 neu registriert werden. Damit habe die NGO mehr als 60.000 Jungen und Mädchen Bildung ermöglicht. Pen Path bekomme aber keinen Cent von internationalen Gebern. Alles basiere auf Spenden und ehrenamtlicher Arbeit von Afghan:innen.

WESA MATIULLAH

* Auch so genannte geheime Schulen unterhält die Organisation an verborgenen Orten. Matiullah Wesa meint dazu: »In Städten, in denen die Bildung von Mädchen besonders in diesen Zeiten nicht so leicht möglich ist, haben wir ‚geheime Schulen' eingerichtet – in Hinterhöfen und Wohnzimmern, verborgen hinter dicken Lehmmauern. Ganz neu ist das aber auch nicht: Schon 2016 haben wir in von Taliban beherrschten Gegenden solche Untergrundklassen eingerichtet. Mittlerweile unterhalten wir 39 geheime Schulen, von denen Tausende Mädchen profitieren. Auch meine vier Schwestern unterrichten dort. Unser jüngstes Projekt ist außerdem die Organisation von Online-Unterricht, den Schüler:innen von zu Hause aus verfolgen können. Wir geben ihnen Tablets, und sie werden per Zoom oder Skype unterrichtet in Gegenden, in denen die Internetverbindung einigermaßen stabil ist.« [451]

Der Kampf geht darum, ob Mädchen auch ab der 7. Klasse wieder in die Schule gehen dürfen. Dazu Matiullah Wesa im Oktober 2022: »In den Grundschulen findet der Unterricht für Jungs und Mädchen bis zur sechsten Klasse statt. Die weiterführenden Schulen sind für Mädchen geschlossen. Deshalb ist unsere größte Kampagne momentan jene, die Taliban davon zu überzeugen, die Oberschulen für Mädchen wieder zu öffnen. Ich will, dass sie auch die sechste bis zwölfte Klassenstufe besuchen können.«[452]

Im März 2022, zum neuen afghanischen Schuljahr, hatten die Taliban angekündigt, dass Mädchen wieder zur Schule gehen dürften. Tausende hatten sich am Morgen fertiggemacht, die Rucksäcke gepackt, die Uniformen angezogen. Doch in letzter Minute ruderten die Taliban zurück, die Mädchen mussten wieder nach Hause gehen. Unzählige Träume und Hoffnungen waren zerplatzt. [453]

Matiullah Wesa ist aber zuversichtlich, dass die Taliban die weiterführenden Schulen für Mädchen wieder öffnen werden, »schon allein wegen des öffentlichen Drucks. Ich habe zu den Leuten gesagt: Blockiert die Straßen, protestiert lautstark, wenn die Taliban sich weiterhin weigern, die Schulen zu öffnen.«[454] Dies wäre insofern so notwendig, weil ein Abschluss einer höheren Schule den Mädchen auch den Besuch einer Universität ermöglichen würde, der ihnen ohne diesen Abschluss nicht erlaubt ist. Laut einem UNICEF-Bericht waren im Sommer 2022 nur in acht Provinzen die höheren Schulen wieder geöffnet. Von 1,1 Millionen Schülerinnen der afghanischen Sekundarstufe können somit 80 %, das sind knapp 850.000 Mädchen, nicht zur Schule gehen, schätzte UNICEF.[455] Und dies, obwohl selbst im Islam »Bildung ein Recht für Männer und Frauen« ist, wie der Gelehrte Abdul Bari Madani feststellte und dazu weiter mit drastischen Worten meinte: »Wenn das so weitergeht, wird eine ganze Generation von Mädchen begraben werden.«[456] Die diesbezügliche Gefahr ist in der Tat sehr groß, nachdem im Jänner 2023 die Taliban die Frauen von den jährlichen Aufnahmeprüfungen für Hochschulen ausschlossen. Die Islamisten dämpfen damit die Hoffnungen vieler Afghaninnen und Afghanen, die Taliban könnten das im Dezember 2022 verhängte Hochschulverbot nach Protesten im Land und scharfer internationaler Kritik wieder aufheben.

Nur so nebenbei sei noch erwähnt, und dies sei auch kein Geheimnis, dass die Töchter des Taliban-Sprechers Suhail Shaheen in Doha im arabischen Golfstaat Katar auch zur Schule gingen und eine sogar Fußball spielte.[457] Es gibt eben auch in Afghanistan Gleiche und Gleichere.

Die »geheimen Schulen« – die im ganzen Land eröffnet werden – versuchen diese Misere für die Mädchen zumindest ein wenig zu lindern. Zur Tarnung sind die Betreiber:innen sehr erfinderisch. Meist sind es Einzelpersonen oder Initiativen, die Mädchen in Gärten, Kuhställen oder abgeschiedenen Häusern unterrichten. Manche nutzen auch Lücken im System, indem sie »Madrassas«, religiöse Schulen für Mädchen oder Nachhilfezentren betreiben, die nicht als offizielle Schulen gelten;[458] zum Teil wird sogar in geheimen Höhlen[459] unterrichtet. Die Mädchen, die in diese geheimen Schulen gehen, müssen oft auch zu Hause im Elternhaus vorsichtig sein, wie »Nafisa«, die in einer geheimen Schule lernt, »damit sie irgendwann Ärztin werden kann«. Sie versteckt ihre Schulbücher zuhause in der Küche zwischen Töpfen und Tellern. Das wissensdurstige Mädchen lebt in einem Dorf im Osten Afghanistans und kann nur so lange zur Schule gehen, wie ihr Bruder ihr nicht auf die Schliche kommt. »Wenn mein Bruder das herausfindet, schlägt er mich«, sagt Nafisa. Er hat jahrelang für die Taliban gekämpft. »Aber Jungen haben nichts in der Küche verloren, deshalb hebe ich meine Bücher hier auf.« Nur ihre Mutter und Schwester wissen Bescheid.[460]

Zwei Beispiele mutiger Lehrerinnen

Betrachten wir den Mut jener Personen, die in den verbotenen Schulen unterrichten, abschließend nochmal auch kurz am Beispiel zweier Lehrerinnen.

* Beispiel eins, Mina: Bezüglich ihrer Arbeit bei Pen Path Volunteers berichtet sie:[461] »Mein Name ist Mina und ich komme aus der afghanischen Provinz Kandahar. Ich bin 22 Jahre alt und eine der Lehrerinnen bei Pen Path Volunteers. Seit fünf Jahren arbeite ich jetzt in geheimen Mädchenschulen. Es gibt viele Faktoren, die diese Arbeit sehr schwierig machen. Insbesondere seit die Taliban im vergangenen Sommer die Macht übernommen haben, gehen wir sehr vorsichtig vor. Ich habe Angst vor Drohungen der Taliban gegen mich und meine Familie. In der Situation, in der Afghanistan sich befindet, ist das ein harter Kampf.

Bislang habe ich nicht darüber nachgedacht, das Land zu verlassen. Wenn ich ernsthaft in Gefahr sein sollte, ist es sicher verständlich, dass ich alles versuchen werde, um mein Leben zu retten. Aber ich habe mir selbst, meinem Land und dieser Gesellschaft versprochen, dass ich sie nicht verlassen werde. Ich will mein Bestes geben! So geht es allen Freiwilligen, die bei Pen Path arbeiten. Wir wollen diesem Land dienen und es zum Positiven verändern.

Als ich anfing mit meiner Lehrtätigkeit, gab es in den vom Krieg zerrissenen Regionen, in denen ich unterrichte, gar keine Schulen, keine Bildung. Doch heute gibt es sie, und ich habe knapp 120 Schülerinnen. Ich mache das gemeinsam mit drei anderen Lehrerinnen. Wir unterrichten sie, und sie lernen fleißig. Mädchen, die vor einigen Jahren den Wert der Bildung noch nicht kannten, haben nun großes Interesse daran und wollen zum Teil selbst Lehrerinnen werden. Sie möchten die Gesellschaft verändern, und ich bin sicher, dass sie das auch tun werden.

Ich habe jedoch Angst, dass die Taliban die Oberschulen für Mädchen weiterhin geschlossen halten und dass sie herausfinden, dass wir geheime Mädchenschulen betreiben. Ich appelliere an die Welt, Druck auf die Taliban auszuüben oder mit ihnen zusammenzuarbeiten, damit sie die Schulen ganz offiziell wieder öffnen und den Bau neuer Schulen zulassen. Jedes Mädchen und jeder Junge hat einen sicheren Platz zum Lernen verdient. Ich bin stolz, in geheimen Schulen zu unterrichten und meinen Teil beitragen zu dürfen – allen Problemen und Herausforderungen zum Trotz.«

WESA MATIULLAH

* Beispiel zwei, Laila Hajdari:[462] Den anfänglichen Versprechen der Taliban, sie würden auch Mädchen und Frauen gut behandeln, hat Laila Hajdari nie geglaubt. Deshalb hat sie auch eine geheime Schule initiiert. Während die Mädchen Mathe lernen, sitzt die 42-Jährige in einem Nachbarraum und raucht. Ihre Fingernägel sind türkis lackiert, die dunklen Haare kurz geschnitten, das Kopftuch hängt ihr lose über der Schulter. »Die Taliban werden sich niemals verändern«, sagt sie und zieht an ihrer Zigarette. »Sie wollen uns Frauen aus der Öffentlichkeit entfernen.« Die geheime Schule liegt in einem Randbezirk Kabuls. Besucher müssen sich anmelden und vor dem hohen Metalltor eines unscheinbaren Hauses auf Einlass warten. Eine Treppe führt hinauf zu mehreren Räumen, dort stehen

Nähmaschinen, es gibt zwei Unterrichtsräume mit Tafeln, eine Küche, einen Aufenthaltsraum und eine Goldschmiedewerkstatt. Neben Mathe, Physik und Englisch lernen die Mädchen hier auch Kleider zu nähen und Schmuck herzustellen. Sollten die Taliban sie finden, drohen den Familien der Mädchen und den Lehrerinnen hohe Strafen. In der Goldschmiedewerkstatt ist eine Gruppe von Mädchen gerade damit beschäftigt, leere Patronenhülsen zu bearbeiten, um Ohrringe daraus zu machen. Hajdari nimmt eine der leeren Hülsen in die Hand und lacht: »Die Männer töten damit,« sagt sie. »Wir Frauen machen Schmuck daraus.«

Ob sie keine Angst habe, entdeckt zu werden? Doch, sagt Hajdari: »Wenn die Taliban herausfinden, dass Mädchen hier nicht nur Kleider nähen, sondern auch Mathe und Englisch lernen, werden sie mich töten.« Sie lächelt und zeigt mit dem Finger in die Luft, »aber dann gibt es 100 weitere Mädchen, die mich ersetzen werden«. In der Tat, ein bewundernswerter Mut steckt in den Betreibern und Betreiberinnen dieser geheimen Schulen in Afghanistan.

Afghanistan: Gründer von Mädchenbildungsprojekt in Haft

Orf.at v. 28. März 23, https://orf.at/#/stories/3310503/

In Afghanistan ist der Gründer eines Bildungsprojekts für Mädchen von den Taliban festgenommen worden. »Matiullah Wesa, Leiter von PenPath1 und Verfechter der Mädchenbildung, wurde am Montag in Kabul festgenommen«, teilte die UNO-Mission in Afghanistan heute via Twitter mit. Wesas Bruder bestätigte Agenturangaben zufolge die Festnahme.

Sein Bruder sei gestern Abend nach dem Gebet vor einer Moschee aufgegriffen worden. „Matiullah hatte seine Gebete beendet und kam aus der Moschee, als er von einigen Männern in zwei Fahrzeugen angehalten wurde", sagte Samiullah Wesa der Nachrichtenagentur AFP. »Als Matiullah nach ihren Ausweisen fragte, schlugen sie ihn und nahmen ihn gewaltsam mit.«

Seit der Machtübernahme der radikalislamischen Taliban im August 2021 sind die Rechte von Frauen und Mädchen in Afghanistan drastisch beschnitten worden. Die Taliban-Regierung hat im vergangenen Jahr Mädchen den Besuch von weiterführenden Schulen untersagt. Damit ist Afghanistan das einzige Land der Welt, in dem ein Bildungsverbot besteht.

Die von Matiullah gegründete Organisation, die sich für Schulen engagiert und Bücher in ländlichen Gebieten verteilt, setzt sich seit Langem dafür ein, den Dorfältesten die Bedeutung der Bildung von Mädchen zu vermitteln. Seit dem Verbot von Sekundarschulen für Mädchen besuchte Wesa weiterhin abgelegene Gebiete, um die Unterstützung der Einheimischen zu gewinnen.

WESA MATIULLAH

WILLIAMS Betty (1943–2020) und CORRIGAN Mairead (*1944)

Sternschnuppen im Nordirlandkonflikt

Betty Williams[463] wurde in Belfast als Tochter eines protestantischen Vaters und einer katholischen Mutter (deren Vater Jude war) geboren. Als sie 14 Jahre alt war, erlitt ihre Mutter einen Schlaganfall und wurde zum Pflegefall; Betty war seitdem für die Erziehung ihrer fünf Jahre jüngeren Schwester mitverantwortlich. Vor ihrem politischen Engagement arbeitete sie in diversen Jobs, z.T. auch am Wochenende nachts als Kellnerin, werktags als Sekretärin (»Mädchen für alles«) in einem Beratungsunternehmen. Mit 18 Jahren heiratete sie 1961 den protestantischen Schiffsingenieur Ralph Williams, der von den Bermudas stammte. Sie schenkte zwei Kindern, Sohn Paul und Tochter Deborah, das Leben. Williams war während ihrer Ehe stets berufstätig, »um klar im Kopf zu bleiben«.

Durch die interkonfessionelle Ehe ihrer Eltern war Betty Williams bereits früh sensibilisiert für die politischen Vorgänge in ihrem Land. Zwei ihrer Cousins wurden in den 70er-Jahren, eher zufällig, auf offener Straße getötet – der eine durch Protestanten, der andere durch die katholische IRA. Dennoch führte Betty bis 1976 ein unpolitisches Leben.

Den Auslöser für ihr politisches Engagement bildete ein Ereignis am 10. August 1976: zwei IRA-Aktivisten versuchten in ihrem Auto britischen Soldaten zu entkommen; der Fahrer wurde am Steuer erschossen und sein Begleiter schwer verletzt. Das Auto erfasste eine Frau und ihre drei kleinen Kinder, darunter ein Baby. Die Mutter überlebte schwer verletzt, alle drei Kinder starben. Betty Williams, die in dieser Straße im Vorort Andersonstown lebte, hörte den Aufprall des Autos und wurde so Augenzeugin der Ereignisse. Geschockt und tief betroffen fasste sie unmittelbar den Entschluss, etwas gegen die alltägliche, sinnlose Gewalt zu unternehmen: Sie begann vor ihrer eigenen Tür und versuchte die Nachbarn aufzurütteln. Als die Medien über ihr Engagement berichteten und ihr Appell gegen die Gewalt und für Versöhnung zwei Tage nach dem Ereignis im Fernsehen ausgestrahlt wurde, wuchs innerhalb kürzester Zeit die Unterstützung, und es gab Friedensdemonstrationen mit (geschätzt) einer halben Million Menschen in ganz Großbritannien und Nordirland.

Die erste und engste Mitstreiterin von Williams war Mairead Corrigan,[264] die zugleich mit ihr den Friedensnobelpreis bekam Corrigan war eine Tante der oben genannten drei getöteten Kinder. Ein Journalist bot den beiden Frauen Hilfe an, und sie trafen sich auch auf der Beerdigung der drei Kinder.

Einige Tage nach der Beerdigung trafen sich die zwei Frauen und gründeten die Organisation Woman for Peace, die dann zur Community of Peace People wurde. Gemeinsam mit dem Journalisten verfassten sie dann die »Declaration of Peace People«, die aus wenigen, einprägsamen Formeln bestand.[465] Es folgte die so genannte »Peace Rallye«, bei der überall in Nordirland Woche für Woche Friedensdemonstrationen stattfanden. Die Hauptaktivisten der Community of Peace People reisten dazu in Bussen von Stadt zu Stadt. Als Höhepunkt organisierten Betty Williams, Mairead Corrigan und ihre Mitstreiter im Oktober 1976 eine Aktion auf dem Trafalger Square in London, an der auch die amerikanische Sängerin und Friedensaktivistin Joan Baez teilnahm. Durch das internationale Interesse konnte ein Betrag von fast 300.000 englischen Pfund gesammelt werden, mit denen der Bau eines Hauptquartiers, die Verbandszeitung Peace by Peace und einige

WILLIAMS & CORRIGAN

Kommunalprojekte finanziert wurden. Betty Williams und Mairead Corrigan reisten dann durch Europa, Australien und die USA, um ihre Ziele zu demonstrieren.

Im Oktober 1977 wurde den beiden Frauen für ihr Engagement für die Peace People der Friedensnobelpreis für das Jahr 1976 rückwirkend (1976 war der Preis zunächst nicht vergeben worden) zuerkannt, übergeben bekamen sie ihn im Dezember 1977.[466] Betty Williams, die oft als die treibende Kraft der damaligen Bewegung gesehen wird, hielt stellvertretend für beide die Dankesrede. In ihr sagte sie:

»Mitgefühl ist wichtiger als Intellekt, um die Liebe hervorzurufen, die die Friedensarbeit benötigt, und Intuition kann oftmals eine weit mächtigere Orientierungshilfe sein als kalte Vernunft. Wir müssen denken, hart nachdenken, aber wenn wir kein Mitgefühl haben, noch bevor wir überhaupt anfangen zu denken, werden wir den Kampf sehr wahrscheinlich nur über Theorien führen.«[467]

In der Folge kam es dann zum Zerwürfnis mit der eigenen Organisation und Williams emigrierte im Oktober 1982 mit ihrem zweiten Ehemann und ihrer Tochter nach Florida/USA. Dort arbeitete sie weiter an internationalen Friedensprojekten und gründete auch eine internationale Kinderrechtsorganisation. Im Jahr 2004 kehrte Betty Williams nach Nordirland zurück, wo sie bis zu ihrem Tod im März 2020 lebte.

Auch Mairead Corrigan, die Mitstreiterin von Williams, blieb nach der Nobelpreisverleihung der Friedensbewegung treu. 1980 heiratet sie den Mann ihrer Schwester, die nach dem oben erwähnten Tod ihrer Kinder 1976 sich nicht mehr stabilisieren konnte und sich das Leben nahm. Corrigan setzte sich als Katholikin für Ökumene ein, war führendes Mitglied des Internationalen Versöhnungsbundes und der britischen Filiale von Pax Christi. Sie setzte sich für die Abschaffung der Todesstrafe ein und engagierte sich in einer internationalen Kinderschutzorganisation. Zusammen mit den beiden Friedensnobelpreisträgern Erzbischof Desmond Tutu und Adolfo Perez Esquivel verfasste sie im November 2012 einen offenen Brief, in dem Bradley Manning »ein mutiger Informant, der Verbrechen in Afghanistan und im Irak aufgedeckt habe«, genannt wird.[468]

Betty Williams und Mairead Corrigan konnten den Nordirlandkonflikt zwar nicht sofort beenden, sie sind aber die Organisatorinnen der wohl einflussreichsten Friedensbewegung Nordirlands. Dass der blutige Konflikt dann beendet werden konnte, ist sicher auch z.T. ihnen zu verdanken.

WILLIAMS Jody (* 1950)

Ein Kampf gegen die Landminen

Jody Williams[469] wurde am 9. Okt. 1950 im Bundesstaat Vermont (USA) geboren. Sie ist eine Person, die von Geburt an etwas bewegen wollte – so hatte sie sich bereits als Kind in den Kopf gesetzt, als erste Frau Papst zu werden. Gepaart mit ihrer unbändigen Energie, zu der vielleicht auch die italienische Mutter ihren Teil im Gen-Pool beigetragen hat, ergibt sich eine Persönlichkeit, bei der man den Ausschaltknopf vergeblich sucht.[470]

Sie studierte zuerst Englisch und Spanisch, dann machte sie den Master im Fach Internationale Beziehungen an der Johns Hopkins School of Advanced International Studies in Washington. In der Folge lehrte sie Englisch in Mexiko, London und Washington.

Ihre humanitäre Arbeit begann Jody 1984 bis 1986 als Koordinatorin des »Nicaragua-Honduras Lehrprogramms«, in dem amerikanische Entscheidungsträger der Politik und Wirtschaft über die Folgen des Bürgerkrieges in Mittelamerika informiert wurden. Es folgte der Posten als Vizedirektorin der »Medizinischen Hilfe für El Salvador«, den sie bis 1992 innehatte. Ab diesem Zeitpunkt wurde sie Koordinatorin der Internationalen Kampagne für das Verbot von Landminen. Im Rahmen dieses Betätigungsfeldes erzielte sie auch ihren größten Erfolg, denn im September 1991 wurde im Vertrag von Ottawa (Kanada) erreicht, dass die Landminen verboten werden sollten. Mit großem Engagement überzeugte sie Politiker und verschiedene Organisationen, dass es auch wirtschaftlich notwendig sei, Landminen zu verbieten, um die Kosten für die medizinische Versorgung von Opfern langfristig nicht mehr tragen zu müssen und so Millionen von US-Dollar einsparen zu können. Auf Anregung des damaligen kanadischen Außenministers Lloyd Axworthy wurde ein Vertrag aufgesetzt, den dann 122 Nationen unterzeichneten, allerdings nicht die USA.

Bei den Landminen war es Belgien, das im März 1995 als erstes Land ein umfassendes Verbot des Einsatzes, der Herstellung und des Handels beschlossen hat. Das erwies sich als ungeheuer wichtig. Andere europäische Staaten folgten bald, dann kamen Länder im Süden Afrikas hinzu.[471]

Alles begann dabei – wie bei fast allen humanitäre Sternschnuppen – sehr klein. Als Williams in diesem Bereich ihre Aktivitäten begann, unterstützten sie nur zwei gemeinnützige Organisationen; bis heute hat sie aber mehr als 1.300 NGO's in 95 Ländern von ihrem Anliegen überzeugt.

Für den Vertrag von Ottawa wurden die Organisation sowie ihre Sprecherin Jody Williams mit dem Friedensnobelpreis 1997 ausgezeichnet. 2004 reihte sie das Forbes Magazin sogar in die Liste der 100 mächtigsten Frauen der Welt ein. 2007 war sie Leiterin einer Mission der UNO, um Menschenrechtsverstöße in Darfur zu untersuchen. Im gleichen Jahr nahm sie auch eine Professur für Frieden und soziale Gerechtigkeit an der University of Houston an. Auch als Professorin blieb sie nie im elfenbeineren Turm der Universität. Neben dem Kampf gegen Minen engagierte sie sich z.B. auch in der »Nobel Women´s Initiative« und organisierte Kampagnen gegen Vergewaltigungen in Kriegsgebieten und gegen Killerroboter,[472] ein Bereich der immer aktueller wird.

Im Rahmen einer Veranstaltungsreihe zu den Nobelpreisträgern hatte der Initiativkreis Mönchengladbach am 4. und 5. Mai 2015 auch die Friedensnobelpreisträgerin und Professorin Jody Williams

WILLIAMS JODY

eingeladen. Beim Besuch einer Schule und einer Abendvorstellung meinte sie damals zu den Schüler:innen und Besucher:innen: »Ich betrachte mich mittlerweile als Aktivistin für den Aktivismus«. Weiter meinte sie: »Wichtig ist, etwas zu tun, nicht nur darüber zu reden, wie schlecht etwas ist« und gab den Ratschlag: »Gehen Sie in eine der vielen Organisationen und arbeiten Sie dort ehrenamtlich eine Stunde in der Woche für eine bessere Welt. Das ist ein guter Einstieg, wenn Sie etwas bewegen wollen«. Diese Empfehlung gab sie den Teilnehmer:innen der Veranstaltung mit auf den Weg.[473] In der Tat, nicht nur über die schlechten Dinge zu reden, sondern auch dagegen etwas zu unternehmen (auch wenn es nur ein kleiner Beitrag ist), gehört zu den Grundpfeilern humanitärer Sternschnuppen. An einer anderen Stelle meinte sie einmal über sich selbst: »Ich ging in die Welt hinaus, arbeitete mit anderen Menschen zusammen, um die Welt besser zu machen. Wir können die Welt so verändern, dass wir Frieden und Gerechtigkeit haben, und das sollte uns auch gelingen«, so Williams und sie betonte dazu weiter: »Jeder kann die Welt verändern. Jeder kann ein Gamechanger sein«, denn »nichts, worüber Menschen entscheiden, ist unvermeidlich«.[474] Dem ist in der Tat nichts mehr hinzuzufügen.

Kurzer Exkurs zu den Landminen

Die genaue Zahl verlegter Minen kennt niemand. Vor dem Verbot von Antipersonenminen schätzten die Vereinten Nationen, dass ca. 110 Millionen Landminen in über 70 Ländern dieser Welt verlegt wurden. Das US-Außenministerium schätzte dagegen die Zahl auf 70 Millionen. Die absolute Zahl verlegter Landminen ist jedoch für die Beurteilung des Problems alleine nicht ausreichend. Ein vermintes Reisfeld bleibt ungeachtet der Tatsache, ob darin eine oder 100 Minen verlegt sind, ungenutzt und steht den Menschen zur Bewirtschaftung nicht zur Verfügung. Seit 1999 wird die Landminensituation weltweit von der Internationalen Kampagne für das Verbot der Landminen im Rahmen des Landminen Monitors beobachtet. 1999 bezifferte der Monitor die Zahl der mit Minen und Blindgängern belasteten Staaten auf 88. Für das Jahr 2021 wurden 60 Staaten als belastet identifiziert. Ein kleiner Erfolg auf einem langen Weg.

Zu den am meisten belasteten Ländern gehören weiterhin: Afghanistan, Äthiopien, Bosnien und Herzegowina, Irak, Jemen, Kambodscha, Kroatien und die Ukraine, aber auch Regionen wie Berg-Karabach, Tschetschenien und die Falkland-Inseln (Malvinas).[475]

Der Landminen-Monitor verzeichnete für das Jahr 2020 rund 7.000 durch Landminen oder Blindgänger getötete und verletzte Personen. Im Jahr 1999 – dem ersten Jahr, in dem genauer gezählt wurde – waren fast 10.000 Tote oder Verwundete zu beklagen. Bis 2013 sank die Zahl auf »nur« mehr rund 3.500. Ab 2014 stiegen die Zahlen allerdings wieder recht stark an, laut Monitor Report sind die hohen Opferzahlen der letzten Jahre auf Länder mit intensiv bewaffneten Konflikten zurückzuführen, bei denen eine Vielzahl selbstgebauter Minen eingesetzt wird.[476]

ANHÄNGE

I. FRIEDENSNOBELPREISE
als Sternschnuppen der Humanität

Mit der Bekanntgabe des Friedensnobelpreises endet in jedem Oktober die Nobelpreiswoche. Neben Preisen für Literatur, Physik, Chemie und Medizin stiftete Alfred Nobel auch einen für Frieden – auf diese Idee brachte ihn wahrscheinlich die österreichische Pazifistin Bertha von Suttner, mit der er befreundet war.[477] Bertha von Suttner wurde bekanntlich selbst 1905 – als erste Frau – mit dem Preis ausgezeichnet.

Für viele gilt die Bekanntgabe der Friedenspreisträger:innen als der Höhepunkt der Nobelpreiswoche, denn der Friedensnobelpreis ist die vielleicht höchste internationale Auszeichnung humanitärer Aktivität.

Jeweils am 10. Dezember (Todestag des Stifters) wird der Preis in Oslo (Norwegen) vor rund 1.000 geladenen Gästen verliehen, anschließend gibt es ein Galadinner für rund 250 Personen. In seinem Testament hatte Alfred Nobel festgelegt, dass alle Preise in Stockholm überreicht werden sollen – mit Ausnahme der Friedensmedaille. Warum gerade diese in Oslo verliehen wird, ist nicht bekannt. Norwegen gehörte damals zu Schweden und wurde erst 1905 ein unabhängiges Königreich, die Preise gibt es aber seit 1901.

Über die Preisträger:innen entscheidet ein Komitee aus fünf Mitgliedern, die vom norwegischen Parlament für je sechs Jahre bestimmt werden. Darin spiegeln sich in der Regel die Macht-verhältnisse der Parteien in Norwegen wider. Immer bis zum 1. Februar nimmt die Jury Nominierungen entgegen. Kandi-dat:innen vorschlagen dürfen neben dem Komitee selbst auch Angehörige einer nationalen Regierung, Friedensforscher:innen, Universitätsprofessor:innen (gesellschafts- oder geisteswissen-schaftlicher Disziplinen) und ehemalige Preisträger:innen. Aus den eingebrachten Vorschlägen bereitet das Komitee eine Shortlist vor. Im Oktober trifft es dann eine Entscheidung.[478] Das Komitee ist in seiner Urteilsbildung vollkommen unabhängig und nur dem Tes-tament von Alfred Nobel verpflichtet. Dort heißt es, dass die- oder derjenige den Preis bekommen solle, »die/der am meisten oder am besten auf die Verbrüderung der Völker und die Abschaffung oder Verminderung stehender Heere sowie das Abhalten oder die Förderung von Friedenskongressen hingewirkt hat« und damit »im vergangenen Jahr der Menschheit den größten Nutzen erbracht hat«. Weiter heißt es: »Es ist mein ausdrücklicher Wille, dass bei der Preisverteilung die Zuteilung nicht an irgendeiner Nationalität festgemacht wird, so dass der Würdigste den Preis erhält, ob er Skandinavier sei oder nicht.«[479]

Bislang (1901 bis 2022) wurde der Preis (gezählte) 140 mal ver-liehen, und zwar an 92 Männer, 30 Organisationen und nur an 18 Frauen.[480]

In 19 Jahren wurde der Preis nicht verliehen, und zwar während der beiden Weltkriege (9 Mal nicht), aber auch 1923/1924, 1928, 1932, 1948, 1955/1956, 1966/1967 und letztmalig 1972.

Der Preis darf pro Jahr maximal an drei Personen oder Organisa-tionen vergeben werden, nur dreimal (1994, 2011 und 2022) wurde davon Gebrauch gemacht. In den meisten Fällen (bislang 69 Mal) wurde nur eine Person oder Organisation pro Jahr ausgezeichnet, 31 Mal wurde der Preis an zwei Personen oder Organisationen vergeben.

FRIEDENSNOBELPREISE

Insgesamt wird und wurde der Friedensnobelpreis immer populärer, international begehrter und dadurch auch glamouröser. 2014 sprach der Direktor des Osloer Nobelinstituts von einer »Explosion der Nominierungen«. Während es 1964 gerade einmal 44 Vorschläge für Preisträger:innen gab, gingen beim Komitee 2014 bereits 278 Nominierungen ein – was bis damals einen Rekord darstellte.[481] Im Jahr 2000 gingen 150 Bewerbungen ein, 2009 wurde mit 205 bereits die 200er Marke überschritten und 2016 wurde mit 376 Bewerbungen (davon 140 Organisationen) ein bisheriger Rekord verzeichnet. 2022 gab es immerhin auch 343 Nominierungen.[482] Die Namen der eingereichten Kandidat:innen und alle Informationen über die Nominierungen werden 50 Jahre unter Verschluss gehalten. Die Jury-Mitglieder halten sich sehr streng daran, in die Öffentlichkeit gelangt darüber somit kein Wort.

Noch ein paar weitere Anmerkungen zum Preis seien erlaubt:

Frieden stiften zahlt sich aus: 10 Millionen Schwedischen Kronen (2022 ca. 979.000 Euro) je Kategorie wird zur Zeit pro Jahr für den Preis ausgegeben, dazu gibt es eine Urkunde und eine 196 Gramm schwere Medaille aus purem Gold. Vorne ist ein Bild Alfred Nobels zu sehen, auf der Rückseite umfassen sich drei nackte Männer mit den Armen – Symbol für zwischenmenschliche Verbundenheit. Darüber steht »Pro pace et fraternitate gentium«, für Frieden und Brüderlichkeit der Menschen. Am Außenrand wird der Preisträger:innenname eingraviert.[483]

Ist der Preis einmal vergeben, kann die Auszeichnung vom Nobelkomitee nicht mehr aberkannt werden. Dies hat Überlegungen genährt, dass man den Preis eher als »Lebenswerk« und somit nicht an zu junge Personen vergeben soll.[484] Die jüngste Nobelpreisträgerin bislang, die pakistanische Kinderrechtsaktivistin Malala Yousafzai, die 2014 den Preis erhielt, war allerdings bei ihrer Verleihung erst 17 Jahre alt.

Immer wieder kam es auch vor, dass Preisträger:innen die Ehrung wegen politischer Umstände im Heimatland (durch diktatorische Zustände) nicht persönlich in Empfang nehmen konnten. 1936 beispielsweise war der deutsche Journalist Carl von Ossietzky gerade erst aus der KZ-Haft entlassen worden, als er den Preis erhielt – die Nationalsozialisten verweigerten ihm die Reise nach Norwegen. Hitler – so heißt es – sei rasend vor Zorn gewesen. Erbost ordnete Hermann Göring an, alle nominierten Deutschen sollten künftig den Nobelpreis ablehnen.[485] Der chinesische Menschenrechtsaktivist Liu Xiaobo konnte den Preis 2010 nicht entgegennehmen, weil er im Gefängnis saß. Die Politikerin Aung San Suu Kyi – Preisträgerin von 1991 – stand in ihrer Heimat Myanmar unter Hausarrest, für sie reisten ihr Ehemann und ihre beiden Söhne nach Oslo.[486]

1973 trat der bislang einzige Fall ein, dass ein Preisträger den Preis ablehnte. Die Auszeichnung ging damals an den vietnamesischen Politiker Le Duc Tho und US-Außenminister Henry Kissinger. Die beiden hatten das »Pariser Abkommen« ausgehandelt, das den Krieg in Vietnam beenden sollte. Anders als Kissinger nahm Le Duc Tho den Preis nicht an. Seine Begründung lautete: In seinem Land herrsche noch kein Frieden – tatsächlich endeten die Kämpfe erst zwei Jahre später. Bedenkt man, wie viel Leid zwischen 1973 und 1975 (Ende des Vietnamkrieges) die Betroffenen noch erleiden und erdulden mussten, dann war die Entscheidung von Le Duc Tho wohl mehr als gerechtfertigt. Hätte sich vielleicht Herr Kissinger dem auch anschließen sollen?

Immer wieder wird in Ausführungen zu den Friedensnobelpreisen auch davon berichtet, dass selbst Adolf Hitler für den Preis vorgeschlagen wurde. In der Tat hat der schwedische Abgeordnete E.G.C. Brandt 1939 Adolf Hitler für den Preis nominiert, weil Hitler »Brüderlichkeit unter den Nationen« und weltweite Abrüstung vorantreibe(!). Brandt zog die Nominierung später zurück und erklärte, sie sei satirisch gemeint gewesen. Die Episode zeigt, dass praktisch »jedermann« nominiert werden kann. Über die Aussichten, also den Preis tatsächlich zu bekommen, sagt eine Nominierung nichts aus.[487] Ob auch die immer wieder kolportierten Nominierungen Donald Trumps ein humoristischer Beitrag war, ist nicht bekannt. Dazu kann man aber festhalten, dass das Renomméé des Preises gefährdet würde, wenn man wenig würdige Preisträger – wie etwa Trump – auszeichnen würde. Dann könnte man den Preis wohl sofort abschaffen.[488]

Dass es an der Verleihung des Preises auch immer wieder (z.T. leise) Kritik gibt, liegt auch an der politischen Natur des Preises. So stieß etwa die Verleihung des Preises an US Präsident Barack Obama, der 2009 nur neun Monate nach Amtsantritt geehrt wurde, nicht nur auf Befürwortung. Einige der sehr frühen Preise an andere US-Präsidenten wie Theodore Roosevelt (1906) und Woodrow Wilson (1919) stießen ebenfalls auf ein sehr geteiltes Echo. Die Europäische Union bekam den Preis 2012 ausgerechnet auf dem Tiefpunkt ihrer Popularität. Kritik gab es auch für den Preis an den früheren Palästinenser-Chef Yasser Arafat, Israels Premierminister Yitzhak Rabin und Außenminister Shimon Peres.[489] Und in der Tat, die Konflikte in Palästina sind bis heute nicht gelöst. Heute würde man den Friedensnobelpreis wohl auch nicht mehr – wie noch 2019 – an den äthiopischen Ministerpräsidenten Abiy Ahmed für seine Friedensbemühungen im Grenzkonflikt zwischen Äthiopien und Eritrea verleihen. Zu viele gegenseitige Gräueltaten sind dort seither geschehen.

Generell kann man aber festhalten, dass die meisten Preisträger:innen und auch die Organisationen, die im Laufe von über 120 Jahren ausgezeichnet wurden, den Preis redlich verdient haben. Ihr Einsatz für eine friedlichere Welt und auch für mehr Humanität ist unumstritten. Sie zählen sicher zu den Sternschnuppen der Humanität. Dass die Anzahl der Frauen unter den Preisträger:innen sehr bescheiden ist, wurde schon oben erwähnt. Allerderdings muss auch dazu festgehalten werden, dass in den letzten 20 Jahren (ab 2003) die Verteilung zwischen Frauen, Männern und Organisationen doch relativ ausgeglichen war. Acht Frauen, zehn Organisationen und zwölf Männer erhielten in dieser Zeit die Auszeichnung.

Frauen, die den Friedensnobelpreis bekamen

1905: Bertha von Suttner (1843-1914) Österreich-Ungarn

1931: Jane Addams (1860-1935) USA

1946: Emily Greene Balch (1867-1961) USA

1976: Betty Williams (1943-2020) und Mairead Corrigan
(*1944), Großbritannien/Nordirland

1979: Mutter Teresa (1910-1997), Indien

1982: Alva Myrdal (1902-1986), Schweden

1991: Aung San Suu Kyi (*1945), Myanmar (Birma)

1992: Rigoberta Menchú Tum (*1959), Guatemala

1997: Jody Williams (* 1950), USA

2003: Shirin Ebadi (*1947), Iran

2004: Wangari Maathai (1940-2011), Kenia

2011: Ellen Johnson Sirleaf (*1938), Liberia;
Leymah Gbowee (*1972), Liberia;
Tawakkol Karman (*1979), Jemen

2014: Malala Yousafzai (*1997), Pakistan

2018: Nadia Murad (*1993), Irak

2021: Maria Angelita Ressa (*1963), Philippinen

Liste aller Friedensnobelpreisträger:innen seit 1901

1901: Dunant, Passy | 1902: Ducommun, Gobat | 1903: Cremer
| 1904: IDI | 1905: von Suttner | 1906: Roosevelt | 1907: Moneta,
Renault | 1908: Arnoldson, Bajer | 1909: Beernaert, Estournelles
de Constant | 1910: IPB | 1911: Asser, Fried | 1912: Root | 1913:
La Fontaine | 1914–1916: nicht verliehen | 1917: IKRK | 1918: nicht
verliehen | 1919: Wilson | 1920: Bourgeois | 1921: Branting, Lange
| 1922: Nansen | 1923–1924: nicht verliehen | 1925: Chamberlain,
Dawes | 1926: Briand, Stresemann | 1927: Buisson, Quidde | 1928:
nicht verliehen | 1929: Kellogg | 1930: Söderblom | 1931: Addams,
Butler | 1932: nicht verliehen | 1933: Angell | 1934: Henderson |
1935: von Ossietzky | 1936: Lamas | 1937: Cecil | 1938: Interna-
tionales Nansen-Büro für Flüchtlinge | 1939–1943: nicht verliehen

| 1944: IKRK | 1945: Hull | 1946: Balch, Mott | 1947: The Friends Service Council, AFSC | 1948: nicht verliehen | 1949: Boyd-Orr | 1950: Bunche | 1951: Jouhaux | 1952: Schweitzer | 1953: Marshall | 1954: UNHCR | 1955–1956: nicht verliehen | 1957: Pearson | 1958: Pire | 1959: Noel-Baker | 1960: Luthuli | 1961: Hammarskjöld | 1962: Pauling | 1963: IKRK, Liga der Rotkreuz-Gesellschaften | 1964: King | 1965: UNICEF | 1966–1967: nicht verliehen | 1968: Cassin | 1969: IAO | 1970: Borlaug | 1971: Brandt | 1972: nicht verliehen | 1973: Kissinger, Lê | 1974: MacBride, Satō | 1975: Sacharow | 1976: Williams, Corrigan | 1977: Amnesty International | 1978: Sadat, Begin | 1979: Mutter Teresa | 1980: Pérez Esquivel | 1981: UNHCR | 1982: Myrdal, García Robles | 1983: Wałęsa | 1984: Tutu | 1985: IPPNW | 1986: Wiesel | 1987: Arias Sánchez | 1988: UN-Friedenstruppen | 1989: Dalai Lama | 1990: Gorbatschow | 1991: Suu Kyi | 1992: Menchú | 1993: Mandela, Klerk | 1994: Arafat, Peres, Rabin | 1995: Rotblat, Pugwash Conferences on Science and World Affairs | 1996: Ximenes Belo, Ramos-Horta | 1997: ICBL, Williams | 1998: Hume, Trimble | 1999: Ärzte ohne Grenzen | 2000: Kim | 2001: UN, Annan | 2002: Carter | 2003: Ebadi | 2004: Maathai | 2005: IAEO, el-Baradei | 2006: Yunus, Grameen Bank | 2007: IPCC, Gore | 2008: Ahtisaari | 2009: Obama | 2010: Liu | 2011: Sirleaf, Gbowee, Karman | 2012: EU | 2013: OPCW | 2014: Satyarthi, Yousafzai | 2015: Quartet du dialogue national | 2016: Santos | 2017: ICAN | 2018: Mukwege, Murad | 2019: Abiy | 2020: WFP | 2021: Muratow, Ressa | 2022: Bjaljazki, Memorial, Center for Civil

Quelle: https://de.wikipedia.org/

II. STERNSCHNUPPEN durch ALTERNATIVNOBELPREISE

Man kann wohl bei Personen und Organisationen, die mit einem Alternativnobelpreis ausgezeichnet wurden – ähnlich wie bei den Friedensnobelpreisen – davon ausgehen, dass es sich um »humanitäre Sternschnuppen« handelt.[490] Eine kleine kritische Anmerkung sei aber dennoch erlaubt. In den 43 Jahren, seit der Alternativnobelpreis vergeben wird, gab es nur 4 Jahre (1984, 1993, 2016 und 2022), in denen kein Mann ausgezeichnet wurde, aber 12 Jahre, in denen keine Frau unter den Preisträger:innen war. Auch bei der Verteilung der Ehrenpreise ist ein deutlicher Überhang bei den Männern festzustellen. Unter den 23 gezählten Personen befinden sich nämlich nur 4 Frauen. Somit zeigt sich auch beim Alternativnobelpreis, dass Männer »bevorzugt« wurden und bezüglich Gleichbehandlung von Mann und Frau noch ein bestimmter Nachholbedarf vorhanden ist. Allerdings ist in jüngster Zeit festzustellen, dass dem schon Rechnung getragen wurde, denn seit 2015 (bis 2022) wurden bereits mehr Frauen als Männer ausgezeichnet.

Begonnen hat alles mit der Idee von Jakob von Uexküll,[491] dem vorschwebte, die Nobelpreise um zwei weitere Kategorien, einen Preis für Umwelt und einen für die »Dritte Welt«, zu erweitern.[492] Uexküll verkaufte dafür seinen Briefmarkenhandel und bot den Erlös von einer Million Dollar der Nobelstiftung als Startkapital für die beiden neuen Preise an. Doch die Stockholmer Nobelstiftung ließ ihn allerdings abblitzen und nahm die Anregung, mit neuen Nobelpreisen Problemlösungen für eine nachhaltige Welt zu würdigen, nicht ernst. Also gründete Uexküll seine eigene Stiftung. Den »Right Livelihood Award – Auszeichnung für die richtige Lebensweise«, im deutschsprachigen Raum besser bekannt unter dem inoffiziellen Namen »Alternativer Nobelpreis«. Insgesamt wurden von 1980 bis 2022 rund 200 Personen oder Organisationen ausgezeichnet.

FRIEDENSNOBELPREISE

Beim Alternativen Nobelpreis geht es dabei nicht um rein akademische Lösungen für Probleme der Menschheit, sondern um ganz praktische Initiativen. »Sie sollen den Finger auf eine lokale Wunde legen und zugleich nachhaltige Zukunftslösungen aufzeigen, die auch am anderen Ende der Welt zur Nachahmung anregen. Die Bandbreite der Projekte ist groß. Sie kommen aus den Bereichen Ökologie, Frieden, Bildung, Menschenrechte, Gesundheit, etc.«[493] Man kann die Alternativen Nobelpreisträger:innen auch als Projekte der Hoffnung bezeichnen. Ausgezeichnet werden dabei Personen, die Visionen von einer humanitären Gesellschaft ohne Unterdrückung und Ausbeutung sowie das Bestreben, die Vielfalt und die Ressourcen unseres Planeten zu bewahren, haben. Von ihrer Ethik der Gerechtigkeit, von ihren praktischen Handlungsanweisungen und Modellen für menschenwürdige Lebensweisen zu erfahren, macht Hoffnung und wirkt mitunter ansteckend, ja motivierend. Wer sich über diverse Preisträger:innen der ersten 30 Jahre genauer informieren möchte, dem sei das Buch von Geseko von Lüpke und Peter Erlenwein empfohlen,[494] wo sich viele Einzelberichte zu den jeweiligen Preisträger:innen und deren Aktivitäten finden. Jede einzelne der darin beschriebenen Aktivitäten ist auch eine Art »Sternschnuppe der Humanität«. »Nichts ist unentschuldbarer, als nichts zu tun.« Diese Maxime motivierte auch Jakob von Uexküll für die Schaffung des Preises und in der Tat kann man diese Maxime auch immer wieder bei den Preistäger:innen finden. Dass Jakob von Uexküll vor über 40 Jahren diese Sternschnuppe zündete und sie auch jedes Jahr wieder aufs Neue am Himmel zu sehen ist, kann nicht hoch genug eingeschätzt werden. Auch im vorliegenden Buch sind einige wenige der Ausgezeichneten etwas ausführlicher erwähnt, zumindest namentlich findet man sie alle in diesem Anhang. Noch eine letzte wichtige Fußnote sei angeführt: Bei den Preisträger:innen handelt es sich vielfach um Menschen, die unbeachtet von Medien, Politik und Öffentlichkeit Großes leisten und leisteten.[495] Dies kann man als leise Motivation verstehen, sich manchmal in kleinen Bereichen für das eine oder andere humanitäre Ziel einzusetzen.

ALTERNATIVE NOBELPREISTRÄGER:INNEN seit 1980[496]

Angeführt werden der Name der Preisträger:innen oder der Organisation, Lebensdaten bzw. Gründerjahre, Nationalität und Verleihungsgrund

1980–1989

1980: Hassan Fathy (1900-1989), Ägypten, für die Entwicklung einer Architektur für die Armen.

1980: Plenty International (gegr. 1974 von Stephen Gaskin), USA, für den Einsatz und die Sorge um Bedürftige.

1981: Mike Cooley (1934-2020), UK, für seinen Einsatz als Ingenieur und die Gewerkschaften.

1981: Bill Mollison (1928-2016), Australien, Erfinder der Permakultur.

1981: Patrick van Rensburg (1931-2017), Botswana, für Bildungsmodelle in der „Dritten Welt".

1982: Erik Dammann (* 1931), Norwegen, für seine Kritik an der westlichen Lebensweise.

1982: Petra Kelly (1947-1992), BRD, für den Einsatz für Frieden und Konfliktlösung.

1982: Participatory Institute for Development (PIDA, gegr.1980, Sri Lanka, NGO einer Graswurzelbewegung.

1982: George Trevelyan (1906-1996), UK, Gründer von Wrekin Trust (gegr. 1971); Trevelyan war ein bedeutender Vordenker der New-Age-Bewegung.

1983: Leopold Kohr (1909-1994), Österreich, für seine Idee der kleinen Einheiten.

1983: Häuptling Ibedul Gibbons und das Volk von Palau, Inselrepublik Palau, siehe Kapitel über WAFFEN-HANDEL in diesem Buch.

1983: Amory Lovins (* 1947) und Hunter Lovins (* 1950), USA, Gründer von Rocky Mountain Institute (gegr. 1982), für den Einsatz für erneuerbare Energie.

1983: Manfred Max-Neef (1932–2019), Chile, für seinen Einsatz für essentielle menschliche Grundbedürfnisse.

1984: Imane Khalifeh (1955–1995), Libanon, Ehrenpreis für seine Friedensarbeit.

1984: Self-Employed Women's Association (SEWA, gegr. 1972) und Ela Bhatt (* 1933), Indien, für den Einsatz für Frauen.

1984: Winefreda Geonzon (1941–1990) und Free Legal Assistance Volunteers Association (FREE LAVA), Philippinen, für den Einsatz für Strafgefangene.

1984: Wangari Maathai (1940–2011), Kenia, Ökologie, siehe dazu das Kapitel MAATHAI Wangari in diesem Buch Seite 112).

1985: Theo van Boven (* 1934), Niederlande, Ehrenpreis für seinen Einsatz für das Völkerrecht.

1985: Cary Fowler (* 1949) und Pat Mooney (* 1947), Kanada, Gründer von Rural Advancement Fund International (RAFI; heute ETC Group), für ihren Einsatz zur Bewahrung genetischer Ressourcen in der Landwirtschaft der „Dritten Welt".

1985: Lokayan (gegr. 1980), Indien, Forum für Begegnung, Schulung, Informationen und Aktionen von Sozialwissenschaftler:innenn und politischen Aktivist:innen für gesellschaftliche Veränderungen in Indien.

1985: Duna Kör (gegr. 1984) und János Vargha, Ungarn, Umweltschutzgruppe gegen den Bau eines Staudamms in der Donau bei Nagymaros, etc.

1986: Robert Jungk (1913–1994), Österreich, Ehrenpreis, Zukunftsforscher.

1986: Rosalie Bertell (1929–2012) und Alice Stewart (1906–2002), USA und UK, für ihren Einsatz gegen die Strahlengefahr.

1986: Ladakh Ecological Development Group (gegr. 1978) und, Helena Norberg-Hodge (* 1946), Indien und Schweden, für die Bewahrung der Kultur in Ladakh.

1986: Evaristo Nugkuag (* 1950), Peru, Gründer von AIDESEP, für die Organisation des Schutzes der Rechte der Ureinwohner im Amazonasbecken.

1987: Johan Galtung (* 1930), Schweden, Ehrenpreis für Frieden und Konfliktlösung.

1987: Chipko-Bewegung, Indien, für den Einsatz für Erhalt, Erholung und ökologisch sinnvolle Nutzung der natürlichen Ressourcen Indiens.

1987: Hans-Peter Dürr (1929–2014), Deutschland, für seine Arbeit, hochentwickelte Technologien für friedliche Zwecke nutzbar zu machen.

1987: Frances Moore Lappé (* 1944) und das Institute for Food and Development Policy (gegr. 1975), USA, für die Aufdeckung der politischen und wirtschaftlichen Ursachen des Hungers in der Welt.

1987: Mordechai Vanunu (* 1954), Israel, Frieden und Konfliktlösung.

1988: Inge Genefke (* 1938), International Rehabilitation and Research Centre for Torture Victims (gegr. 1982), Dänemark, Ehrenpreis für ihren Einsatz für Gefolterte.

1988: José Lutzenberger (1926–2002), Brasilien, Preis für einen der effektivsten und vielseitigsten Umweltaktivisten Lateinamerikas.

1988: John F. Charlewood Turner (* 1927), UK, für die Verteidigung des Rechts des Menschen, ihre Gemeinschaften zu organisieren sowie ihre eigenen Wohnräume zu planen, zu bauen und zu erhalten.

1988: Sahabat Alam Malaysia (SAM), Malaysia, für den beispielhaften Kampf um den Erhalt der Regenwälder von Sarawak.

1989: Seikatsu Club Consumers' Cooperative (SCCC, gegr. 1965), Japan, Ehrenpreis für die Verbrauchergenossenschaft.

1989: Melaku Worede (* 1936), Äthiopien, Saatgutschutz, siehe Kapitel über MELAKU Worede in diesem Buch. Seite 126

1989: Aklilu Lemma (–1997) und Legesse Wolde-Yohannes, Äthiopien, für ihre profunde Erforschung einheimischer Medikamente.

1989: Survival International (gegr. 1969), UK, für den Einsatz für indigene Völker.

1990–1999

1990: Alice Tepper Marlin (* 1944), USA, Ehrenpreis, weil sie dem westlichen Wirtschaftssystem einen Weg der Entwicklung zu funktionierendem Humanismus gezeigt hat.

1990: Bernard Lédéa Ouédraogo (1930–2017), Burkina Faso, für die Förderung der Naam-Bewegung in Burkina Faso und der Gründung des Six-S-Verbandes zur Stärkung der Bauernselbsthilfe-Bewegung in ganz Westafrika.

1990: Felicia Langer (1930–2018), Deutschland, für ihren vorbildlich couragierten Kampf für die Grundrechte der Palästinenser.

1990: Asociación de Trabajadores Campesinos del Carare (ATCC), Kolumbien, für Frieden und Konfliktlösung (Donaldo Qurioga Rueda).

1991: Edward Goldsmith (1928–2009), UK, Ehrenpreis für seine Kritik am Industrialismus und für die Propagierung umweltfreundlicher und sozial gerechter Alternativen.

1991: Medha Patkar (* 1954), Baba Amte (1914–2008) und Narmada Bachao Andolan (NBA), Indien, für den Einsatz für Menschenrechte und Ökologie (gegen Staudammbau).

1991: Marie-Thérèse Danielsson (1924–2003), Bengt Danielsson

(1921–1997), Senator Senator Jeton Anjain (1933-1993) und das Volk von Rongelap, Frankreich, Schweden, Marshallinseln, für den Einsatz für die Tahitische Kultur.

1991: Bewegung der Landarbeiter ohne Boden (MST, gegr. 1985) und Comissão Pastoral da Terra (CPT, gegr. 1975), Brasilien, für eine Landreform für die Landlosen.

1992: Finnish Village Action Movement (1970er Jahre), Finnland, Ehrenpreis für die Stärkung von Dorfaktivitäten.

1992: Gonoshasthaya Kendra (gegr. 1972) und Zafrullah Chowdhury (* 1941), Bangladesch, für die Gründung einer ländlichen Gesundheitsorganisation.

1992: Helen Mack Chang (* 1952), Guatemala, für ihren Einsatz als Menschenrechtsaktivistin.

1992: John Gofman (1918–2007) und Alla Jaroschynska (* 1953). USA und Russland. Für ihre Beiträge zur Erforschung der Reaktorkatastrophe von Tschernobyl. Ihr Buch hat den Titel: Verschlusssache Tschernobyl. Die geheimen Dokumente aus dem Kreml, Basisdruck Verlag, 1994.

1993: Arna Mer-Chamis (1929–1995), Israel, Gründerin der in den israelisch besetzten Gebieten tätigen Kinderhilfsorganisation Care and Learning, für Frieden und Konfliktlösung.

1993: Organisation of Rural Associations for Progress (ORAP, gegr. 1981), Simbabwe, für den Aufbau einer bemerkenswerten Graswurzelbewegung und dafür, dass sie Millionen von Mitgliedern motiviert hat, ihren eigenen Weg der menschlichen Entwicklung zu gehen.

1993: Vandana Shiva (* 1952), Indien, dafür, dass sie die Themen der gesellschaftlichen Stellung der Frau und Ökologie in den Diskurs um moderne Entwicklungspolitik eingebracht hat.

1993: Mary (1923–2005) und Carrie Dann (1932–2021), USA, für ihren Kampf gegen Umweltzerstörung und Nukleartests in Nevada, etc.

1994: Astrid Lindgren (1907–2002), Schweden, Ehrenpreis für ihren Einsatz für Gerechtigkeit, Gewaltfreiheit und das Verständnis von Minderheiten.

1994: Service Volunteered for All (SERVOL, gegr. 1970), Trinidad und Tobago; für ein Weiter-Bildungsprogramm für Kinder, Jugendliche und Erwachsene.

1994: Hanumappa Reddy Sudarshan (* 1950), Vivekananda Girijana Kalyana Kendra (VGKK, gegr. 1981), Indien, dafür, dass sie aufgezeigt haben, wie Stammeskultur zu einem Fortschritt beitragen kann.

1994: Ken Saro-Wiwa (1941–1995), Movement for the Survival of the Ogoni People (MOSOP, gegr. 1990), Nigeria. Wurde wegen seines Einsatzes für den Umweltschutz zum Tode verurteilt und hingerichtet.

1995: András Biró (* 1925), Hungarian Foundation for Self-Reliance (HFSR, gegr. 1990), Ungarn, für die entschlossene Verteidigung der ungarischen Roma-Minderheit und effektive Unterstützung zur Hilfe bei deren Selbsthilfe.

1995: The Serb Civic Council (SCC, gegr. 1994), Bosnien und Herzogowina, für den Einsatz für Frieden und Konfliktlösung.

1995: Carmel Budiardjo (1925–2021), UK, Gründerin von TAPOL; für den Einsatz, dass die indonesische Regierung für ihre Taten verantwortlich gemacht wird und die Menschenrechte beachten sollte.

1995: Sulak Sivaraksa (* 1933), Thailand, für seine Vision, seine Aktivität und seinen spirituellen Einsatz im Streben nach einem Weg der Entwicklung, der auf Demokratie, Gerechtigkeit und kultureller Integrität basiert.

1996: Herman Daly (* 1938), USA, Ehrenpreis für die Erweiterung der Wirtschaftswissenschaften um Aspekte der Ökologie und Ethik sowie die Mitbegründung der International Society for Ecological Economics (ISEE).

1996: Union der Komitees der Soldatenmütter Russlands (gegr. 1989), Russland, für ihren Mut bei der Verteidigung der Menschenwürde im Tschetschenien-Krieg.

1996: Kerala Sastra Sahithya Parishat (KSSP, gegr. 1962), Indien, für ihren Beitrag zu einem Entwicklungsmodell, das auf sozialer Gerechtigkeit und Mitbestimmung der Bevölkerung basiert.

1996: Georgos Vithoulkas (* 1932), Griechenland, für seinen Beitrag, homöopathisches Wissen wiederzubeleben und Homöopathen auf höchstem Niveau auszubilden.

1997: Joseph Ki-Zerbo (1922–2006), Burkina Faso, Gründer des Zentrums für afrikanische Entwicklungsstudien (CEDA), für seine Arbeit an Modellen, die sich nicht an westlichen Vorbildern orientieren.

1997: Jinzaburō Takagi (1938–2000) und Mycle Schneider (* 1959), Japan und Frankreich, für ihre Forschungen zu den Gefahren der Plutonium-Industrie.

1997: Michael Succow (* 1941), Deutschland, für sein beispielhaftes Engagement zum Schutz wichtiger Ökosysteme und Areale von außergewöhnlichem ökologischen Wert für künftige Generationen.

1997: Cindy Duehring (1962–1999), USA, dafür, dass sie ihre persönliche Tragödie (sie litt an Multipler Chemikalienunverträglichkeit) in den Dienst der Menschlichkeit stellte, indem sie anderen half, die Risiken, die von giftigen chemischen Stoffen ausgehen, zu verstehen und diese zu bekämpfen.

1998: International Baby Food Action Network (IBFAN, gegr. 1979), Schweiz, für die engagierte und effektive Kampagne zur Förderung des natürlichen Stillens.

1998: Samuel Epstein (1926–2018), USA, für sein beispielhaftes wissenschaftliches Arbeiten und sein Engagement zur Vermeidung durch Umweltverschmutzung ausgelöster Krebserkrankungen.

1998: Juan Pablo Orrego (* 1949) und Grupo de Acción por el Biobío (GABB, gegr. 1991), Chile, für den Kampf für nachhaltige Entwicklung in Chile.

1998: Katarina Kruhonja (* 1949) und Vesna Teršelič (* 1962), Kroatien, für ihren Einsatz für Frieden und Versöhnung.

1999: Hermann Scheer (1944–2010), Deutschland, Ehrenpreis, für sein Engagement zur weltweiten Förderung der Sonnenenergie.

1999: Juan Garcés (* 1944), Spanien, für seine langjährigen Bemühungen, die Straffreiheit des früheren chilenischen Diktators Augusto Pinochet zu beenden.

1999: Consolidation of the Amazon Region (COAMA), Kolumbien, für den Einsatz für indigene Völker im Amazonasgebiet.

1999: Grupo de Agricultura Organica (GAO, gegr. 1993), Kuba, für Hungerbekämpfung in Kuba.

2000–2009

2000: Tewolde Berhan Gebre Egziabher (* 1940), Äthiopien, Umweltschützer, für seine beispielhafte Arbeit zum Schutz der Artenvielfalt, etc.

2000: Munir Said Thalib (1965–2004), Indonesien, für seinen Mut im Kampf für die Menschenrechte und die zivile Kontrolle des indonesischen Militärs.

2000: Birsel Lemke (* 1950), Türkei, für den Einsatz gegen Goldabbau mit Zyanid.

2000: Wes Jackson (* 1936) und The Land Institute (TLI, gegr. 1976), USA, für den Einsatz für ökologische Nachhaltigkeit.

2001: José Antonio Abreu (1939–2018), Venezuela, für seinen Einsatz für eine Art musikalischer und kultureller Renaissance in Venezuela.

2001: Gusch Schalom (gegr. 1993), Uri Avnery (1923–2018) und Rachel Avnery (1932–2011), Israel, für ihren Einsatz für Frieden in Israel.

2001: Leonardo Boff (* 1938), Brasilien, für seinen Einsatz für Spiritualität, soziale Gerechtigkeit, Umweltschutz und die Armen in Brasilien.

2001: Trident Ploughshares (gegr. 1997), UK, siehe Kapitel über WAFFEN-HANDEL in diesem Buch.

2002: Martin Green (* 1948), Australien, Ehrenpreis für seinen Einsatz und Erfolg auf dem Gebiet der Nutzbarmachung der Solarenergie.

2002: Centre Jeunes Kamenge (CJK, gegr. 1991), Burundi, für gelungene Versöhnungspolitik.

2002: Kvinna Till Kvinna Foundation (KtK, gegr. 1993), Schweden, für den Einsatz für Aussöhnung und Friedensbildung.

2002: Martín Almada (* 1937), Paraguay, für seinen Einsatz gegen Folter und für die Wahrung der Menschenrechte

2003: David Lange (1942–2005), Neuseeland, Ehrenpreis, siehe das Kapitel über WAFFEN-HANDEL in diesem Buch. Seite 183

2003: Walden Bello (* 1945) und Nicanor Perlas (* 1950), Philippinen, für ihre Bemühungen, Alternativen zur Globalisierung zu erstellen.

2003: Citizens' Coalition for Economic Justice (CCEJ, gegr. 1989), Südkorea, für die Bemühungen Korea gerechter und demokratischer, etc. zu gestalten.

2003: Sekem (gegr. 1977) und Ibrahim Abouleish (1937–2017), Ägypten, Landwirtschaft in der Wüste, siehe das Kapitel ABOU-LEISH Ibrahim in diesem Buch. Seite 10

2004: Swami Agnivesh (1939–2020) und Asghar Ali Engineer (1939–2013), Indien, Ehrenpreis für Verständigung und Toleranz zwischen den Religionen Asiens.

2004: Memorial (gegr. 1988), Russland, Menschenrechtsorganisation, für die mit großem Mut und unter schwierigen Bedingungen durchgeführte Dokumentation von Menschenrechtsverletzungen in Russland, insbesondere auch in Tschetschenien.

PS: Memorial, die älteste Menschenrechtsorganisation Russlands, wurde im Dez. 2021 von Diktator Putin aufgelöst.

2004: Bianca Jagger (* 1945), Nicaragua, frühere Gattin des Rolling-Stones-Sängers Mick Jagger, für ihren langjährigen Einsatz für soziale Gerechtigkeit, Umweltschutz und die Menschenrechte im Kosovo, Bosnien und Herzegowina, Afghanistan und Pakistan.

2004: Raúl Montenegro (* 1949), Argentinien, für die Arbeit für indigene Völker und den Umweltschutz in Lateinamerika etc.

2005: Francisco Toledo (1940–2019), Mexiko, Ehrenpreis für den Einsatz zur Bewahrung des kulturellen Erbes Mexikos.

2005: Maude Barlow (* 1947) und Tony Clarke (* 1944), Kanada, für die Forderung nach einem Grundrecht auf Wasser und einen gerechten Welthandel.

2005: First People of Kalahari (FPK, gegr. 1991) und Roy Sesana (* um 1950), Botswana, für den Kampf der San, Ureinwohner der Kalahari, insbesondere in Botswana.

2005: Irene Fernandez (1946–2014), Malaysia, für ihren Einsatz gegen Gewalt gegen Frauen und die Ausbeutung von Wanderarbeitern in Malaysia.

2006: Chico Whitaker (* 1931), Brasilien, Ehrenpreis für lebenslangen Einsatz für soziale Gerechtigkeit, Stärkung der Demokratie in Brasilien und die Gründung des Weltsozialforums.

2006: Daniel Ellsberg (* 1931), USA, der während des Vietnamkrieges als so genannter „Whistleblower" die Pentagon-Papiere an die Öffentlichkeit gebracht hat, für seine Bereitschaft, „Frieden und Wahrheit den Vorrang einzuräumen".

2006: Ruth Manorama (* 1952), Indien, für ihren jahrzehntelangen Einsatz für die Gleichstellung von Frauen der Dalit, der auch als „Unberührbare" bezeichneten unteren Gesellschaftsschichten in Indien. Siehe dazu auch das Kapitel RAJAN Christin Priya in diesem Buch. Seite 155

2006: Internationales Lyrikfestival von Medellín (Festival Internacional de Poesia de Medellin, 1991ff.), Kolumbien, das gezeigt hat, „wie Kreativität, Schönheit, freier Ausdruck und Gemeinschaftssinn selbst unter Bedingungen geprägt von Angst und Gewalt blühen und diese sogar überwinden können".

2007: Christopher Weeramantry (1926–2017), Sri Lanka, Jurist aus Sri Lanka, für „seine lebenslange bahnbrechende Arbeit für die Stärkung und Ausweitung des Völkerrechts".

2007: Dekha Ibrahim Abdi (1964–2011), Kenia, Friedensaktivistin, für ihren Einsatz für Versöhnung, etc.

2007: Percy (1931–2020) und Louise Schmeiser (* 1931), Kanada, für ihren Einsatz gegen den Gensaatmulti Monsato.

2007: Grameen Shakti (gegr. 1996), Bangladesch, eine nach dem Erfolg der Grameen Bank gegründete Non-Profit-Organisation, die sich zum Ziel gesetzt hat, Dörfer durch Verbreitung von Solartechnik mit Strom zu versorgen.

2008: Krishnammal (* 1926), Sankaralingam Jagannathan (1912–2013) und (LAFTI, gegr. 1981), Indien, für ihre „lebenslange Arbeit für die Verwirklichung der gandhischen Vision von sozialer Gerechtigkeit und nachhaltiger menschlicher Entwicklung".

2008: Amy Goodman (* 1957), USA, Journalistin, Gründerin des unabhängigen Politikmagazins Democracy Now (gegr. 1996), für den Einsatz für unabhängigen politischen Journalismus.

2008: Asha Haji Elmi (* 1962), Somalia, für den Einsatz für Frauen und für den Frieden.

2008: Monika Hauser (* 1959), Deutschland, Ärztin, Gründerin der Frauenrechtsorganisation medica mondiale, für ihren Einsatz für Frauen und gegen die sexualisierte Gewalt.

2009: David Suzuki (* 1936), Kanada, Ehrenpreis zur Würdigung seines langjährigen Einsatzes für dem Klimaschutz.

2009: René Ngongo (* 1961), Demokratische Republik Kongo, für seinen Einsatz für den Umweltschutz (Regenwald) im Kongo.

2009: Alyn Ware (* 1962), Neuseeland, siehe dazu das Kapitel über WAFFEN-HANDEL in diesem Buch. Seite 183

2009: Catherine Hamlin (1924–2020), Australien, Frauengesundheit, siehe dazu das Kapitel HAMLIN Catherine in diesem Buch. Seite 74

2010–2019

2010: Nnimmo Bassey (* 1958), Nigeria, Einsatz für Umweltschutz.

2010: Erwin Kräutler (* 1939), Brasilien (Österreich), Einsatz zum Schutz der Ureinwohner.

2010: Shrikrishna Upadhyay (* 1945) und die Organisation Sappros (gegr. 1991), Nepal, Einsatz für Armutsbekämpfung.

2010: Physicians for Human Rights (PHRI, gegr. 1988), Israel, Einsatz für das Recht auf Gesundheit.

2011: Huang Ming (* 1958), Volksrepublik China, Ehrenpreis für Solarenergie.

2011: Jacqueline Moudeina (* 1957), Tschad, für den Kampf gegen Diktatur.

2011: GRAIN (gegr. 1990), Spanien, siehe dazu das Kapitel LANDGRABBING im Buch. Seite 106

2011: Ina May Gaskin (* 1940), USA, für das Engagement im Hebammen-Wesen.

2012: Hayrettin Karaca (1922–2020), Türkei, Ehrenpreis für den Umweltschutz.

2012: Sima Samar (* 1957), Afghanistan, für den Einsatz für die Rechte von Frauen.

2012: Gene Sharp (1928–2018), USA, für den Einsatz für Gewaltfreiheit.

2012 Campaign Against Arms Trade (gegr. 1974), UK, siehe dazu das Kapitel WAFFEN-HANDEL im Buch. Seite 183

2013: Paul F. Walker (* 1946), USA, siehe dazu das Kapitel WAFFEN-HANDEL im Buch. Seite 183

2013: Raji Sourani (* 1953), Palästina, für den Einsatz für Menschenrechte.

2013: Denis Mukwege (* 1955), Republik Kongo, Massenvergewaltigungen, s. dazu das Kapitel MUKWEGE Denis im Buch. Seite 142

2013: Hans Rudolf Herren (* 1947) und Biovision (gegr. 1998/2004), Schweiz, für den Einsatz für biologische Schädlingsbekämpfung.

2014: Edward Snowden (* 1983) und Alan Rusbridger (* 1953), USA und UK, für den Einsatz für objektive Medienberichte.

2014: Asma Jilani Jahangir (1952–2018), Pakistan, für den Einsatz für Menschenrechte.

2014: Basil Fernando (* 1944) und die Asiatische Menschenrechtskommission (gegr. 1984), Sri Lanka und Hongkong, Einsatz für Menschenrechte.

2014: Bill McKibben (* 1960) und 350.org (gegr. 2007), USA, für den Einsatz für Klimaschutz.

2015: Tony de Brum (1945–2017) und das Volk der Marshallinseln, Marschallinseln, siehe dazu das Kapitel WAFFEN-HANDEL im Buch. Seite 183

2015: Sheila Watt-Cloutier (* 1953), Kanada, Einsatz für Rechte und Erhalt der Inuit.

2015: Kasha Jacqueline Nabagesera (* 1980), Uganda, Einsatz für Menschenrechte (Lesben, Schwule, Bisexuelle, Transgender und Intersexuelle).

2015: Gino Strada (1948–2021) und Emergency (gegr. 1994), Italien, für chirurgische Nothilfe.

2016: Cumhuriyet (gegr. 1924), Türkei, investigativer Journalismus.

2016: Syrischer Zivilschutz (Weißhelme) (gegr. 2013), Syrien, für Rettungseinsätze.

2016: Mozn Hassan (* 1979) und Nazra für feministische Studien (gegr. 2007), Ägypten, für Gleichstellung von Mann und Frau.

2016: Swetlana Gannuschkina (* 1942), Russland, für den Einsatz für Menschenrechte, Gerechtigkeit und Toleranz.

2017: Robert Bilott (* 1965), USA, für den Einsatz gegen die chemische Umweltverschmutzung.

2017: Colin Gonsalves (* 1952), Indien, „für seinen unermüdlichen und innovativen Einsatz vor Gericht, um die grundlegenden Menschenrechte von Indiens marginalisiertesten Bürgern zu schützen".

2017: Xədicə İsmayılova (Khadija Ismayilova; * 1976), Aserbaidschan, „für ihren Mut und ihre Hartnäckigkeit, Korruption auf höchster Regierungsebene durch herausragenden investigativen Journalismus aufzudecken".

2017: Yetnebersh Nigussie (* 1982), Äthiopien, für den Einsatz für Menschenrechte (v.a. für Behinderte).

2018: Thelma Aldana (* 1955) und Iván Velásquez Gómez (* 1955), Guatemala und Kolumbien, nicht dotierter Ehrenpreis an die Juristen für ihr Engagement gegen Machtmissbrauch und Korruption, siehe auch Kapitel GOMEZ VELASQUES Ivan in diesem Buch. Seite 70

2018: Abdullah al-Hamid (*1950), Mohammed Fahah al-Katami (*?) und Walid Abu al-Chair (*1979), (alle drei seit April 2014 bis heute mehrjährige Haftstrafen verbüßend), Saudi-Arabien, für ihr Engagement für Menschenrechte, eine Gewaltenteilung und die Abschaffung männlicher Vormundschaft in ihrem autoritär regierten Land.

2018: Tony Rinaudo (* 1957) und Yacouba Sawadogo (* 1946), Australien und Burkina Faso, für ihr Engagement zur land- und forstwirtschaftlichen Nutzung und Waldgewinnung. Zu RINAUDO Toni siehe auch das Kapitel im Buch. Seite 157

2019: Aminatou Haidar (* 1966), Westsahara, für den Einsatz um Gerechtigkeit und Selbstbestimmung für das Volk der Westsahara.

2019: Guo Jianmei (* 1961), Volksrepublik China, für die Stärkung der Frauenrechte in China.

2019: Greta Thunberg (* 2003), Schweden, für ihre Klimaschutzaktivitäten.

2019: Davi Kopenawa Yanomami (* 1956) und seine Organisation Hutukara Associação Yanomami, Brasilien, für den Einsatz für die Wälder und die Artenvielfalt des Amazonas.

ALTERNATIVNOBELPREISE

2020–2022

2020: Nasrin Sotudeh (* 1963), Iran, für den Einsatz für die Menschenrechte im Iran.

2020: Bryan Stevenson (* 1959), USA, „für sein inspirierendes Bestreben, die US-amerikanische Strafjustiz zu reformieren und Menschen unterschiedlicher Ethnien im Angesicht des historischen Traumas zu versöhnen."

2020: Lottie Cunningham Wren (* 1959), Nicaragua, „für ihren unermüdlichen Einsatz für den Schutz des indigenen Landes und der indigenen Gemeinschaften vor Ausbeutung und Plünderung".

2020: Ales Bjaljazki (* 1962) und Wjasna (gegr. 1996), Belarus, „für ihren entschlossenen Kampf für die Verwirklichung von Demokratie und Menschenrechten in Belarus."

2021: Freda Huson (* 1964), Kanada, für Umweltschutz und gegen Pipeline-Projekte.

2021: Wladimir Sliwjak (* 1973), Russland, „für seinen Einsatz für die Umwelt und für die Unterstützung des Widerstands gegen die Kohle- und Atomindustrie in Russland".

2021: Marthe Wandou (* 1963), Kamerun, für den Aufbau eines Friedensmodells in der Tschadsee-Region.

2021: Legal Initiative for Forest and Environment (gegr. 2005), Indien, für ihre innovative juristische Arbeit, mit der sie Gemeinden beim Schutz ihrer Ressourcen im Streben nach Umweltdemokratie in Indien unterstützen.

2022: Oleksandra Matwijtschuk (* 1983) und das Centre for Civil Liberties (CCL, gegr. 2007), Ukraine, „für den Aufbau nachhaltiger demokratischer Institutionen in der Ukraine und die Gestaltung eines Weges zur internationalen Rechenschaftspflicht für Kriegsverbrechen".

2022: Fartuun Adan (* 1969) und ihre Tochter Ilwad Elman (* 1989), Somalia, für die Förderung von Frieden, Entmilitarisierung und Menschenrechte in Somalia.

2022: Africa Institute for Energy Governance (Afiego, gegr. 2005), Uganda, für den Einsatz für Klimagerechtigkeit und gegen ausbeuterische Energieprojekte in Uganda.

2022: Cecosesola (Central Coperativa de Servicios Sociales del Estado Lara, gegr. 1967), Venezuela, für die Einführung eines gerechten und kooperativen Wirtschaftsmodells.

III. INTERNATIONALEHUMANITÄREORGANISATIONEN:
Eine Auswahl

Vorab sei darauf hingewiesen, dass zu der wichtigsten Akteurs-gruppe der internationalen, humanitären Hilfe die lokale Hilfe in Krisen- und Katastrophengebieten in Form von Nachbarn, Familienangehörigen und lokalen Behörden gehört. Diese lokalen Gruppen leisten rund 90 Prozent der Hilfe.[497] Oft erfolgt die Arbeit unter risikoreichen Bedingungen, schlecht bezahlt, immer wieder werden sie selber Opfer von Gewalt.

Tausende internationale und lokale Hilfsorganisationen versorgen Menschen in humanitären Notlagen mit Notunterkünften, Nahrungsmitteln und Medizin oder bieten ihnen Schutz vor Verfolgung. Teilweise sind humanitäre Notlagen nur von kürzerer Dauer, wenn, etwa nach einer Naturkatastrophe die Lage sich wieder beruhigt und ein Wiederaufbau möglich ist.

Problematisch sind jene Situationen, wenn politische Ursachen und kriegerische Auseinandersetzungen immer wieder zu Flucht oder Vertreibung führen und damit Existenzen und Lebensgrundlagen zerstören. Hier können manche humanitäre Notlagen die globale Nachfrage nach Hilfe über Jahrzehnte andauern. Generell kann man festhalten, dass diese Hilfe in letzter Zeit zugenommen hat und auch länger in Anspruch genommen wird. Erstarkender Nationalismus und Populismus erschweren das friedliche Zusammenleben der Völker und v.a. von Ethnien sehr.

In der Folge sollen einige der wichtigsten Organisationen kurz aufgelistet werden: Zu den wichtigsten UN-Agenturen zählen das UN-Koordinierungsbüro für Nothilfe (OCHA) mit dem UN-Nothilfekoordinator, der UNHCR, das Welternährungsprogramm (WFP) oder das Kinderhilfswerk (UNICEF).

Zu weiteren wichtigen zivilen Akteuren gehören unter anderem die 192 nationalen Rotkreuz- und Rothalbmondorganisationen. Eine spezifische Rolle nimmt das Internationale Komitee des Roten Kreuzes (IKRK) ein, das als Völkerrechtssubjekt in bewaffneten Konflikten aktiv werden kann. Hinzu kommen eine Vielzahl von

NGOs, gemeindebasierte Organisationen oder Diaspora-Gruppen, die häufig am nähesten mit der Bevölkerung vor Ort zusammenarbeiten. Hier gibt es sowohl sehr große transnationale Organisationen, wie Save the Children (vgl. dazu oben den Beitrag über Jebb Eglantyne) oder Ärzte ohne Grenzen, als auch kleinere mit regionaler oder nationaler Reichweite. Eine zunehmende Rolle spielen auch Akteur:innen der Privatwirtschaft, wie die IKEA Foundation oder die Bill und Melinda Gates Stiftung. Die unten (willkürlich) zusammengestellte Tabelle soll einen Überblick über internationale humanitäre Organisationen bieten, sie versteht sich allerdings nur als kleine Auswahl.

Kleine Auswahl wichtiger internationaler humanitärer Organisationen

Amnesty International: Die bekannteste (und in Deutschland stärkste) Menschenrechtsorganisation ist »Amnesty International« (ai). Ihre Gründung 1961 wurde ausgelöst durch einen offenen Brief, in dem der englische Richter PETER BENENSON die Verhaftung zweier portugiesischer Studenten anprangerte. Der von Zeitungen in aller Welt veröffentlichte Brief veranlasste Menschenrechtsaktivist:innen aus Belgien, Großbritannien, Frankreich, Irland, der Bundesrepublik Deutschland, der Schweiz und den USA zum Aufbau einer Menschenrechtsorganisation. Jede Gruppe sollte drei Gefangene aus unterschiedlichen Regionen der Welt »adoptieren«, um die Öffentlichkeit auf ihr Schicksal (Hafturache, -bedingungen) aufmerksam zu machen. Daraus gingen die weltweiten Kampagnen hervor. Für ihr Engagement zum Schutz der Menschenrechte wurde »Amnesty International« 1977 der Friedensnobelpreis verliehen. *https://www.lernhelfer.de/schuelerlexikon/politikwirtschaft/artikel/menschenrechtsorganisationen*

Anti-Slavery International: Siehe dazu oben Seite 21.

Ärzte ohne Grenzen: (franz. Médecins Sans Frontières) ist heute die größte unabhängige Organisation für medizinische Nothilfe. Seit

1971 rettet Ärzte ohne Grenzen Menschenleben in Krisen- und Kriegsgebieten und hat dafür 1999 den Friedensnobelpreis erhalten. Der Hilfskonzern hat zwei Milliarden Euro Jahresbudget und 40.000 Mitarbeitende.
STAND, 20.12.2021, 16:32 Uhr; Thomas Kruchem, https://www.swr.de/swr2/wissen/50-jahre-aerzte-ohne-grenzen-menschen-retten-um-jeden-preis-swr2-wissen-2021-12-21-100.html; Vgl. auch https://de.wikipedia.org/wiki/%C3%84rzte_ohne_Grenzen

Bill-und-Melinda-Gates-Stiftung: Die Bill & Melinda Gates Foundation ist eine von Microsoft-Mitbegründer Bill Gates und seiner Ex-Frau Melinda Gates gegründete, wohltätige Stiftung. Sie ist mit Einlagen von knapp 46,8 Milliarden US-Dollar die größte private Stiftung der Welt vor dem britischen Wellcome Trust und der Open Society Foundations von George Soros. Die Stiftung hat ihren Sitz in Seattle und beschäftigt etwa 1.489 Mitarbeiter (Stand 2020). Seit ihrer Gründung (1999/2000) wurden bis 2017 insgesamt 36,7 Mrd. US-Dollar an Spenden und Fördergeldern ausgezahlt. Sie flossen in tausende Projekte und Organisationen in mehr als 100 Ländern weltweit. Ziele sind: Globale Entwicklung, Gesundheit, Armutsbekämpfung und Bildung. Schwerpunkt ihrer Tätigkeit ist die Bekämpfung der Malaria sowie der Poliomyelitis (Kinderlähmung).
Melinda French Gates entschied sich im Jahr 2021, Geld nicht mehr nur ausschließlich über die Stiftung zu vergeben, sondern auch an andere Wohltätigkeitsorganisationen.
https://de.wikipedia.org/wiki/Bill_%26_Melinda_Gates_Foundation

Brot für die Welt: Als weltweit tätiges Entwicklungswerk der evangelischen Kirchen in Deutschland ist Brot für die Welt in mehr als 90 Ländern rund um den Globus aktiv. Gemeinsam mit lokalen Partnerinnen und Partnern wird versucht, armen und ausgegrenzten Menschen aus eigener Kraft ihre Lebenssituation zu verbessern. Die Finanzierung bestand z.B. 2021 aus drei Säulen: a) aus Bundesmitteln (179,8 Mio. Euro), b) aus Spenden und Kollekten (63,6 Mio. Euro) und c) aus Mitteln des kirchlichen Entwicklungsdienstes (60,8 Mio. Euro), in Summe somit: 304,2 Mio. Euro.
https://www.brot-fuer-die-welt.de/ueber-uns/

INT. HUMANITÄRER ORGANISATIONEN

Cap Anamur und Grünhelme: Gegründet von Rupert Neudeck und seiner Frau Christel. Bis 1986 retteten die Neudecks und zahlreiche Helfer mehr als 10.000 vietnamesische Boatpeople aus dem Chinesischen Meer. Das Friedenskorps Grünhelme hatte das gläubige Christen-Ehepaar 2003 initiiert. Beide Organisationen leisten medizinische Hilfe oder bauen Schulen und Kliniken in Dutzenden Kriegs- und Krisenländern wie Angola, Afghanistan, Syrien, Ruanda, Irak und Kongo.
Erstellt: 21.09.2016 Aktualisiert: 21.09.2016, 20:23 Uhr; *https://www.wa.de/nordrhein-westfalen/vorbilder-menschlichkeit-nrw-staatspreis-ehepaar-neudeck-6774021.html*

CARE International (Cooperative for Assistance and Relief Everywhere): Zählt heute mit zahlreichen Länder- und Regionalbüros vor Ort zu den großen privaten Hilfsorganisationen.
https://de.wikipedia.org/wiki/CARE_International

Caritas Internationalis: In dieser Konföderation haben sich derzeit (Stand 2021) 164 nationale Caritas-Organisationen unter gemeinsamen Statuten organisiert, um weltweit Katastrophenhilfe zu leisten und längerfristige Entwicklungsprojekte umzusetzen. Es ist die Wohlfahrtsorganisation der kath. Kirche, das Generalsekretariat ist in Rom.
https://de.wikipedia.org/wiki/Caritas_International; https://de.wikipedia.org/wiki/Caritas_Internationalis

Diakonie: Seit 1954 hilft das humanitäre Hilfswerk der evangelischen Kirche weltweit Menschen in Not. Unabhängig von Religion, ethnischer Zugehörigkeit, politischer Überzeugung oder Nationalität. Dabei kümmert sie sich um Flüchtlinge, Alte, Kinder, Kranke und Menschen mit körperlichen oder geistigen Beeinträchtigungen.
https://www.diakonie-katastrophenhilfe.de/ueber-uns

FIAN und FIAN International: Das Food First Informations- und Aktions-Netzwerk setzt sich als internationale Menschenrechtsorganisation dafür ein, dass alle Menschen frei von Hunger leben und sich selbst ernähren können. FIAN International hat Mitglieder und Sektionen in 60 Staaten Afrikas, Amerikas, Asiens und Europas. FIAN wurde 1986 in Heidelberg gegründet. Die Gründungsmitglieder

waren als Menschenrechtsaktivisten u. a. bei Amnesty International aktiv gewesen, zum Teil hatten sie einen entwicklungspolitischen Hintergrund. FIAN legte jedoch von Anfang an sein Hauptaugenmerk auf das Recht auf Ernährung und eine parteiischere, sozial-kämpferischere Grundausrichtung als Amnesty International.
https://de.wikipedia.org/wiki/FIAN

Greenpeace: Die 1971 gegründete Umweltschutzorganisation beschäftigt über 2.400 Mitarbeiter in 45 Ländern weltweit und wird von rund drei Millionen Mitgliedern unterstützt.
https://www.staufenbiel.de/magazin/jobsuche/ngos-als-arbeitgeber/
liste-bekannter-ngos-mit-deiner-arbeit-gutes-tun.html

Heilsarmee: Ist eine christliche Freikirche mit ausgeprägter sozialer Tätigkeit. Sie wurde vom methodistischen Pfarrer William Booth 1865 in London gegründet und verbreitete sich ab den 1880er Jahren schrittweise über die ganze Welt. Seit 2018 ist sie in 131 Ländern vertreten. Die praktische soziale Tätigkeit umfasst unter anderem Obdachlosenfürsorge, Heime für Kinder, Alte, Alkoholkranke und Behinderte, AIDS-Prävention, Schulen, Krankenhäuser, Katastrophenhilfe, Gefängnisfürsorge und den Internationalen Suchdienst der Heilsarmee für vermisste Familienangehörige. Bekannt sind auch die Brockenhäuser (Gebrauchtwarenläden), deren Einnahmen den Wohlfahrtseinrichtungen zugutekommen.
https://de.wikipedia.org/wiki/Heilsarmee

Human Rights Watch: Human Rights Watch wurde 1978 unter der Bezeichnung Helsinki Watch gegründet, um die Einhaltung der Schlussakte von Helsinki durch die Sowjetunion zu dokumentieren und um sowjetische Menschenrechtsgruppen zu unterstützen. 1988 vereinigte sich Helsinki Watch mit anderen internationalen Organisationen, die vergleichbare Ziele verfolgten, zu Human Rights Watch. Die Organisation beschäftigt weltweit rund 400 hauptamtliche Mitarbeiter (im Jahr 2019: 465). Human Rights Watch finanziert sich ausschließlich durch Spenden von Privatpersonen und Stiftungen. (Finanzielle) Hilfe von nationalen Regierungen lehnt die Organisation kategorisch ab. Im September 2010 spendete z.B. der Milliardär George Soros 100 Millionen Dollar an die Organisation
https://de.wikipedia.org/wiki/Human_Rights_Watch

IKEA Foundation: Die IKEA Foundation ist eine niederländische Stiftung, die 1982 von Ingvar Kamprad, einem schwedischen Milliardär und Gründer von IKEA, gegründet wurde. Die IKEA Foundation ist eine philanthropische Organisation, deren Aufgabe es ist, Familien zu einem besseren Alltag zu verhelfen und den Planeten zu schützen. Laut Eigendefinition unterstützte die Stiftung im Jahr 2021 in der ganzen Welt Projekte, die den Lebensunterhalt von Menschen verbessern und den Klimawandel bekämpfen, mit 283 Millionen Euro. Seit 2009 hat die IKEA Foundation mehr als 1,6 Milliarden Euro gespendet, um Kindern und ihren Familien eine bessere Zukunft zu ermöglichen.
https://www.ikea.com/ch/de/this-is-ikea/about-us/im-kampf-gegen-armut-und-klimawandel-pubbe7fb230

ILO: Die Internationale Arbeitsorganisation (IAO, auch ILO; International Labour Organization) ist eine Sonderorganisation der Vereinten Nationen und damit beauftragt, soziale Gerechtigkeit sowie Menschen- und Arbeitsrechte zu fördern. Dies schließt die Bekämpfung des Menschenhandels mit ein. Die ILO begann ihre Tätigkeit am 11. April 1919 auf der Friedenskonferenz in Versailles. Seit dem 14. Dezember 1946, als sie ihren Sitz in Genf einnahm, ist die IAO eine UN-Sonderorganisation und damit die erste Einrichtung dieser Art. 1969 wurde der Organisation der Friedensnobelpreis zuerkannt. Die IAO hat 187 Mitgliedstaaten.
Die Fußball WM in Katar warf ein schiefes Licht auf die ILO. Katar zahlte 25 Mio. US $ an die ILO, was der ILO den Vorwurf einbrachte, die Aufsichtspflicht bei der Erstellung der Stadien vernachlässigt zu haben.
https://de.wikipedia.org/wiki/Internationale_Arbeitsorganisation

Johanniter Unfallhilfe und Auslandshilfe: Die Johanniter-Unfall-Hilfe (JUH) ist als Ordenswerk des Johanniterordens eine evangelische Hilfsorganisation. Die JUH wurde am 7. April 1952 gegründet. Heute engagieren sich 41.360 Ehrenamtliche und 24.822 Hauptamtliche (Vollzeit-, Teilzeit- und geringfügig Beschäftigte) Mitglieder.
Die Johanniter Auslandshilfe: Die humanitäre Hilfe im Ausland ist eine wichtige Aufgabe der Johanniter-Unfall-Hilfe, die durch die Abteilung Johanniter-Auslandshilfe umgesetzt wird. Im Jahr 2021 arbeiteten mehr als 338 hauptamtliche Mitarbeiter:innen in Berlin und weltweit.

Die Unterstützung richtet sich unabhängig von politischen Interessen an alle Menschen – egal welcher Religion, Nationalität oder Kultur.
https://de.wikipedia.org/wiki/Johanniter-Unfall-Hilfe
https://www.johanniter.de/johanniter-unfall-hilfe/auslandshilfe/
ueber-uns/

Kiwanis und Kiwanis International ist eine weltweit verbreitete Service-Club-Organisation mit über 16.000 örtlichen Clubs. Am 21. Januar 1915 rief Allen Browne in Detroit die Organisation unter dem ursprünglichen Namen The Benevolent Order of Brothers ins Leben. Noch im gleichen Jahr erfolgte die Umbenennung in Kiwanis. Neben reinen Herrenclubs gibt es Damen- und gemischte Clubs. Jeder Kiwanis-Club bestimmt selbständig seine Tätigkeiten. Man erwartet von den Mitgliedern grundsätzlich nicht Geldspenden, sondern persönlichen Einsatz für humanitäre Aktivitäten. Nach Lions und Rotary ist Kiwanis die weltweit drittgrößte Service-Club-Organisation. Deren Dachorganisation ist Kiwanis International. Ihr Hauptsitz befindet sich in Indianapolis. Kiwanis hat in 85 Ländern und geografischen Regionen (Stand: 15. Dezember 2019) 537.830 Mitglieder (211.256 Erwachsene, 326.574 Jugendliche), die in 16.654 Clubs organisiert sind (8.386 Erwachsenen-Clubs, 8.268 Jugendlichen-Clubs).
https://de.wikipedia.org/wiki/Kiwanis und https://www.kiwanis.at/
was-ist-kiwanis/was-ist-kiwanis.html

Kolping International: Das Kolpingwerk ist ein internationaler katholischer Sozialverband mit Sitz in Köln in der Rechtsform eines eingetragenen Vereins. Des Weiteren gibt es mehrere Unternehmen, die hierzu gehören. 1850 schlossen sich die ersten dieser Vereine zu einem Verband zusammen, der 1935 in »Kolpingwerk« umbenannt wurde. Es zählt zu den großen Sozialwerken der Katholischen Kirche. Das Kolpingwerk ist in mehr als 60 Ländern der Erde vertreten und hat mehr als 400.000 Mitglieder. Diese sind in mehr als 8.800 »Kolpingfamilien« weltweit organisiert.
https://de.wikipedia.org/wiki/Kolpingwerk

Licht für die Welt: Licht für die Welt ist eine internationale Hilfsorganisation für Augengesundheit und inklusive Entwicklungszusammenarbeit. Licht für die Welt wurde 1988 in Wien gegründet und ist

neben Österreich auch in Belgien, Deutschland, Großbritannien, in der Schweiz, in Südtirol, Tschechien und den USA aktiv. Laut Wirkungsbericht 2021 wird angestrebt, dass man sich gemeinsam mit Partner:innen bei der UN-Generalversammlung für die Resolution »Vision for Everyone« einsetzen werde, damit mehr als eine Milliarde Menschen mit vermeidbarem Sehverlust bis 2030 augenmedizinisch versorgt werden.
https://www.licht-fuer-die-welt.at/ueber-uns/unsere-organisation/?utm_term=licht%20f%C3%BCr%20die%20welt&gclid=EAIaI-QobChMIg4SJoNrX-gIV8BkGAB0flwyNEAAYASABEgKqc_D_BwE und *https://www.licht-fuer-die-welt.at/app/uploads/Wirkungsbericht-2021_LfdW-AT.pdf*

Lions Clubs International: Ist die Dachorganisation der Service-Clubs, die sich als Lions-Clubs bezeichnen. Der Sitz befindet sich in Oak Brook, Illinois. Die international tätige Institution ist mit über 1,4 Mio. Mitglieder:innen in 49.728 Clubs aus über 200 Ländern und Gebieten die (nach Eigendefinition) mitgliederstärkste Service-Cluborganisation der Welt. Melvin Jones (* 13. Januar 1879 in Fort Thomas, Arizona, USA; † 1. Juni 1961), ein Chicagoer Versicherungskaufmann und Sekretär des »The Business Circle«, gründete Lions Clubs International. Der 7. Juni 1917, das Datum der von ihm einberufenen Vereinigungsversammlung, gilt als offizielles Gründungsdatum. *https://de.wikipedia.org/wiki/Lions_Club*

Malteser International: Malteser International engagiert sich in enger Zusammenarbeit mit lokalen Akteuren in vielen Ländern, um durch Nothilfemaßnahmen vor Ort akute Not zu lindern und mit langfristigen Programmen die Lebenssituation der Menschen ganzheitlich und nachhaltig zu verbessern.
https://www.malteser-international.org/de/themen/so-helfen-wir.html

Medico international: Medico international ist eine Hilfs- und Menschenrechtsorganisation mit Sitz in Frankfurt am Main. Die Organisation engagiert sich für die globale Verwirklichung des Menschenrechts auf Gesundheit. Gegründet wurde sie 1968. Umsatz (2020): 15.650.448 €; Beschäftigte (2020): 54
https://de.wikipedia.org/wiki/Medico_international

Menschen für Menschen: Menschen für Menschen ist eine von Karlheinz Böhm (1928–2014) gegründete Hilfsorganisation, die in Äthiopien langfristig angelegte Hilfsprojekte (Hilfe zur Selbsthilfe) durchführt. In Äthiopien beschäftigt Menschen für Menschen rund 640 Mitarbeiter in der Projektarbeit (Stand 2022). 59 weitere Mitarbeiter sind im zentralen Projekt-Koordinationsbüro Addis Abeba tätig, von wo aus alle Maßnahmen in den Projektregionen koordiniert werden. Vgl. *https://de.wikipedia.org/wiki/Menschen_f%C3%BCr_Menschen*, Quellenangaben daselbst.

Misereor: Das Bischöfliche Hilfswerk Misereor e. V. (lateinisch misereor »ich erbarme mich‹) ist eines der größten Hilfswerke der römisch-katholischen Kirche in Deutschland und hat seinen Sitz in Aachen. Das Ziel Misereors ist es, den Ärmsten der Armen zu helfen und gemeinsam mit einheimischen Partnern Menschen jedes Glaubens, jeder Kultur und jeder Hautfarbe zu unterstützen. Gegründet wurde es 1958. Umsatz (2020): 214.900.000 € *https://de.wikipedia.org/wiki/Bisch%C3%B6fliches_Hilfswerk_Misereor*

Nachbar in Not: Ist eine österreichische Hilfsaktion, die 1992 ins Leben gerufen wurde. Nach der Aktion Licht ins Dunkel, die jedes Jahr im Dezember veranstaltet wird, ist dies die größte Spendenaktion, die in Österreich je durchgeführt wurde und immer noch wird. Bereits zum Zeitpunkt des 20-jährigen Jubiläums (2012) hatte die Hilfsaktion ein Spendenvolumen von 199 Millionen Euro gesammelt. Immer wieder rief die Aktion auch in den letzten Jahren zu Spendenaktivitäten auf. So bat die Organisation Anfang März 2016 um Spenden für Flüchtlinge aus Syrien, die in Jordanien und Libanon Zuflucht gesucht haben. Unmittelbar nach der Explosionskatastrophe im Hafen von Beirut startete Nachbar in Not im August 2020 wieder eine Hilfsaktion. Aufgrund des russischen Überfalls auf die Ukraine im Februar 2022 wurde eine neuerliche Aktion gestartet. Es ist leider zu befürchten, dass dies nicht die letzte Aktion von Nachbar in Not war.
https://de.wikipedia.org/wiki/Nachbar_in_Not

NGOs und humanitäre Hilfsorganisationen: Stand um 2011: Wenn sämtliche Nichtregierungsorganisationen eine Volkswirtschaft bildeten, so wären sie die fünftgrößte »globale Ökonomie«. Allein in der humanitären Hilfe tummeln sich nach UN-Schätzungen weltweit mehr als 37.000 NGOs. Laut Umfragen vertrauen die Menschen fast überall in der Welt NGOs mehr als ihren Regierungen. Zu Recht? *Linda Polmann, Humanitäre Hilfsorganisationen, in: Internationale Politik 2, April 2011, S. 72-76; https://internationalepolitik.de/de/humanitaere-hilfsorganisationen.*

Oxfam: Ist ein internationaler Verbund verschiedener Hilfs- und Entwicklungsorganisationen. Oxfam arbeitet laut eigener Aussage weltweit dafür, dass sich Menschen in armen Ländern nachhaltige und sichere Existenzgrundlagen schaffen können, Zugang zu Bildung, gesundheitlicher Versorgung, Trinkwasser und Hygiene-Einrichtungen sowie Unterstützung bei Krisen und Katastrophen erhalten. Ein weiteres wichtiges Ziel ist Geschlechtergerechtigkeit. Gegründet wurde Oxfam 1942. Umsatz (2021): 344.300.000 Pfund Sterling, Beschäftigte (2021): 5.033; Freiwillige (2021): 18.000 *https://de.wikipedia.org/wiki/Oxfam*

Rotary International: Dies ist die Dachorganisation der Rotary Clubs. Dabei handelt es sich um international verbreitete Service-Clubs, zu denen sich Angehörige verschiedener Berufe unabhängig von politischen und religiösen Richtungen zusammengeschlossen haben. Als seine Ziele nennt Rotary humanitäre Dienste, Einsatz für Frieden und Völkerverständigung sowie Dienstbereitschaft im täglichen Leben.
Rechtsform: NGO; gegründet 1905; Gründer Paul Percy Harris; Sitz: Evanston/Illinois/USA; Umsatz (2020): 35.000.000 €; Laut Rotary sind in 166 Staaten insgesamt rund 1,2 Millionen Menschen Mitglied in über 34.000 Rotary Clubs.
https://www.rotary.org/de

Rotes Kreuz (IKRK): Das auf Anregung von Henry Dynant 1863 gegründete Internationale Komitee vom Roten Kreuz (IKRK) besteht aus bis zu 25 Schweizer Staatsbürgern, ist die älteste internationale medizinische Hilfsorganisation und die einzige Organisation, die im humanitären Völkerrecht erfasst und als dessen Kontrollorgan genannt ist. Es ist die älteste Hilfsorganisation und neben dem Heiligen Stuhl sowie dem Souveränen Malteser-Ritterorden eines der

wenigen originären nichtstaatlichen Völkerrechtssubjekte. Seine ausschließlich humanitäre Mission ist, basierend auf den Prinzipien der Unparteilichkeit, Neutralität und Unabhängigkeit, der Schutz des Lebens und der Würde der Opfer von Kriegen und innerstaatlichen Konflikten. Das IKRK erhielt den Friedensnobelpreis bereits dreimal: 1917, 1944 und 1963.
https://de.wikipedia.org/wiki/Internationale_Rotkreuz-_und_Rothalb-mond-Bewegung

Samaritan International e. V.: Ist ein Zusammenschluss mehrerer nationaler europäischer Hilfs- und Wohlfahrtsverbände mit Sitz in Köln. Gegründet wurde der Verein 1994. Die 19 Mitgliedsverbände vertreten etwa drei Millionen Mitglieder und bestehen aus 140.000 ehrenamtlichen Helfer:innen sowie 45.000 hauptamtlichen Mitarbeiter:innen. Sie bringen ihre Erfahrungen im Bereich der Sozialen Dienste, des Rettungswesens, der Ersten-Hilfe-Ausbildung und der humanitären Hilfe im Ausland in die gemeinsame Arbeit ein.
Auch in der Katastrophenvorsorge und der Entwicklung von internationalen Katastrophenschutzsystemen soll die Zusammenarbeit verstärkt werden.
https://de.wikipedia.org/wiki/Samaritan_International

Save the Children: Siehe oben

SOS-Kinderdörfer: Siehe oben

terre des hommes: Zum Programm: Das Ziel ist »terre des hommes«, eine »Erde der Menschlichkeit«: Es sollen Kinder vor Sklaverei und Ausbeutung geschützt werden, man kümmert sich um Flüchtlingskinder und um Opfer von Krieg, Gewalt und Missbrauch und sorgt sich zudem für die Erziehung und Ausbildung von Kindern. Es werden Mädchen und Jungen, deren Familien an Aids gestorben sind, unterstützt, zudem setzt man sich ein für das Recht von Kindern auf eine gesunde Umwelt und für den Schutz diskriminierter Bevölkerungsgruppen.
https://www.tdh.de/wer-wir-sind/

UNESCO: Zu den Aufgabengebieten der UNESCO gehören die Förderung von Erziehung, Wissenschaft und Kultur sowie Kommuni-

kation und Information. Ihr Gründungsvertrag wurde am 16. November 1945 von 37 Staaten in London unterzeichnet und trat am 4. November 1946 nach der Ratifikation durch 20 Staaten in Kraft. Im Bereich der Erziehung setzt sich die UNESCO vor allem dafür ein, weltweit Bildung für alle (Education For All, EFA) zu erreichen. Auch die Gesundheitserziehung zur Drogen- und AIDS-Prävention sowie der Wiederaufbau des Bildungswesens in Katastrophen- und Krisengebieten gehören zum Wirkungsfeld. Die UNESCO setzt sich auch für eine demokratische Erziehung auf Basis der Menschenrechte ein. Das Sekretariat ist in mehrere Abteilungen gegliedert. An seinem Hauptsitz in Paris arbeiten derzeit rund 2.100 Mitarbeiter:innen aus etwa 170 Nationen. Weitere 700 Mitarbeiter:innen sind in den 65 Außenstellen in aller Welt tätig.
https://de.wikipedia.org/wiki/UNESCO

UNHCR: Das Flüchtlingskommissariat der Vereinten Nationen (UNHCR) wurde 1951 gegründet und erhielt 1954 sowie 1981 den Friedensnobelpreis. Zu den Aufgaben des UNHCR zählt insbesondere der Schutz und die Unterstützung von Flüchtlingen und Binnenvertriebenen.
https://www.google.com/search?client=firefox-b-d&q=UNHCR+erhielt+den+Friedensnobelpreis+

UNICEF – Kinderhilfswerk der Vereinten Nationen: Im kriegszerstörten Europa litten 1945/46 Hunderttausende Kinder an Hunger und Krankheiten. Um deren Not zu lindern, entschlossen sich die Vereinten Nationen am 11. Dezember 1946, ein Kinderhilfswerk zu gründen. Inzwischen ist UNICEF in 190 Ländern der Welt tätig.
Stand v. 10.12.2021, 13:45 Uhr; Peter Mücke; https://www.swr.de/swr2/wissen/unicef-kinderhilfswerk-der-vereinten-nationen-wird-75-100.html

UNO-Flüchtlingshilfe: Seit 1980 engagiert sich die UNO-Flüchtlingshilfe als gemeinnütziger Verein für flüchtende Menschen und unterstützt Flüchtlingsprojekte weltweit. Umsatz (2020): 50 Mio. €.
https://de.wikipedia.org/wiki/UNO-Fl%C3%BCchtlingshilfe

Welternährungsprogramm der UNO: Das Welternährungsprogramm der Vereinten Nationen (UN World Food Programme, WFP)

ist eine gemeinsam von der Generalversammlung der UNO und der Ernährungs- und Landwirtschaftsorganisation der UNO (FAO) getragene humanitäre Einrichtung und die wichtigste Institution der Vereinten Nationen im Kampf gegen den globalen Hunger. 2020 wurde dem WFP der Friedensnobelpreis zuerkannt. Trotz der weltweiten Reisebeschränkungen erreichte das WFP 2020 den größten Hilfseinsatz seiner Geschichte und unterstützte bis zu 138 Millionen Menschen in 88 Ländern. Die Organisation hat einen geringen Etat und ist auch rechtlich nicht selbständig; Gegründet wurde sie 1961, Hauptsitz ist in Rom. Die Organisation beschäftigt circa 20.000 Mitarbeiter:innen, wovon 90 % in den Projektländern arbeiten.
https://de.wikipedia.org/wiki/Weltern%C3%A4hrungsprogramm_der_Vereinten_Nationen

Welthungerhilfe: Die Welthungerhilfe, offiziell Deutsche Welthungerhilfe e. V., ist eine deutsche Hilfsorganisation der Außenhilfe mit Sitz in Bonn. Seit ihrer Gründung im Jahr 1962 hat sie mit rund 4,2 Milliarden Euro mehr als 10.369 Hilfsprojekte in 70 Ländern Afrikas, Lateinamerikas und Asiens durchgeführt. Die Organisation hat sich zum Ziel gesetzt, Hunger aus der Welt zu schaffen. Umsatz (2020) 283.455.079 €, Beschäftigte (2020) 476.
https://de.wikipedia.org/wiki/Welthungerhilfe

World Food Programm (WFP): Siehe Welternährungsprogramm.

World Vision International: Ist eine internationale evangelikale Hilfsorganisation. Sie ist eine der weltweit größten Entwicklungshilfeorganisationen und wird auch als die größte christliche NGO bezeichnet. Der Umsatz betrug 2017 rund 2,1 Mrd. US$ bei 44.500 Beschäftigten. Bisweilen gibt es immer wieder Vorwürfe von mangelnder interner Kontrolle.
https://de.wikipedia.org/wiki/World_Vision_International

Zonta International (ZI): Ist ein internationaler Service Club berufstätiger Frauen in verantwortungsvollen Positionen, die sich dafür einsetzen, die Lebenssituation von Frauen in rechtlicher, politischer, wirtschaftlicher, beruflicher und gesundheitlicher Hinsicht zu verbessern. Gegründet wurde die »Confederation of Zonta Clubs« am 8. November 1919 in Buffalo, New York, von der Journalistin und

Dramatikerin Marian De Forest. Der Name »Zonta« stammt aus dem Lakota, einer Sprache der Sioux-Familie, und bedeutet »ehrenhaft«, »integer« und »vertrauenswürdig«. Zonta hat weltweit ca. 30.000 Mitglieder in 67 Ländern, die in 1.200 lokalen Zonta Clubs (ZC) organisiert sind.

https://de.wikipedia.org/wiki/Zonta_International

INT. HUMANITÄRER ORGANISATIONEN

LITERATUR

Im Literaturverzeichnis werden primär nur Monographien angeführt. Alle Zeitungs- und Zeitschriftenartikel, die dem Internet entnommen wurden – die auch die Hauptquellen für dieses Buch darstellen – werden hier nicht nochmals wiederholt angeführt. Sie sind bei den einzelnen Fußnoten zu finden.

Abouleish Ibrahim, Die SEKEM-Symphonie: Nachhaltige Entwicklung für Ägypten in weltweiter Vernetzung (Taschenbuch), Infor3 Verlag 2015 (seither x-fach aufgelegt).

Abouleish Helmy mit Christine Arlt, Sekem Inspirationen. Impulse für einen zukunftsfähigen Wandel, Info3 Verlag 2022.

Achermann Barbara, Frauenwunderland. Die Erfolgsgeschichte von Ruanda, Ditzingen ²2019.

Bogner Sophia, Hertzberg Paul, Jenseits von Europa. Was afrikanische Unternehmerinnen und Unternehmer besser machen, Berlin 2022.

Ebadi Shirin, Bis wir frei sind. Mein Kampf für Menschenrechte im Iran, München 2017.

Hesse Joachim, Don Helder Camara. Leben, Wirken, Bleibende Bedeutung, Berlin 2022.

Krause Monika, Das gute Projekt: Humanitäre Hilfsorganisationen und die Fragmentierung der Vernunft, Hamburger Edition 2017.

Laguna de la Vera Rafael, Ramge Thomas, Sprunginnovation. Wie wir mit Wissenschaft und Technik die Welt wieder in die Balance bekommen, Berlin ²2021.

Lüpke Geseko (von Lüpke), Die Alternative. Wege und Weltbild des Alternativen Nobelpreises, München 2003.

Lüpke Geseko (von Lüpke), Peter Erlenwein, Projekte der Hoffnung. Der Alternative Nobelpreis: Ausblicke auf eine andere Globalisierung, aktualisierte und erweiterte Auflage, München ³2010.

Maathai Wangari, Afrika, mein Leben. Erinnerungen einer Unbeugsamen. (Aus dem Englischen von U. Wulfekamp), Köln ²2011.

Meuser Bernhard, Sternstunden. Das Buch der ganz normalen Wunder, Basel ³2019.

Meyer Christian, Die Vision von Wangari Maathai: Bewusstseinsbildung für die Erneuerung unserer Erde, https://www.researchgate.net/publication/331132350_Die_Vision_von_Wangari_Maathai_Bewusstseinsbildung_fur_die_Erneuerung_unserer_Erde.

Nussbaumer Josef, Neuner Stefan, Hoffnungstropfen, Innsbruck 2018.

Nussbaumer Josef, Neuner Stefan, Hoffnungstropfen Tirol, Innsbruck 2019.

Polmann Linda, Humanitäre Hilfsorganisationen, in: Internationale Politik 2, April 2011, S. 72-76; https://internationalepolitik.de/de/humanitaere-hilfsorganisationen.

Schödl Ingeborg, Anna Dengel. Ärztin, Missionarin, Ordensgründerin. Das Unmögliche wagen, Innsbruck 2014, Neuausgabe Innsbruck 2019.

Streich Jürgen, Vorbilder. Menschen und Projekte, die hoffen lassen. Der Alternative Nobelpreis. Kamphausen, Bielefeld 2005.

Endnoten

1 Jonas Roth, in: NZZ v. 15.12.2022, 06.12 Uhr; https://www.nzz.ch/meinung/humanitaere-hilfe-die-not-ist-nicht-nur-in-der-ukraine-gross-ld.1714749

2 Vgl. dazu Mathias Schreiber im Spiegel v.15.01.2006, 13.00 Uhr zum 100. Geburtstag v. Levinas; https://www.spiegel.de/kultur/der-blick-des-anderen-a-26b5919f-0002-0001-0000-000045424924

3 Zu den biographischen Daten siehe: https://de.wikipedia.org/wiki/Sekem

4 Nach: Sonnenseite v. 08.05.2015; https://www.sonnenseite.com/de/zukunft/hoffnung-fuer-aegypten/
Und Sekem – ein Zukunfts-Modell in Ägypten, in: Der Hof v. 11. September 2022; |In Natur und Kultur; https://der-hof.de/2022/09/sekem-ein-zukunfts-modell-in-aegypten

5 Vgl. dazu https://de.wikipedia.org/wiki/Sekem

6 https://www.weltladen.de/produkte-lieferkette/portraits/sekem-das-wunder-aus-der-wueste/

7 https://www.weltladen.de/produkte-lieferkette/portraits/sekem-das-wunder-aus-der-wueste/

8 Vgl. dazu https://de.wikipedia.org/wiki/Sekem

9 Vgl. dazu https://de.wikipedia.org/wiki/Sekem

10 Vgl. dazu https://de.wikipedia.org/wiki/Sekem

11 Vgl. dazu https://de.wikipedia.org/wiki/Sekem

12 Vgl. dazu „ Sekem: Die Samen nähren und das Licht bewahren", von Helmy Abouleish, in: https://info3-verlag.de/blog/sekem-die-samen-naehren-und-das-licht-bewahren/

13 https://www.weltladen.de/produkte-lieferkette/portraits/sekem-das-wunder-aus-der-wueste/

14 Vgl. dazu auch das neue Buch von Abouleish Helmy mit Christine Arlt, Sekem Inspirationen. Impulse für einen zukunftsfähigen Wandel, Info3 Verlag 2022.

15 Zitiert nach: https://info3-verlag.de/blog/sekem-die-samen-naehren-und-das-licht-bewahren/

16 Die biographischen Daten wurden entnommen aus: https://de.wikipedia.org/wiki/Jane_Addams. Daselbst finden sich noch ausführlichere Daten zu ihrem Leben.

17 Toynbee Hall gilt als ein Katalysator für Sozialreformen in Vereinigten Königreich, die bis heute bestehen. Vgl. dazu: https://de.wikipedia.org/wiki/Toynbee_Hall

18 https://www.fembio.org/biographie.php/frau/biographie/jane-addams/

19 https://www.fembio.org/biographie.php/frau/biographie/jane-addams/

20 https://www.fembio.org/biographie.php/frau/biographie/jane-addams/

21 https://de.wikipedia.org/wiki/Jane_Addams

22 Die ff. Ausführungen sind entnommen aus: Rafael Laguna de la Vera und Thomas Ramge, Sprunginnovation. Wie wir mit Wissenschaft und Technik die Welt wieder in die Balance bekommen, Berlin (Ullstein), ?2021, 78 ff.

23 Laguna de la Vera und Ramge, 2021, S. 79.

24 Akira Endo (* 14. November 1933 in Higashiyuri (heute: Yurihono), Präfektur Akita) ist ein japanischer Biochemiker, ehemaliger Professor an der Tokyo University of Agriculture and Technology (engl. für Tokyo Noko Daigaku) und Direktor des Unternehmens Biopharm Research Laboratories; https://de.wikipedia.org/wiki/Akira_End%C5%8D

25 Über Akira Endos Tätigkeit in New York siehe ausführlicher bei Laguna de la Vera und Ramge, 2021, S. 80.

26 Zitiert nach Laguna de la Vera und Ramge, 2021, S. 83.

27 Zitiert nach Laguna de la Vera und Ramge, 2021, S. 105.

28 https://www.deutschlandfunk.de/entdeckung-des-penicillins-ein-zufall-100. html

29 Vgl. Wolfgang Uchatius, in: Die ZEIT online v. 6. Okt. 2022; https://epaper.zeit.de/webreader-v3/index.html#/946341/13

30 Vgl. dazu Klaus Taschwer, in: Der Standard v. 8. Juli 2020, 12:00; https://www.derstandard.at/story/2000118411911/zehn-zahlen-zur-weltbevoelkerung

31 https://de.wikipedia.org/wiki/Anti-Slavery_International
32 https://www.ilo.org/berlin/presseinformationen/WCMS_855152/lang--de/index. htm
33 https://de.wikipedia.org/wiki/Anti-Slavery_International
34 https://de.wikipedia.org/wiki/Dum_diversas
35 Vgl. dazu und auch zum Folgenden v.a. Von Claus Leggewie und Heike Paul, in: Die Zeit v. Aktualisiert am 3. Oktober 2022, 16:10 Uhr; https://www.zeit. de/2022/40/reparationen-sklaverei-usa-georgetown-university-1619-project/ komplettansicht
36 Vgl. dazu die Beispiele bei Claus Leggewie und Heike Paul, in: Die Zeit v. Aktualisiert am 3. Oktober 2022, 16:10 Uhr; https://www.zeit.de/2022/40/reparationen-sklaverei-usa-georgetown-university-1619-project/komplettansicht
37 Ebd. Daselbst finden sich auch einige Beispiele, woran man sich bei den Entschädigungen orientieren könnte.
38 Vgl. dazu Die ZEIT online v. 27. April 2022, 10:06 Uhr Quelle: ZEIT ONLINE, AFP, dar 8 Kommentare; https://www.zeit.de/gesellschaft/2022-04/harvard-sklaverei-fonds
39 Ebd.: Die ZEIT online v. 27. April 2022, 10:06 Uhr Quelle: ZEIT ONLINE, AFP, dar 8 Kommentare; https://www.zeit.de/gesellschaft/2022-04/harvard-sklaverei-fonds
40 Ebd.: Die ZEIT online v. 27. April 2022, 10:06 Uhr Quelle: ZEIT ONLINE, AFP, dar 8 Kommentare; https://www.zeit.de/gesellschaft/2022-04/harvard-sklaverei-fonds
41 Orf.at v. 16. Dez. 22, https://orf.at/#/stories/3297975/
42 Vgl. dazu FAZ v. 19.12.2022-16:24; https://www.faz.net/aktuell/politik/ ausland/niederlande-mark-rutte-entschuldigt-sich-fuer-sklaverei- 18546063.html Und auch Peter Riesbeck, in: FR v. : 19.12.2022, 17:13 Uhr; https://www.fr.de/ politik/niederlande-sklavenhandel-die-stumme-entschuldigung-91982867.html
43 Orf.at v. 2. Juli 22, https://orf.at/#/stories/3274136/
44 Entnommen aus: Thomas Magenheim-Hörmann, in: FR v. Erstellt: 29.04.2022, 15:16 Uhr; https://www.fr.de/zukunft/ein-dollar-brille-klaresicht-fuer-alle-91510860.html; Vgl. auch: Daniel Struppek, Gymnasium Ohmoor, Hamburg, in: FAZ v. -Aktualisiert am 03.11.2019-18:26; https://www.faz.net/aktuell/ wirtschaft/unternehmen/ein-dollar-brille-versorgt-arme-menschen-mit-brillen-16425022.html
45 https://www.eindollarbrille.de/, vgl. dazu auch: https://www.eindollarbrille.de/ die-idee/
46 Thomas Magenheim-Hörmann, in: FR v. Erstellt: 29.04.2022, 15:16 Uhr; https:// www.fr.de/zukunft/ein-dollar-brille-klare-sicht-fuer-alle-91510 860.html
47 https://www.deutschland.de/de/topic/politik/eindollarbrille-aus-deutschland, vgl. auch Thomas Magenheim-Hörmann, in: FR v. Erstellt: 29.04. 2022, 15:16 Uhr; https://www.fr.de/zukunft/ein-dollar-brille-klare-sicht-fuer-alle-91510860.html
48 Die ff. Informationen wurden entnommen aus: Vladimir Danovsky am 17. Juni 2015, in nunu, Jüdisches Magazin für Politik und Kultur; https://nunu.at/artikel/ die-normalitaet-des-guten/ Die Zitate sind auch daselbst zu finden Weiter siehe auch den recht ausführlichen Beitrag in https://de.wikipedia.org/wiki/Rettung_ der_bulgarischen_Juden
49 Zur Erklärung: Aus Bulgarien wurden zwar im März 1943 über 11.300 Juden aus Makedonien und Thrakien abtransportiert, diese Gebiete gehörten aber erst seit 1941 zu Bulgarien. Die ff. Ausführungen beziehen sich somit auf das bulgarische Gebiet von vor 1941.
50 Vgl. dazu https://de.wikipedia.org/wiki/Rettung_der_bulgarischen_Juden.
51 Vgl. dazu https://de.wikipedia.org/wiki/Boris_III._(Bulgarien)
52 Vladimir Danovsky am 17. Juni 2015, in nunu, Jüdisches Magazin für Politik und Kultur; https://nunu.at/artikel/die-normalitaet-des-guten
53 Daniel Siemens: Sturmabteilung. Die Geschichte der SA. Siedler, München 2019, S. 394, zietiert nach https://de.wikipedia.org/wiki/Rettung_der_bulgarischen_Juden

ENDNOTEN

ENDNOTEN

54 Vgl. https://de.wikipedia.org/wiki/Rettung_der_bulgarischen_Juden

55 Vladimir Danovsky am 17. Juni 2015, in nunu, Jüdisches Magazin für Politik und Kultur; https://nunu.at/artikel/die-normalitaet-des-guten

56 Viele biographische Daten wurden entnommen aus: https://de.wikipedia.org/wiki/H%C3%A9lder_C%C3%A2mara

57 Vgl. Joachim Hesse, Don Helder Camara. Leben, Wirken, Bleibende Bedeutung, von Diphterie als Todesursache, Berlin 2022, 5 ff. (Sein biographischer Hintergrund).

58 Über die Todesursache seiner Geschwister gibt es in der Literatur unterschiedliche Informationen, immer wieder wird von einer Grippe berichtet, was dann wohl die große Spanische Grippe gewesen sein könnte. Joachim Hesse spricht aber in seinem Buch, dass Diphterie die Todesursache gewesen sei, vgl. Berlin 2022, 5 ff. (Sein biographischer Hintergrund).

59 Den Zusatznamen Helder verdankte er einer Anwandlung seines Vaters, eines chronisch unterbezahlten Buchhalters, Theaterkritikers und Freimaurers, der nicht kirchennah war, der aber mit seiner Familie Maiandachten hielt und den Priesterberuf mit Respekt betrachtete. Im Lexikon stieß er zufällig auf eine niederländische Festung, die so heißt: Hélder. Auf Deutsch: klar, wolkenlos. „Hélder!", rufen die Holländer bei schönem Himmel, vgl. Konradsblatt v. 27.08.2021 - https://www.konradsblatt.de/aktuell-2/detail/nachricht-seite/id/147933-klein-von-gestalt-gross-im-wirken/?default=true

60 Vgl. https://www.sanktludwig.de/beitraege/2018/03/12/fastenpredit- leucht-tuerme-des-glaubens-dom-helder-camara/ bzw. http://www.kirchenzeitung.at/site/archiv/article/46385.html. Er war somit vermutlich kleiner als Napoleon, dem eine Körpergröße von 1,58 bis 1,68 nachgesagt wird.

61 Konradsblatt v. 27.08.2021 - https://www.konradsblatt.de/aktuell-2/detail/nachricht-seite/id/147933-klein-von-gestalt-gross-im-wirken/?default=true

62 Meuser Bernhard, Sternstunden. Das Buch der ganz normalen Wunder, Basel, ?2019, S. 82.

63 Vgl. https://de.wikipedia.org/wiki/H%C3%A9lder_C%C3%A2mara

64 Frei Betto, in: Online Magazin /Schwerpunkte /Gewalt, Gewaltfreiheit und Frieden; https://www.lebenshaus-alb.de/magazin/005907.html

65 Der Spiegel online v.20.09.1970, 13.00 Uhr; https://www.spiegel.de/politik/dom-helder-pessoa-camara-a-d8f84f36-0002-0001-0000-0000 44904923

66 Frei Betto, in: Online Magazin /Schwerpunkte /Gewalt, Gewaltfreiheit und Frieden; https://www.lebenshaus-alb.de/magazin/005907.html

67 https://de.wikipedia.org/wiki/H%C3%A9lder_C%C3%A2mara

68 https://de.wikipedia.org/wiki/H%C3%A9lder_C%C3%A2mara und http://www.kirchenzeitung.at/site/archiv/article/46385.html

69 Konradsblatt v. 27.08.2021 - https://www.konradsblatt.de/aktuell-2/detail/nachricht-seite/id/147933-klein-von-gestalt-gross-im-wirken/?default=true

70 Frei Betto, in: Online Magazin /Schwerpunkte /Gewalt, Gewaltfreiheit und Frieden; https://www.lebenshaus-alb.de/magazin/005907.html

71 https://www.sanktludwig.de/beitraege/2018/03/12/fastenpredit-leuchttuerme-des-glaubens-dom-helder-camara/

72 Zitiert nach Meuser Bernhard, Sternstunden. Das Buch der ganz normalen Wunder, Basel, ?2019, S. 82.

73 Zitiert nach Bernd Aretz, Hélder Câmara. Bruder der Armen, Verlag Neu Stadt, 2019; https://www.neuestadt.ch/de/helder-camara-bruder-armen.html

74 https://www.vaticannews.va/de/welt/news/2020-08/brasilien-helder-camara-dom-menschenrechte-ehrung-erzbischof.html

75 Aus Meuser Bernhard. Sternstunden. Das Buch der ganz normalen Wunder, Basel ?2019, S. 80.

76 Bezüglich biographischer Details zu Yvon Chouinard siehe https://de.wikipedia.org/wiki/Yvon_Chouinard

77 Vgl. dazu den äußerst interessanten Artikel von Nina Anika Klot, der auch in diesem Beitrag häufig zitiert und verwendet wurde. 15.09.2022, 17:34; https://www.capital.de/karriere/yvon-chouinard---geschaeftsmodell-weltenrettung-32730092.html?utm_source=pocket-newtab-global

78 Nina Anika Klot, 15.09.2022, 17:34; https://www.capital.de/karriere/yvon-chouinard---geschaeftsmodell-weltenrettung-32730092.html?utm_source=pocket-newtab-global-de-DE

79 https://de.wikipedia.org/wiki/Patagonia_(Unternehmen)

80 https://de.wikipedia.org/wiki/Patagonia_(Unternehmen)

81 Kopf des Tages, von Jakob Pallinger, in: Der Standard v. 15. September 2022, 18:13; https://www.derstandard.at/story/2000139134293/yvon-chouinard-der-kletterer-der-mit-seiner-marke-die-welt; vgl. auch https://www.spiegel.de/wirtschaft/unternehmen/patagonia-firmengruender-yvon-chouinard-gibt-firma-ab-vermoegen-soll-umweltschutz-dienen-a-dd8668b0-0e69-4003-9364-b26738895cea

82 Nina Anika Klot, 15.09.2022, 17:34; https://www.capital.de/karriere/yvon-chouinard---geschaeftsmodell-weltenrettung-32730092.html?utm_source=pocket-newtab-global-de-DE

83 Nina Anika Klot, 15.09.2022, 17:34; https://www.capital.de/karriere/yvon-chouinard---geschaeftsmodell-weltenrettung-32730092.html?utm_source=pocket-newtab-global-de-DE Da es damals noch nicht genügend Angebot an Biobaumwolle gab, um nur den Bedarf von Patagonia zu decken, wurde mit indischen Produzenten ein Pilotprojekt gestartet, an der Zertifizierung gearbeitet und der Anspruch auf Nachhaltigkeit noch weiter erhöht, als nur Biobaumwolle zu produzieren, vgl. https://de.wikipedia.org/wiki/Patagonia_(Unternehmen)

84 von Nina Anika Klot, 15.09.2022, 17:34; https://www.capital.de/karriere/yvon-chouinard---geschaeftsmodell-weltenrettung-32730092.html?utm_source=pocket-newtab-global-de-DE

85 von Nina Anika Klot, 15.09.2022, 17:34; https://www.capital.de/karriere/yvon-chouinard---geschaeftsmodell-weltenrettung-32730092.html?utm_source=pocket-newtab-global-de-DE

86 von Nina Anika Klot, 15.09.2022, 17:34; https://www.capital.de/karriere/yvon-chouinard---geschaeftsmodell-weltenrettung-32730092.html?utm_source=pocket-newtab-global-de-DE

87 von Nina Anika Klot, 15.09.2022, 17:34; https://www.capital.de/karriere/yvon-chouinard---geschaeftsmodell-weltenrettung-32730092.html?utm_source=pocket-newtab-global-de-DE

88 Vgl. Nina Anika Klot, 15.09.2022, 17:34; https://www.capital.de/karriere/yvon-chouinard---geschaeftsmodell-weltenrettung-32730092.html?utm_source=pocket-newtab-global-de-DE

89 Vgl. Nina Anika Klot, 15.09.2022, 17:34; https://www.capital.de/karriere/yvon-chouinard---geschaeftsmodell-weltenrettung-32730092.htm?utm_source=pocket-newtab-global-de-DE

90 https://www.blinker.de/angelmethoden/angeln-allgemein/news/yvon-chouinard-wer-ist-der-mann-hinter-patagonia/ und 15 September 2022; https://www.bergsteigen.com/news/neuigkeiten/die-erde-ist-ab-sofort-der-einzige-aktionaer-von-patagonia

91 15. September 2022; https://www.bergsteigen.com/news/neuigkeiten/die-erde-ist-ab-sofort-der-einzige-aktionaer-von-patagonia

92 15. September 2022; https://www.bergsteigen.com/news/neuigkeiten/die-erde-ist-ab-sofort-der-einzige-aktionaer-von-patagonia

93 Von Roland Lindner, in: FAZ v. -Aktualisiert am 16.09.2022-06:58; https://www.faz.net/aktuell/wirtschaft/unternehmen/patagonia-gruender-verschenkt-seinen-outdoor-ausruester-18319230.html

94 Kopf des Tages, von Jakob Pallinger, in: Der Standard v. 15. September 2022, 18:13; https://www.derstandard.at/story/2000139134293/yvon-chouinard-der-

ENDNOTEN

kletterer-der-mit-seiner-marke-die-welt

95 Kopf des Tages, von Jakob Pallinger, in: Der Standard v. 15. September 2022, 18:13; https://www.derstandard.at/story/2000139134293/yvon-chouinard-der-kletterer-der-mit-seiner-marke-die-welt

96 https://de.wikipedia.org/wiki/Yvon_Chouinard

97 Felix Holtermann; Michael Scheppe, in: Handelsblatt v. 15.09.2022 Update: 15.09.2022 - 16:03 Uhr 1 Kommentar; https://www.handelsblatt.com/unternehmen/handel-konsumgueter/yvon-chouinard-die-erde-ist-unsere-einzige-anteils-eignerin-gruender-von-patagonia-gibt-firma-fuer-klimaschutz-ab/28682350.html

98 Alexandra Hawlin, Washington, ZDF v. 15.09.2022 21:29 Uhr; https://www.zdf.de/nachrichten/wirtschaft/klima-patagonia-yvon-chouinard-umweltschutz-100.html, Vgl. dazu auch: Gioia da Silva, in: NZZ v. 15.09.2022, 11.33 Uhr; https://www.nzz.ch/technologie/kampf-gegen-klimawandel-patagonia-gruender-ueber-traegt-outdoor-firma-an-gemeinnuetzige-stiftungen-ld.1702849?reduced=true

99 Der Text wurde leicht verändert entnommen aus: Josef Nussbaumer, Aufbruch in eine andere Welt. Ein Tiroler Missionsbüchlein (1945 bis 2021), Innsbruck 2021, 112-116.

100 Vgl. dazu etwa: Pia Maria Plechl, Kreuz und Askulap. Dr. med. Anna Dengel und die Missionsärztlichen Schwestern, Wien/ München 1967; Dieselbe, Die Nonne mit dem Stethoskop. Anna Dengel, Mödling 1981; Dieselbe, Die Ärztin im Habit. Anna Dengel, Leipzig 1988; Albrecht Weiland, Der Campo Santo Teutonico in Rom und seine Grabdenkmäler, Band 1, Rom 1988, S. 185 f.; Hans-Peter Rhomberg, Anna Dengel. Ärztin und Ordensgründerin. Mit einem Vorwort von Mutter Teresa, Innsbruck 1993; Ingeborg Schödl, Anna Dengel. Ärztin, Missionarin, Ordensgründerin. Das Unmögliche wagen; Innsbruck 2014 und Ingeborg Schödl, Anna Dengel. Ärztin, Missionarin, Ordensgründerin. Das Unmögliche wagen, Innsbruck 2019

101 https://www.freundeannadengel.at/anna-dengel-person/leben-im-detail/; vgl. dazu auch den Kurzlebenslauf bei Schödl, 2019, S. 138 f

102 Vgl. http://www.kontinente.org/orden/proprien/pr_SCMM_29.html

103 Die ff. Ausführungen sind v.a. entnommen aus: https://www.freundeannadengel.at/anna-dengel-person/leben-im-detail/

104 Vgl. https://www.freundeannadengel.at/anna-dengel-person/leben-im-detail/, Zitat daselbst.

105 https://www.freundeannadengel.at/anna-dengel-person/

106 Vgl. dazu auch das Kapitel zu Mutter Theresa.

107 TT v. 18.03.13; https://www.tt.com/artikel/6298489/als-missionsschwester-von-assling-in-die-weite-welt; Montag, 08.04.2013 | Diözese Innsbruck | ; https://www.dibk.at/Meldungen/Erinnerung-an-eine-Sozialpionierin-aus-Tirol

108 https://www.freundeannadengel.at/anna-dengel-person/leben-im-detail/

109 Schödl I., 2019, Buchuntertitel und S. 138.

110 Vgl. dazu https://de.wikipedia.org/wiki/Anna_Dengel; https://www.freundeannadengel.at/anna-dengel-person/leben-im-detail/; https://www.freundeannadengel.at/anna-dengel-person

111 https://www.freundeannadengel.at/anna-dengel-person/leben-im-detail/

112 Vgl. dazu http://www.kontinente.org/orden/proprien/pr_SCMM_29.html

113 Die biographischen Daten wurden entnommen aus: https://de.wikipedia.org/wiki/Shirin_Ebadi; Vgl. dazu auch ihre Memoiren, die unter dem Titel: „Bis wir frei sind. Mein Kampf für Menschenrechte im Iran", im Piper Verlag München 2017 erschienen sind. Vgl. zur Biographie auch: https://www.dieterwunderlich.de/Shirin_Ebadi.htm

114 https://www.dieterwunderlich.de/Shirin_Ebadi.htm

115 https://www.dieterwunderlich.de/Shirin_Ebadi.htm

116 Vgl. dazu Lisa Duhm, in: Der Spiegel online v. 26.01.2019, 11.43 Uhr; https://www.spiegel.de/politik/ausland/shirin-ebadi-ueber-iran-der-staat-hat-angst-vor-seinen-buergern-a-1249797.html

ENDNOTEN

117 2009 kam es noch zu einer weiteren Zäsur in ihrem Leben: Nach massiven
    staatlichen Repressalien gegenüber ihrem Ehemann, der auch nach 2009 im Iran
    bleiben musste, ließ das Paar sich schließlich scheiden

118 Vgl. dazu Lisa Duhm, in: Der Spiegel online v. 26.01.2019, 11.43 Uhr; https://
    www.spiegel.de/politik/ausland/shirin-ebadi-ueber-iran-der-staat-hat-angst-vor-
    seinen-buergern-a-1249797.html

119 Vgl. dazu Lisa Duhm, in: Der Spiegel online v. 26.01.2019, 11.43 Uhr; https://
    www.spiegel.de/politik/ausland/shirin-ebadi-ueber-iran-der-staat-hat-angst-vor-
    seinen-buergern-a-1249797.html

120 https://www.planet-wissen.de/geschichte/menschenrechte/geschichte_der_
    menschenrechte/pwiegrossemenschenrechtler100.html

121 Wiener Zeitung vom 20.02.2021, 06:45 Uhr | Update: 20.02.2021, 14:43 Uhr;
    https://www.wienerzeitung.at/nachrichten/politik/welt/2093527-Die-Europaeer-
    lassen-sich-vom-Iran-taeuschen.html, Zitat daselbst

122 Von Stephanie Rohde in: Deutschlandfunk v. 08.10.2022; https://www.deutsch-
    landfunk.de/interview-shirin-ebadi-100.html

123 Vgl. Ulrich von Schwerin, in: NZZ v. 04.01.2023, 05.30 Uhr; https://www.
    nzz.ch/international/proteste-in-iran-prominente-gruenden-neue-koaliti-
    on-im-exil-ld.1719529

124 Zitiert nach: Ulrich Pick | in Deutschlandfunk v. 05.12.2016; https://www.
    deutschlandfunk.de/memoiren-von-shirin-ebadi-ein-kampf-fuer-menschenrech-
    te-im-100.html

125 Der Bundesstaat Osun liegt im Südwesten von Nigeria, vgl. dazu https://de.wiki-
    pedia.org/wiki/Osun_(Bundesstaat)

126 Zu biographischen Details siehe https://en.wikipedia.org/wiki/Temie_Giwa-Tubo-
    sun

127 Vgl. dazu auch Àtóké, in: Der Spiegel online v. 08.03.2018, 06.37 Uhr; https://
    www.spiegel.de/wirtschaft/nigeria-wie-temie-giwa-tubosun-ihr-land-mit-blut-ver-
    sorgt-a-1196591.html

128 Vgl. Àtóké, ebd. und Bogner Sophia, Hertzberg Paul, Jenseits von Europa. Was
    afrikanische Unternehmerinnen und Unternehmer besser machen, Berlin 2022,
    S. 61-73, insbes. S. 67.

129 Zitiert nach Àtóké, in: Der Spiegel online v. 08.03.2018, 06.37 Uhr; https://www.
    spiegel.de/wirtschaft/nigeria-wie-temie-giwa-tubosun-ihr-land-mit-blut-ver-
    sorgt-a-1196591.

130 Ein Großteil der Informationen zu Giwa-Turbasou wurde entnommen aus: Bogner
    Sophia, Hertzberg Paul, Jenseits von Europa. Was afrikanische Unternehmerin-
    nen und Unternehmer besser machen, Berlin 2022, S. 61-73.

131 Die Daten wurden entnommen aus Bogner Sophia, Hertzberg Paul, Jenseits von
    Europa. Was afrikanische Unternehmerinnen und Unternehmer besser machen,
    Berlin 2022, S.62 ff. und Àtóké, in: Der Spiegel online v. 08.03.2018, 06.37 Uhr;
    https://www.spiegel.de/wirtschaft/nigeria-wie-temie-giwa-tubosun-ihr-land-mit-
    blut-versorgt-a-1196591.html

132 All die hier angeführten Informationen sind entnommen aus: Bogner Sophia,
    Hertzberg Paul, Jenseits von Europa. Was afrikanische Unternehmerinnen und
    Unternehmer besser machen, Berlin 2022, S. 61 – 73.

133 Die vorliegenden Zeilen wurden in ähnlicher Form schon im Band: Nussbaumer
    Josef, Neuner Stefan in den „Hoffnungstropfen Tirol", Innsbruck 2019, S.20 ff.
    veröffentlicht. Daraus wurden auch diverse Zahlenangaben, die hier genannt
    werden, übernommen.

134 https://www.planet-wissen.de/gesellschaft/organisationen/kinderdoefer/pwie-
    zahlenundfakten100.html

135 https://www.planet-wissen.de/gesellschaft/organisationen/kinderdoefer/pwie-
    zahlenundfakten100.html

136 So laut https://de.wikipedia.org/wiki/SOS-Kinderdorf

137 Vgl. https://de.wikipedia.org/wiki/SOS-Kinderdorf und Der Standard v. 9.
    Nov. 2022, https://www.derstandard.at/story/2000140676478/oesterreichi-
    scher-spender-von-sos-kinderdorf-unter-missbrauchsverdacht

ENDNOTEN

138 Die Zahlen wurden entnommen aus: SOS-Kinderdörfer - Programmstatistik 2021; https://www.sos-kinderdoerfer.de/informieren/ueber-uns/sos-zahlen-fakten

139 https://blog.misereor.de/2012/11/23/menschenrechtspreis-des-deutschen-richterbundes-fuer-dr-ivan-velasquez-gomez/

140 Die Informationen wurden zusammenstelllt aus den Informationen von: https://www.munzinger.de/search/portrait/Ivan+Velasquez+Gomez/0/31513.html; https://blog.misereor.de/2012/11/23/menschenrechtspreis-des-deutschen-richterbundes-fuer-dr-ivan-velasquez-gomez/ und https://en.wikipedia.org/wiki/Iv%C3%A1n_Vel%C3%A1squez_G%C3%B3mez

141 https://pbideutschland.de/aktuelles/guatemala-der-guatemaltekische-pr%C3%A4sident-jimmy-morales-erkl%C3%A4rt-iv%C3%A1n-vel%C3%A1squez-g%C3%B3mez-zur

142 Vgl. https://de.wikipedia.org/wiki/Jimmy

143 Vgl. dazu https://de.wikipedia.org/wiki/Pr%C3%A4sidentschaftswahl_in_Kolumbien_2022

144 Vgl. https://blog.misereor.de/2012/11/23/menschenrechtspreis-des-deutschen-richterbundes-fuer-dr-ivan-velasquez-gomez/

145 https://de.wikipedia.org/wiki/Liste_der_Tr%C3%A4ger_des_Right_Livelihood_Award

146 Zu kurzen biographischen Angaben vgl. v.a. https://de.wikipedia.org/wiki/Catherine_Hamlin

147 Zitiert nach: https://auroraprize.com/de/dr-catherine-hamlin-i-m-trying-to-wake-the-world-up

148 https://auroraprize.com/de/dr-catherine-hamlin-i-m-trying-to-wake-the-world-up

149 https://auroraprize.com/de/dr-catherine-hamlin-i-m-trying-to-wake-the-world-up; vgl. dazu auch ihre Autobiographie, Dr. Catharine Hamlin, Das Krankenhaus am Fluss, BoD 2013 (deutsche Version).

150 Angelika Gardine, in: Brigitte v. 15.10.2009, 10:50; https://www.brigitte.de/aktuell/gesellschaft/-dorf-der-freude---wie-catherine-hamlin-frauen-in-aethiopien-ihre-wuerde-zurueckgibt-10200838.html

151 Vgl. dazu z.B. https://www.materra.org/nachruf-dr-cathrine-hamlin/ oder Korzilius, Heik, in: https://www.aerzteblatt.de/archiv/66642/Catherine-Hamlin-Mehr-als-Medizine

152 https://www.materra.org/nachruf-dr-cathrine-hamlin

153 Korzilius, Heik, in: https://www.aerzteblatt.de/archiv/66642/Catherine-Hamlin-Mehr-als-Medizine

154 https://www.materra.org/nachruf-dr-cathrine-hamlin/

155 Vgl. dazu: https://de.wikipedia.org/wiki/Catherine_Hamlin; https://shop.falter.at/detail/9783732244683/das-krankenhaus-am-fluss und Angelika Gardine, in: Brigitte v. 15.10.2009, 10:50; https://www.brigitte.de/aktuell/gesellschaft/-dorf-der-freude---wie-catherine-hamlin-frauen-in-aethiopien-ihre-wuerde-zurueckgibt-10200838.html

156 Astellas Pharma GmbH, 21.01.2014 – 14:00; https://www.presseportal.de/pm/59519/2645089

157 Angelika Gardine, in: Brigitte v. 15.10.2009, 10:50; https://www.brigitte.de/aktuell/gesellschaft/-dorf-der-freude---wie-catherine-hamlin-frauen-in-aethiopien-ihre-wuerde-zurueckgibt-10200838.html

158 Die Beispiele wurden entnommen aus: Angelika Gardine, in: Brigitte v. 15.10.2009, 10:50; https://www.brigitte.de/aktuell/gesellschaft/-dorf-der-freude---wie-catherine-hamlin-frauen-in-aethiopien-ihre-wuerde-zurueckgibt-10200838.html

159 Angelika Gardine, in: Brigitte v. 15.10.2009, 10:50; https://www.brigitte.de/aktuell/gesellschaft/-dorf-der-freude---wie-catherine-hamlin-frauen-in-aethiopien-ihre-wuerde-zurueckgibt-10200838.html

160 https://auroraprize.com/de/dr-catherine-hamlin-i-m-trying-to-wake-the-world-up

161 https://auroraprize.com/de/dr-catherine-hamlin-i-m-trying-to-wake-the-world-up

162 Angelika Gardine, in: Brigitte v. 15.10.2009, 10:50; https://www.brigitte.de/

aktuell/gesellschaft/-dorf-der-freude---wie-catherine-hamlin-frauen-in-aethiopien-ihre-wuerde-zurueckgibt-10200838.html

163 Zitiert nach https://www.welt.de/vermischtes/article114200253/Die-dunkle-Seite-von-Mutter-Teresa.html

164 Die Literatur und Information v.a. im Internet über Mutter Teresa ist sehr zahlreich und konnten für diesen Beitrag somit auch nur sehr rudimentär durchgesehen werden. Als erster Einstieg ist sicher der Beitrag in Wikipedia geeignet, vgl. https://de.wikipedia.org/wiki/Mutter_Teresa

165 Zu Anna Dengel vergleiche die kurzen Ausführungen.

166 https://de.wikipedia.org/wiki/Mutter_Teresa

167 Von Hellmuth Vensky, in: Die ZEIT online v. 26. August 2010, 12:37 Uhr 49 Kommentare; https://www.zeit.de/wissen/geschichte/2010-08/mutter-teresa-katholisch/komplettansicht

168 https://de.wikipedia.org/wiki/Mutter_Teresa

169 Von Hellmuth Vensky, in: Die ZEIT online v. 26. August 2010, 12:37 Uhr 49 Kommentare; https://www.zeit.de/wissen/geschichte/2010-08/mutter-teresa-katholisch/komplettansicht

170 https://de.wikipedia.org/wiki/Missionarinnen_der_N%C3%A4chstenliebe

171 Vgl. die Auflistung bis zum Jahr 2003 bei Nicolaus rassloff, 11. September 2011; https://rassloff.wordpress.com/2011/09/11/mutterteresa

172 https://de.wikipedia.org/wiki/Mutter_Teresa

173 SN v. 4. Sept. 2016; https://www.sn.at/panorama/international/mutter-teresa-engel-der-armen-oder-hoellenengel-1101781

174 Der Spiegel online v. 04.09.2016, 10.49 Uhr; https://www.spiegel.de/panorama/leute/mutter-teresa-der-erste-popstar-der-katholischen-kirche-ist-jetzt-heilig-a-1110811.html

175 So Nicolaus Rassloff, 11. September 2011; https://rassloff.wordpress.com/2011/09/11/mutterteresa

176 Willi Germund, in: Tagblatt v. 01.09.2016, 02.40 Uhr; https://www.tagblatt.ch/international/selbstlos-und-erzkonservativ-ld.929069

177 Vgl. 25.08.10 | 43:39 Min. https://www.daserste.de/information/reportage-dokumentation/dokus/videos/das-schwierige-erbe-der-mutter-teresa-102.html und Der Spiegel online v. 04.09.2016, 10.49 Uhr; https://www.spiegel.de/panorama/leute/mutter-teresa-der-erste-popstar-der-katholischen-kirche-ist-jetzt-heilig-a-1110811.html

178 Von Ingeborg Rüthers · 28.08.2010, in: Deutschlandfunk, https://www.deutschlandfunkkultur.de/ikone-der-naechstenliebe-oder-allzu-strenge-sterbehelferin-100.html

179 So Der Spiegel anlässlich seines Todes im Jahr 2014, vgl. https://www.spiegel.de/fotostrecke/baby-doc-jean-claude-duvalier-ist-tot-historische-fotos-fotostrecke-119703.html

180 Nicolaus Rassloff, 11. September 2011; https://rassloff.wordpress.com/2011/09/11/mutterteresa

181 Die Stelle findet sich bei Christopher Hitchens, „The missionary position: Mother Teresa in theory and practice", London 1995 und lautet im Original: I have ,never seen the poor people being so familiar with their head of state as they were with her. It was a beautiful lesson to me." (Hitchens: S. 5). Das Zitat stammt aus: von Nicolaus Rassloff , 11. September 2011; https://rassloff.wordpress.com/2011/09/11/mutterteresa

182 Christopher Hitchens hat den Briefwechsel veröffentlicht unter: http://www.positiveatheism.org/writ/mother.htm, zitiert nach Nicolaus rassloff , 11. September 2011; https://rassloff.wordpress.com/2011/09/11/mutterteresa/ vgl. auch https://de.wikipedia.org/wiki/Mutter_Teresa

183 Hugo Stamm, 19. März 2016, https://www.watson.ch/blogs/sektenblog/329282596-mutter-teresa-eine-unheilige-wird-heiliggesprocher

184 Seemoz v. Freitag, 27. August 2010 in Kontrovers; https://www.seemoz.de/kontrovers/mutter-teresa-der-grose-bluff-mit-der-nachstenliebe

185 https://de.wikipedia.org/wiki/Mutter_Teresa und Seemoz v. Freitag, 27. August

2010 in Kontrovers; https://www.seemoz.de/kontrovers/mutter-teresa-der-grose-bluff-mit-der-nachstenliebe

186 Von Mitchell Sunderland, 25.9.15; https://www.vice.com/de/article/8gbbzz/mutter-teresa-war-eigentlich-ein-herzloses-arschloch-059

187 Laut Serge Larivée habe Mutter Teresa aber selbst kurz vor ihrem Tod palliativmedizinische Methoden in Anspruch genommen, um ihr Leiden lindern zu lassen, vgl. https://de.wikipedia.org/wiki/Mutter_Teresa. Den Unterschied zwischen GLEICHEN und GLEICHEREN kann man somit überall finden.

188 Walter Wüllenweber, Mitarbeiter des stern, meinte einmal die Schwestern der Nächstenliebe seien der reichst Orden der Welt, zitiert nach Nicolaus rassloff , 11. September 2011; https://rassloff.wordpress.com/2011/09/11/mutterteresa/

189 https://de.wikipedia.org/wiki/Mutter_Teresa

190 https://de.wikipedia.org/wiki/Mutter_Teresa

191 https://de.wikipedia.org/wiki/Mutter_Teresa

192 Dr. Wolfgang Klosterhalfen, Düsseldorf, vgl. https://reimbibel.de/mutter-teresa/

193 Wüllenweber 1998, zitiert nach Nicolaus rassloff , 11. September 2011; https://rassloff.wordpress.com/2011/09/11/mutterteresa

194 Hugo Stamm, 19. März 2016, https://www.watson.ch/blogs/sektenblog/329282596-mutter-teresa-eine-unheilige-wird-heiliggesprochen

195 Von Ingeborg Rüthers · 28.08.2010, in: Deutschlandfunk, https://www.deutschlandfunkkultur.de/ikone-der-naechstenliebe-oder-allzu-strenge-sterbehelferin-100.html

196 So Professor Klaus Fleischer, ehemaliger Leiter der tropenmedizinischen Abteilung des missionsärztlichen Instituts in Würzburg, vgl. Ingeborg Rüthers · 28.08.2010, in: Deutschlandfunk, https://www.deutschlandfunkkultur.de/ikone-der-naechstenliebe-oder-allzu-strenge-sterbehelferin-100.html

197 Regina Einig, in: Die Tagespost v. aktualisiert am 07.09.2022, 22:15 Uhr; https://www.die-tagespost.de/kirche/aktuell/mutter-teresa-von-kalkutta-sie-kannte-keine-kompromisse-art-231737

198 Ingeborg Rüthers · 28.08.2010, in: Deutschlandfunk, https://www.deutschlandfunkkultur.de/ikone-der-naechstenliebe-oder-allzu-strenge-sterbehelferin-100.html

199 The Independent (GB) v. 5. Sept. 2016; https://www.eurotopics.net/de/165514/wie-heilig-war-mutter-teresa-wirklich

200 Von Ingeborg Rüthers · 28.08.2010, in: Deutschlandfunk, https://www.deutschlandfunkkultur.de/ikone-der-naechstenliebe-oder-allzu-strenge-sterbehelferin-100.html

201 Von Tobias Matern, in: SZ v. 8. März 2013, 10:39 Uhr; https://www.sueddeutsche.de/panorama/studie-kratzt-an-mythos-mutter-teresa-alles-nur-keine-heilige-1.1618899

202 Der Spiegel online v. 04.09.2016, 10.49 Uhr; https://www.spiegel.de/panorama/leute/mutter-teresa-der-erste-popstar-der-katholischen-kirche-ist-jetzt-heilig-a-1110811.html

203 Brian Kolodiejchuk (Hrsg.): Mutter Teresa. Komm, sei mein Licht. Die geheimen Aufzeichnungen der Heiligen von Kalkutta. Pattloch, 2007, 448 Seiten

204 Aus dem Buch von Brian Kolodiejchuk (Hrsg.): Mutter Teresa. Komm, sei mein Licht. Die geheimen Aufzeichnungen der Heiligen von Kalkutta. Pattloch, 2007, 448 Seiten; die Zitate sind entnommen aus Dr. Wolfgang Klosterhalfen, Düsseldorf, vgl. https://reimbibel.de/mutter-teresa

205 Zitate nach: https://de.wikipedia.org/wiki/Mutter_Teresa und 25.08.10 | 43:39 Min. https://www.daserste.de/information/reportage-dokumentation/dokus/videos/das-schwierige-erbe-der-mutter-teresa-102.html

206 Von Markus Brauer, in: Stuttgarter Zeitung v. 30.08.2016 - 06:00 Uhr; https://www.stuttgarter-zeitung.de/inhalt.mutter-teresa-wird-heiliggesprochen-licht-und-schatten-der-mutter-teresa.7619ae51-a553-4275-be64-566f847322ff.html

207 Von Michael Remke, Welt v. Veröffentlicht am 07.03.2013; https://www.welt. de/vermischtes/article114200253/Die-dunkle-Seite-von-Mutter-Teresa.html und Hugo Stamm, 19. März 2016, https://www.watson.ch/blogs/sektenblog/329282596-mutter-teresa-eine-unheilige-wird-heiliggesprochen

208 Laut julischem Kalender wurde er am 26. Dez. 1893 und nach gregorianischem Kalender am 7. Jänner 1894 geboren.

209 Ein recht ausführlicher Beitrag über Kolbe ist auch zu finden in https://de.wikipedia.org/wiki/Maximilian_Kolbe, der auch für diese kurze Skizze verwendet wurde. Vgl. auch Christoph Tepperberg, in: David, Jüdische Kulturzeitschrift Nr. 130, Sept. 2021; https://davidkultur.at/artikel/ein-maertyrer-im-hungerbunker-von-auschwitz-zum-80-todestag-des-heiligen-maximilian-kolbe-18941941

210 https://www.vaticannews.va/de/tagesheiliger/08/14/hl--maximilian-maria-kolbe--franziskaner-minorit-und-maertyrer.html

211 https://de.wikipedia.org/wiki/Maximilian_Kolbe

212 Zitiert nach Philipp Greifenstein, 14. August 2022, https://eulemagazin.de/maximilian-kolbe-halbes-gedenken-in-auschwitz/

213 In Japan wurde es unter dem Titel „Seibo no Kishi" publiziert. Es war dies das erste katholische Magazin in Japan, vgl. https://en.wikipedia.org/wiki/Rycerz_Niepokalanej

214 https://www.vaticannews.va/de/tagesheiliger/08/14/hl--maximilian-maria-kolbe--franziskaner-minorit-und-maertyrer.html

215 https://de-academic.com/dic.nsf/dewiki/904929 und http://hb9id.ch/index. php/8-hb9id-verein/113-hl-maximilian-kolbe-sp3rn-der-schutzpatron-der-funkamateure

216 Zitiert nach Philipp Greifenstein, 14. August 2022, https://eulemagazin.de/maximilian-kolbe-halbes-gedenken-in-auschwitz/

217 Zitiert nach Philipp Greifenstein, 14. August 2022, https://eulemagazin.de/maximilian-kolbe-halbes-gedenken-in-auschwitz/

218 Laut Wikipedia waren es sogar 2.300 Juden, vgl. https://de.wikipedia.org/wiki/Maximilian_Kolbe; anderen, polnischen und ukrainischen griechisch-katholischen Flüchtlingen hatte Kolbe Zuflucht gewährt

219 Vgl. dazu https://de.wikipedia.org/wiki/Maximilian_Kolbe und Christoph Tepperberg, in: David, Jüdische Kulturzeitschrift Nr. 130, Sept. 2021; https://davidkultur.at/artikel/ein-maertyrer-im-hungerbunker-von-auschwitz-zum-80-todestag-des-heiligen-maximilian-kolbe-18941941

220 Vgl. zum Folgenden etwa: Christoph Tepperberg, in: David, Jüdische Kulturzeitschrift Nr. 130, Sept. 2021; https://davidkultur.at/artikel/ein-maertyrer-im-hungerbunker-von-auschwitz-zum-80-todestag-des-heiligen-maximilian-kolbe-18941941; der https://de.wikipedia.org/wiki/Maximilian_Kolbe

221 Christoph Tepperberg, in: David, Jüdische Kulturzeitschrift Nr. 130, Sept. 2021; https://davidkultur.at/artikel/ein-maertyrer-im-hungerbunker-von-auschwitz-zum-80-todestag-des-heiligen-maximilian-kolbe-18941941

222 Biographische Details finden sich bei https://de.wikibrief.org/wiki/Clarisse_Iribagiza; Ein Großteil der Informationen wurde zudem entnommen aus: Bogner Sophia, Hertzberg Paul, Jenseits von Europa. Was afrikanische Unternehmerinnen und Unternehmer besser machen, Berlin 2022, 134-147, S. 137. Vgl. dazu auch einige Informationen bei Achermann Barbara, Frauenwunderland. Die Erfolgsgeschichte von Ruanda, Ditzingen ?2019, S. 60 ff

223 Bogner Sophia, Hertzberg Paul, Jenseits von Europa. Was afrikanische Unternehmerinnen und Unternehmer besser machen, Berlin 2022, S. 137.

224 Die Verbindung zum MIT hat sich mittlerweile verstärkt, denn seit 2021 ist sie Fellow beim Legatum Center for Development and Entrepreneurship am Massachusetts Institute of Technology (MIT). Vgl. dazu das Interview mit ihr in: Agentur für Wirtschaft und Entwicklung; https://wirtschaft-entwicklung.de/blog/aufstrebende-start-up-szene-in-afrika-im-gespraech-mit-clarisse-iribagiza/ (Veröffentlicht am 03.05.2022)

225 Ebd. S. 140.

226 So laut https://de.wikibrief.org/wiki/Clarisse_Iribagiza

227 Vgl. dazu: Bogner Sophia, Hertzberg Paul, Jenseits von Europa. Was afrikanische Unternehmerinnen und Unternehmer besser machen, Berlin 2022, S. 146 f.; Zitate daselbst

228 Vgl. dazu: Bogner Sophia, Hertzberg Paul, Jenseits von Europa. Was afrikanische Unternehmerinnen und Unternehmer besser machen, Berlin 2022, S. 147; Zitate daselbst

229 Zur „hoffnungsarmen Welt" vgl. auch den F.A.Z. Podcast von Anselm Grün, Andreas Krobok, in: FAZ v. -Aktualisiert am 23.12.2022-17:28; https://www.faz.net/podcasts/f-a-z-podcast-fuer-deutschland/anselm-gruen-wir-leben-in-einer-hoffnungsarmen-welt-18556673.html

230 Zum Einstieg in ihre Biographie, vgl. https://de.wikipedia.org/wiki/Eglantyne_Jebb; vgl. auch Andreas Austilat, in: Der Tagesspiegel v. 26.05.2019, 16:42 Uhr; https://www.tagesspiegel.de/gesellschaft/kampferin-fur-das-wohl-der-jungsten-4065262.html; Eine ausführliche Biographie schrieb Clare Mulley unter dem Titel:»The Woman who Saved the Children«, Oneworld Publications 2009. Vgl. weiter auch: http://www.kinderpolitik.de/datenschutz/20-kinderrechte/wegbereiterinnen-und-wegbereiter/58-eglantyne-jebb

231 Andreas Austilat, in: Der Tagesspiegel v. 26.05.2019, 16:42 Uhr; https://www.tagesspiegel.de/gesellschaft/kampferin-fur-das-wohl-der-jungsten-4065262.html

232 Katja Iken, in: Der Spiegel online v. 06.01.2020, 14.46 Uhr; https://www.spiegel.de/geschichte/save-the-children-wie-eglantyne-jebb-fuer-kinder-kaempfte-a-1301736.html

233 Katja Iken, in: Der Spiegel online v. 06.01.2020, 14.46 Uhr; https://www.spiegel.de/geschichte/save-the-children-wie-eglantyne-jebb-fuer-kinder-kaempfte-a-1301736.html

234 Katja Iken, in: Der Spiegel online v. 06.01.2020, 14.46 Uhr; https://www.spiegel.de/geschichte/save-the-children-wie-eglantyne-jebb-fuer-kinder-kaempfte-a-1301736.html

235 Zitiert nach http://www.kinderpolitik.de/datenschutz/20-kinderrechte/wegbereiterinnen-und-wegbereiter/58-eglantyne-jebb

236 Katja Iken, in: Der Spiegel online v. 06.01.2020, 14.46 Uhr; https://www.spiegel.de/geschichte/save-the-children-wie-eglantyne-jebb-fuer-kinder-kaempfte-a-1301736.html

237 http://www.kinderpolitik.de/datenschutz/20-kinderrechte/wegbereiterinnen-und-wegbereiter/58-eglantyne-jebb

238 https://www.betterplace.org/de/organisations/131-save-the-children

239 Vgl.: taz v. 11. Okt 22; https://taz.de/Bericht-von-Save-the-Children/!5887587

240 Nd-aktuell v. 30.11.2022; https://www.nd-aktuell.de/artikel/1168982.save-the-children-kindheit-im-krieg.html

241 Zitiert nach Save the children in: https://de.wikipedia.org/wiki/Save_the_Children

242 Vgl. dazu die pointierte Zusammenfassung von Save the children in: https://de.wikipedia.org/wiki/Save_the_Children

243 https://de.wikipedia.org/wiki/Eglantyne_Jebb

244 https://de.wikipedia.org/wiki/Eglantyne_Jebb

245 Siehe dazu z.B. Anseeuw Ward, in: Wirtschaft & Menschenrechte, 04/2020; https://www.welthungerhilfe.de/welternaehrung/rubriken/wirtschaft-menschenrechte/warum-land-grabbing-weiter-gegenwind-braucht

246 Ein Blick Nr.1/2010, Brot für alle, Fastenopfer (Bern, Luzern Mai 2010); https://www.farmlandgrab.org/post/view/13259-land-grabbing-die-gier-nach-land

247 Ein Blick Nr.1/2010, Brot für alle, Fastenopfer (Bern, Luzern Mai 2010); https://www.farmlandgrab.org/post/view/13259-land-grabbing-die-gier-nach-land

248 https://de.wikipedia.org/wiki/GRAIN und taz v. 29. Sept. 2011; https://taz.de/Alternativer-Nobelpreis-2011/!5110897

249 taz v. 29. Sept. 2011; https://taz.de/Alternativer-Nobelpreis-2011/!5110897/

250 https://www.semnar.ch/pdfs/resilientagriforglobalhealth-brochurea5_v1.pdf, Seite 15ff.

251 https://www.semnar.ch/pdfs/resilientagriforglobalhealth-brochurea5_v1.pdf, Seite 15ff

252 https://www.semnar.ch/pdfs/resilientagriforglobalhealth-brochurea5_v1.pdf, Seite 15ff.

253 https://www.semnar.ch/pdfs/resilientagriforglobalhealth-brochurea5_v1.pdf, Seite 15ff.

254 Roman Herre, in: Wirtschaft & Menschenrechte, 04/2020; https://www.welthungerhilfe.de/welternaehrung/rubriken/wirtschaft-menschenrechte/wie-landraub-sich-durch-finanzakteure-veraendert

255 Anseeuw Ward, in: Wirtschaft & Menschenrechte, 04/2020; https://www.welthungerhilfe.de/welternaehrung/rubriken/wirtschaft-menschenrechte/warum-land-grabbing-weiter-gegenwind-braucht

256 https://landmatrix.org/

257 https://www.welthungerhilfe.de/welternaehrung/rubriken/wirtschaft-menschenrechte/warum-land-grabbing-weiter-gegenwind-braucht

258 Als Quelle für die biographischen Daten wurde hauptsächlich verwendet: https://de.wikipedia.org/wiki/Wangari_Maathai und Meyer Christiane, Die Vision von Wangari Maathai: Bewusstseinsbildung für die Erneuerung unserer Erde, https://www.researchgate.net/publication/331132350_Die_Vision_von_Wangari_Maathai_Bewusstseinsbildung_fur_die_Erneuerung_unserer_Erde.
Dass Maathai sich mit zwei „a" schreibt, hat einen sehr skurrilen Grund. Ihr Ex-Ehemann Mathai verlangte, dass seine Ex-Frau nach der Scheidung seinen Namen ablegte. Doch diese fügte dem lediglich ein weiteres „a" hinzu und nannte sich fortan Wangari Maathai, vgl. Paul Starzmann, Tagesspiegel v. 25.09.2021, 16:20 Uhr; https://www.tagesspiegel.de/plus/mutter-der-baume-die-kenianerin-wangari-maathai-gilt-als-begrunderin-der-umweltbewegung-in-afrika-252892.html

259 Vgl. dazu Meyer Christiane, ebd., daselbst auch die diversen Zitate mit den jeweiligen Quellenangaben.

260 So Maathai selbst in ihrer Autobiographie, 2011, 145ff

261 Meyer Christiane, Die Vision von Wangari Maathai: Bewusstseinsbildung für die Erneuerung unserer Erde, https://www.researchgate.net/publication/331132350_Die_Vision_von_Wangari_Maathai_Bewusstseinsbildung_fur_die_Erneuerung_unserer_Erde

262 https://de.wikipedia.org/wiki/Wangari_Maathai; Zur Scheidungsproblematik siehe z.B. auch: Volker Seitz: Einige ganz persönliche Afrika – Literaturempfehlungen – Teil III; 19. November 2022; https://www.africa-live.de/volker-seitz-einige-ganz-persoenliche-afrika-literaturempfehlungen-teil-iii

263 Meyer Christiane, Die Vision von Wangari Maathai: Bewusstseinsbildung für die Erneuerung unserer Erde, https://www.researchgate.net/publication/331132350_Die_Vision_von_Wangari_Maathai_Bewusstseinsbildung_fur_die_Erneuerung_unserer_Erde

264 Paul Starzmann, Tagesspiegel v. 25.09.2021, 16:20 Uhr; https://www.tagesspiegel.de/plus/mutter-der-baume-die-kenianerin-wangari-maathai-gilt-als-begrunderin-der-umweltbewegung-in-afrika-252892.html

265 Zitiert nach https://de.wikipedia.org/wiki/Wangari_Maathai

266 Zitiert nach Paul Starzmann, Tagesspiegel v. 25.09.2021, 16:20 Uhr; https://www.tagesspiegel.de/plus/mutter-der-baume-die-kenianerin-wangari-maathai-gilt-als-begrunderin-der-umweltbewegung-in-afrika-252892.html

267 Orf.at v. 8. April 2017, 21:58; https://oe1.orf.at/artikel/207876/Wangari-Maathai

268 https://de.wikipedia.org/wiki/Wangari_Maathai

269 https://dewiki.de/Lexikon/Liste_der_Friedensnobelpreistr%C3%A4ger

270 https://de.wikipedia.org/wiki/Wangari_Maathai

271 https://de.wikipedia.org/wiki/Wangari_Maathai; https://dewiki.de/Lexikon/Liste_der_Friedensnobelpreistr%C3%A4ger

272 Zitiert nach Meyer Christiane, Die Vision von Wangari Maathai: Bewusstseinsbildung für die Erneuerung unserer Erde, https://www.researchgate.net/publicati-

ENDNOTEN

on/331132350_Die_Vision_von_Wangari_Maathai_Bewusstseinsbildung_fur_die_ Erneuerung_unserer_Erde

273 Zusammengestellt aus https://de.wikipedia.org/wiki/Wangari_Maathai und https://www.greenbeltmovement.org/wangari-maathai/biography

274 Vgl. dazu https://de.wikipedia.org/wiki/Wangari_Maathai

275 Meyer Christiane, Die Vision von Wangari Maathai: Bewusstseinsbildung für die Erneuerung unserer Erde, https://www.researchgate.net/publication/331132350_Die_Vision_von_Wangari_Maathai_Bewusstseinsbildung_fur_die_ Erneuerung_unserer_Erde

276 https://de.wikipedia.org/wiki/Green_Belt_Movement Vgl. dazu auch: https:// www.welt.de/politik/ausland/article149693627/In-Afrika-sollen-100-Millionen-Hektar-Wald-neu-entstehen.html

277 Zusammengestellt aus: https://www.karlspreis.de/de/preistraeger/george-c-marshall-1959/vita und https://de.wikipedia.org/wiki/George_C._Marshall

278 Laut Ausführungen auf der Homepage der Georg Marshalgesellschaft, https:// www.george-marshall-gesellschaft.org/george-c-marshall/general-und-staatsmann/ haben diesen Dienstgrad erst acht Offiziere in der amerikanischen Geschichte.

279 Vgl. dazu https://de.wikipedia.org/wiki/George_C._Marshall

280 https://www.hdg.de/lemo/biografie/george-c-marshall.html

281 https://www.karlspreis.de/de/preistraeger/george-c-marshall-1959/vita

282 Vgl. dazu v.a. Von Dr. John Provan, Kelkheim/Ts.; https://www.george-marshall-gesellschaft.org/george-c-marshall/der-marshall-plan-und-die-folgen/ und https://de.wikipedia.org/wiki/Marshallplan

283 Vgl. https://de.wikipedia.org/wiki/Morgenthau-Plan

284 Vgl. dazu und zum Folgenden v.a. https://de.wikipedia.org/wiki/Marshallplan

285 https://de.wikipedia.org/wiki/Marshallplan

286 Von Dr. John Provan, Kelkheim/Ts.; https://www.george-marshall-gesellschaft. org/george-c-marshall/der-marshall-plan-und-die-folgen/

287 Zu den biographischen Daten vgl. https://de.wikipedia.org/wiki/Melaku_Worede

288 Wird bisweilen auch Vavilow geschrieben.

289 Vgl. dazu https://de.wikipedia.org/wiki/Nikolai_Iwanowitsch_Wawilow. Trotzdem wurde Wawilow am 6. August 1940 im Rahmen der auch nach dem formalen Ende des „Großen Terrors" am 17. November 1938 fortgeführten politischen Repression in der stalinschen Sowjetunion" verhaftet und seiner Ämter enthoben. Ursprünglich wurde zum Tode verurteilt, dann aber zu zwanzig Jahren Freiheitsentzug begnadigt und am 29. Oktober 1942 nach Saratow überführt. Dort starb er am 26. Januar 1943 im Alter von 55 Jahren im Gefängnis wahrscheinlich an Unterernährung. Es ist eine große Ironie der Geschichte, dass jemand, der sich so für den Erhalt der genetischen Vielfalt auch von Lebensmittel eingesetzt hat, dann an Unterernährung stirbt. Hitler und Stalin ermöglichten das.

290 Vgl. dazu https://de.wikipedia.org/wiki/Genzentrum

291 Ebd.

292 The Guardian, 19.02.2014, Erstellt: 11. März 2014, https://www.gentechfrei. ch/de/?option=com_content&view=article&id=548:298-5-aethiopien-samenbank-mit-zehntausenden-von-sorten&catid=114:aktuell

293 Zitiert nach: Orf.at v. 8. April 2017, 21:58; https://oe1.orf.at/artikel/211043/Der-Acker-ist-die-beste-Gendatenbank

294 https://en.wikipedia.org/wiki/Ejere_(town)

295 Orf.at v. 8. April 2017, 21:58; https://oe1.orf.at/artikel/211043/Der-Acker-ist-die-beste-Gendatenbank

296 Vgl. dazu: Bezahlung von Ökosystemleistungen für den Erhalt der landwirtschaftlichen genetischen Vielfalt, (Mai 2011) https://wocatpedia.net/images/4/41/ Giz2011-de-agrobiodiv-bezahlung-von-oekosystemleistungen.pdf

297 Orf.at v. 8. April 2017, 21:58; https://oe1.orf.at/artikel/211043/Der-Acker-ist-die-beste-Gendatenbank

ENDNOTEN

298 Vgl. dazu auch Orf.at v. 8. April 2017, 21:58; https://oe1.orf.at/artikel/211043/
Der-Acker-ist-die-beste-Gendatenbank

299 Die folgenden biographischen Angaben wurde entnommen aus: https://de.wiki-
pedia.org/wiki/Rigoberta_Mench%C3%BA

300 Ihre Rede bei der Verleihung des Friedensnobelpreises ist nachzulesen bei http://
www.quetzal-leipzig.de/lateinamerika/guatemala/rede-von-rigoberta-men-
chu-tum-anlaslich-der-verleihung-des-friedensnobelpreise-1992-19093.html

301 Die Magna Charta von 1215 räumte erstmals dem aufbegehrenden britischen
Adel Freiheitsrechte gegenüber der Krone ein

302 Die folgenden Ideen wurde zur Gänze – aber stark gekürzt – vom ausgezeichneten und sehr lesenswerten Beitrag von Christian Staas, in: Die ZEIT online v.
18. Dezember 2022, 20:14 Uhr; https://www.zeit.de/2022/52/allgemeine-er-
klaerung-der-menschenrechte-sternstunden-der-menschheit/komplettansicht
übernommen

303 Über die drei Herren finden sich bei Christian Staas kurze biographische Anmerkungen, vgl. Christian Staas, in: Die ZEIT online v. 18. Dezember 2022, 20:14
Uhr; https://www.zeit.de/2022/52/allgemeine-erklaerung-der-menschenrech-
te-sternstunden-der-menschheit/komplettansicht

304 So Christian Staas, in: Die ZEIT online v. 18. Dezember 2022, 20:14 Uhr; https //
www.zeit.de/2022/52/allgemeine-erklaerung-der-menschenrechte-sternstun-
den-der-menschheit/komplettansicht

305 Christian Staas, in: Die ZEIT online v. 18. Dezember 2022, 20:14 Uhr; https://
www.zeit.de/2022/52/allgemeine-erklaerung-der-menschenrechte-sternstun-
den-der-menschheit/komplettansicht

306 Christian Staas, in: Die ZEIT online v. 18. Dezember 2022, 20:14 Uhr· https://
www.zeit.de/2022/52/allgemeine-erklaerung-der-menschenrechte-sternstun-
den-der-menschheit/komplettansicht

307 Christian Staas, in: Die ZEIT online v. 18. Dezember 2022, 20:14 Uhr; https://
www.zeit.de/2022/52/allgemeine-erklaerung-der-menschenrechte-sternstur-
den-der-menschheit/komplettansicht

308 Die Artikel wurden wortwörtlich entnommen aus: https://de.wikipedia.org/wiki/
Allgemeine_Erkl%C3%A4rung_der_Menschenrechte

309 Zitiert nach Christian Staas, in: Die ZEIT online v. 18. Dezember 2022, 20:14 Uhr;
https://www.zeit.de/2022/52/allgemeine-erklaerung-der-menschenrechte-stern-
stunden-der-menschheit/komplettansicht

310 Laut Wikipedia wurde sie „ca. 1986" geboren, vgl. https://de.wikipedia.org/wiki/
Guya_Merkle, daselbst finden sich auch einige andere biographische Daten.

311 Vgl. https://de.wikipedia.org/wiki/Guya_Merkle

312 Vgl. Podcast v. 16. Oktober 2020: https://annegrabs.de/shift-podcast-folge30-
guya-merkle-vieri/; Darin findet sich auch eine kurze Firmengeschichte von Frau
Guya Merkle, die auch für diese Zusammenstellung verwendet wurde.

313 https://earthbeatfoundation.org/; Brigitte Scholtes | 26.08.2022; in: Deutsch-
landfunk, https://www.deutschlandfunk.de/schmutziges-gold-arbeitsbedingun-
gen-umwelt-100.html; Maria Zelenko, in: Kurier/Freizeit v. 01.12.21; https://
freizeit.at/mode-beauty/nachhaltiger-schmuck-warum-fair-trade-und-recy-
cling-nicht-ausreicht/401824285

314 Podcast v. 16. Oktober 2020: https://annegrabs.de/shift-podcast-folge30-guya-
merkle-vieri/

315 Maria Zelenko, in: Kurier/Freizeit v. 01.12.21; https://freizeit.at/mode-be-
auty/nachhaltiger-schmuck-warum-fair-trade-und-recycling-nicht-aus-
reicht/401824285; https://marenjewellery.com/blogs/journal/die-earthbeat-foun-
dation

316 Susanne Barta, in: Finanzmagazine, https://franzmagazine.com/2021/07/ 21/
wir-muessen-das-zu-ende-denken-jewellery-on-display-3/

317 https://de.wikipedia.org/wiki/Guya_Merkle

318 Vgl. dazu auch Morgane Llanque, in: enorm v. 15. Nov. 2019; https://enorm-ma-

gazin.de/lebensstil/nachhaltige-mode-green-fashion/nachhaltige-materialien/der-schmutz-der-goldindustrieglk

319 Vgl. dazu den Beitrag von: Johannes Dieterich, Antje Mathez, Joachim Wille, Jan Christoph Freybott, Nina Luttmer, Steffen Herrmann, in: FR v. Erstellt: 27.12.2022, 14:50 Uhr; https://www.fr.de/wirtschaft/neun-projekte-fuer-2023-menschen-die-hoffnung-machen-91997305.html

320 Interview (Lesley Sevriens), https://werde-magazin.de/blog/2020/01/07/faires-gold/

321 Podcast v. 16. Oktober 2020: https://annegrabs.de/shift-podcast-folge30-guya-merkle-vieri/

322 Interview (Lesley Sevriens), https://werde-magazin.de/blog/2020/01/07/faires-gold/

323 Denis Mukwege in seiner Rede zur Verleihung des Global Citizen Award 2012 in New York: https://brunnen-verlag.de/blog/denis-mukwege-meine-stimme-fuer-das-leben

324 Vgl. dazu und zum Folgenden https://de.wikipedia.org/wiki/Denis_Mukwege

325 Vgl. dazu das Kapitel in diesem Buch.

326 Von Dominik Peters, in: Der Spiegel online v. 05.10.2018, 13.50 Uhr; https://www.spiegel.de/politik/ausland/friedensnobelpreis-2018-nadia-murad-und-denis-mukwege-was-sie-ueber-die-beiden-wissen-muessen-a-1231712.html

327 Vgl. zu Mukwege die recht ausführliche Zusammenfassung bei https://de.wikipedia.org/wiki/Denis_Mukwege

328 Zitiert nach Dominik Peters, in: Der Spiegel online v. 05.10.2018, 13.50 Uhr; https://www.spiegel.de/politik/ausland/friedensnobelpreis-2018-nadia-murad-und-denis-mukwege-was-sie-ueber-die-beiden-wissen-muessen-a-1231712.html

329 Zitiert nach https://de.wikipedia.org/wiki/Denis_Mukwege

330 Zitiert nach https://de.wikipedia.org/wiki/Denis_Mukwege

331 Johannes Dieterich, Antje Mathez, Joachim Wille, Jan Christoph Freybott, Nina Luttmer, Steffen Herrmann, in: FR v. Erstellt: 27.12.2022, 14:50 Uhr; https://www.fr.de/wirtschaft/neun-projekte-fuer-2023-menschen-die-hoffnung-machen-91997305.html

332 Vgl. dazu und zu den weiteren biographischen Daten v.a. https://de.wikibrief.org/wiki/Catherine_Nakalembe

333 Hans Decker, in: Afrika Positive -Wirtschaft 25.01.2021 16:52 Seite 29; https://globalperspectives.org/wp-content/uploads/2021/02/africa-positive-magazin-ausgabe-80-jan2021-2.pdf. Zu den Folgen der damaligen Hungerkrise in dieser Gegend siehe etwa: „Hier gibt es nichts mehr" 22.02.2016 | Blog; https://www.welthungerhilfe.de/aktuelles/blog/hilfe-fuer-krisenregion-karamoja

334 https://de.wikibrief.org/wiki/Catherine_Nakalembe

335 https://de.wikibrief.org/wiki/Catherine_Nakalembe

336 https://de.wikibrief.org/wiki/Catherine_Nakalembe

337 https://de.wikibrief.org/wiki/Catherine_Nakalembe

338 https://www.pik-potsdam.de/de/aktuelles/nachrichten/neue-studie-von-nasa-und-pik-bauern-weltweit-muessen-sich-schon-innerhalb-des-naechsten-jahrzehnts-auf-neue-klimarealitaet-einstellen (Stand 2. Nov. 2021).

339 Vgl. dazu LEXIKON der Fernerkundung, Stichwort Erdbeobachtung, https://www.fe-lexikon.info/lexikon-l.htm

340 Vgl. Johannes Dieterich, Antje Mathez, Joachim Wille, Jan Christoph Freybott, Nina Luttmer, Steffen Herrmann, in: FR v. Erstellt: 27.12.2022, 14:50 Uhr; https://www.fr.de/wirtschaft/neun-projekte-fuer-2023-menschen-die-hoffnung-machen-91997305.html

341 Das Beispiel für diese (fast) unglaubliche Geschichte wurde entnommen aus Barbara Achermann, Frauenwunderland. Die Erfolgsgeschichte von Ruanda, Ditzingen 2019, S. 112-125, insbes. 117 ff.

342 Vgl. dazu etwa https://de.wikipedia.org/wiki/Ruanda

343 Vgl. dazu: Christoph Lübbert, Anna-Lena Stumpf, Tanja Bach, Reise Know-How.

Reiseführer Uganda, Ruanda, Ostkongo; Verlag: Reise Know-How Rump Gmbh, 2019, Stichwort: Genozid Gedenkstätten Ntarama und Nyamata. Vgl. dazu auch Ingbert Dawen, Ziegen für Lwala. Ein Hilfsprojekt wird geboren, BoD, Erstauflage 2016

344 Vgl. dazu Barbara Achermann, Frauenwunderland. Die Erfolgsgeschichte von Ruanda, Ditzingen 2019, S. 112-125, insbes. 117 ff. Die hier verwendeten Zitate finden sich daselbst.

345 Vgl. dazu die Zahlen bei https://de.wikipedia.org/wiki/Kigali

346 So Barbara Achermann, Frauenwunderland, S. 117.

347 Die ff. Informationen wurden entnommen aus: red, religion.ORF.at/KAP/KNA, in: Orf.at v. 8. März 2022, 10.43 Uhr; https://religion.orf.at/stories/3211854

348 Zitiert nach: Orf.at v. 8. März 2022, 10.43 Uhr; https://religion.orf.at/stories/3211854

349 Wiedergegeben und zitiert nach Heiner Hoffmann und Jacob Ochieng, in: Der Spiegel online v. 17.11.2022, 13.56 Uhr; https://www.spiegel.de/ausland/wiederaufforstung-in-afrika-der-wald-heilt-sich-selbst-a-990c47da-1c29-4530-a982-b1b49bce5fc7?utm_source=pocket-newtab-global-de-DE

350 Mehr über Tony Rinaudo und seine FNMR-Methode findet sich auf der Homepage von World Vision.

351 Wiedergegeben und zitiert nach Heiner Hoffmann und Jacob Ochieng, in: Der Spiegel online v. 17.11.2022, 13.56 Uhr; https://www.spiegel.de/ausland/wiederaufforstung-in-afrika-der-wald-heilt-sich-selbst-a-990c47da-1c29-4530-a982-b1b49bce5fc7?utm_source=pocket-newtab-global-de-DE

352 https://ruefferundrub.ch/buecher/biografie/item/892-unsere-baeume-der-hoffnung

353 Wiedergegeben und zitiert nach Heiner Hoffmann und Jacob Ochieng, in: Der Spiegel online v. 17.11.2022, 13.56 Uhr; https://www.spiegel.de/ausland/wiederaufforstung-in-afrika-der-wald-heilt-sich-selbst-a-990c47da-1c29-4530-a982-b1b49bce5fc7?utm_source=pocket-newtab-global-de-DE

354 Dirk Bathe, https://www.worldvision.de/aktuell/2018/09/fmnr

355 Wiedergegeben und zitiert nach Heiner Hoffmann und Jacob Ochieng, in: Der Spiegel online v. 17.11.2022, 13.56 Uhr; https://www.spiegel.de/ausland/wiederaufforstung-in-afrika-der-wald-heilt-sich-selbst-a-990c47da-1c29-4530-a982-b1b49bce5fc7?utm_source=pocket-newtab-global-de-DE

356 Julia Haungs, 5.4.2022, 14:35 Uhr; https://www.swr.de/swr2/film-und-serie/volker-schloendorffs-erste-kino-doku-ueber-tony-rinaudo-und-das-wunder-der-baeume-der-waldmacher-100.html

357 Julia Großmann und Peter Carstens, in: GEO v. 17.01.2019, 14:58 Uhr; https://www.geo.de/natur/nachhaltigkeit/20772-rtkl-tony-rinaudo-dieser-mann-verwandelt-wueste-bluehende-landschaften

358 Die biographischen Daten wurden zusammengestellt aus: https://www.munzinger.de/search/portrait/MacKenzie+Scott/0/32354.html und https //de.wikipedia.org/wiki/MacKenzie_Scott, daselbst mit diversen Quellenangaben, sowie dem sehr informativen Beitrag „MacKenzie Scott: 7 Dinge, die Sie über die Philanthropin und Ex-Frau von Jeff Bezos wissen sollten" von Stuart Emmrich; 3. Februar 2021; https://www.vogue.de/lifestyle/artikel/mackenzie-scott-jeff-bezos-amazon weiter siehe auch noch Philipp Albrecht (Text) und Andrea Ventura (Illustration), 06.08.2021, in: Republik, https://www.republik.ch/2021/08/06/die-wette-der-zweitreichsten-frau-der-welt

359 n-tv v. 09.12.2021, 14:40 Uhr; https://www.n-tv.de/leute/Forbes-kuert-die-maechtigsten-Frauen-der-Welt-article22988199.html und https://madonna.oe24.at/mackenzie-scotts-stille-spendenflut/517859297

360 Von Stuart Emmrich; 3. Februar 2021; https://www.vogue.de/lifestyle/artikel/mackenzie-scott-jeff-bezos-amazon

361 https://www.n-tv.de/leute/Bezos-Ex-gibt-Millionen-fuer-Obdachlose-article23218444.html)

362 n-tv v. 16.06.2021, 14:12 Uhr; https://www.n-tv.de/wirtschaft/MacKenzie-Scott-spendet-weitere-Milliarden-article22623081.html

ENDNOTEN

363 n-tv v. 16.06.2021, 14:12 Uhr; https://www.n-tv.de/wirtschaft/MacKenzie-Scott-spendet-weitere-Milliarden-article22623081.html

364 Von Stuart Emmrich; 3. Februar 2021; https://www.vogue.de/lifestyle/artikel/mackenzie-scott-jeff-bezos-amazon

365 Orf.at v. 18. April 2022, 13.24 Uhr; https://orf.at/stories/3259123

366 Vgl. dazu etwa Von Stuart Emmrich; 3. Februar 2021; https://www.vogue.de/lifestyle/artikel/mackenzie-scott-jeff-bezos-amazon"

367 Philipp Albrecht (Text) und Andrea Ventura (Illustration), 06.08.2021, in: Republik, https://www.republik.ch/2021/08/06/die-wette-der-zweitreichsten-frau-der-welt

368 Von Philipp Albrecht (Text) und Andrea Ventura (Illustration), 06.08.2021, in: Republik, https://www.republik.ch/2021/08/06/die-wette-der-zweitreichsten-frau-der-welt; Orf.at v. 18. April 2022, 13.24 Uhr; https://orf.at/stories/3259123/

369 n-tv v. 16.06.2021, 14:12 Uhr; https://www.n-tv.de/wirtschaft/MacKenzie-Scott-spendet-weitere-Milliarden-article22623081.html

370 n-tv v. 08.03.2021, 10:52 Uhr; https://www.n-tv.de/wirtschaft/Milliardaerin-Scott-ist-wieder-verheiratet-article22409397.html

371 Die Informationen wurden entnommen von Rewert Hoffer, in: NZZ v. 14.02.2022, 05.30 Uhr

372 Vgl. dazu https://de.wikipedia.org/wiki/Biblioburro

373 Text: Hilmar Poganatz, Fotos: Marco Vernaschi / https://www.terramatermagazin.com/a/w/biblioburro-wenn-das-wissen-mit-dem-esel-kommt Diese Reportage erschien erstmals im Terra Mater Magazin 2/2014.

374 Text: Hilmar Poganatz, Fotos: Marco Vernaschi / https://www.terramatermagazin.com/a/w/biblioburro-wenn-das-wissen-mit-dem-esel-kommt Diese Reportage erschien erstmals im Terra Mater Magazin 2/2014.

375 Text: Hilmar Poganatz, Fotos: Marco Vernaschi / https://www.terramatermagazin.com/a/w/biblioburro-wenn-das-wissen-mit-dem-esel-kommt Diese Reportage erschien erstmals im Terra Mater Magazin 2/2014.

376 Zitiert nach: Text: Hilmar Poganatz, Fotos: Marco Vernaschi / https://www.terramatermagazin.com/a/w/biblioburro-wenn-das-wissen-mit-dem-esel-kommt Diese Reportage erschien erstmals im Terra Mater Magazin 2/2014.

377 Zitiert nach Text: Hilmar Poganatz, Fotos: Marco Vernaschi / https://www.terramatermagazin.com/a/w/biblioburro-wenn-das-wissen-mit-dem-esel-kommt Diese Reportage erschien erstmals im Terra Mater Magazin 2/2014.

378 Text: Hilmar Poganatz, Fotos: Marco Vernaschi / https://www.terramatermagazin.com/a/w/biblioburro-wenn-das-wissen-mit-dem-esel-kommt Diese Reportage erschien erstmals im Terra Mater Magazin 2/2014.

379 Text: Hilmar Poganatz, Fotos: Marco Vernaschi / https://www.terramatermagazin.com/a/w/biblioburro-wenn-das-wissen-mit-dem-esel-kommt Diese Reportage erschien erstmals im Terra Mater Magazin 2/2014.

380 Text: Hilmar Poganatz, Fotos: Marco Vernaschi / https://www.terramatermagazin.com/a/w/biblioburro-wenn-das-wissen-mit-dem-esel-kommt Diese Reportage erschien erstmals im Terra Mater Magazin 2/2014. Und https://de.wikipedia.org/wiki/Biblioburro; vgl. dazu auch den interessanten Beitrag über Fahrbibliotheken in Wikipedia, https://de.wikipedia.org/wiki/Fahrbibliothek

381 E-Mail Information meines Freundes Amadeo Eberle aus Cali/Kolumbien.

382 Auf Franjo Starcevic wurde ich durch eine Radiosendung von Prof. Werner Wintersteiner in Ö1 v. Sonntag den 11. Dez. 2022 (9.05 ff Uhr) unter dem Titel „Die Stimme des Friedens stärken" aufmerksam. Prof. Wintersteiner hat mir dann liebenswerter Weise auch einen Beitrag von ihm zu Franjo Starcevic zukommen lassen.

383 Laut Wikipedia ist Mrkopalj ist eine Ortschaft im gebirgigen Teil Kroatiens östlich von Rijeka in der historischen Region Gorski Kotar und hatte 2011 rund 1.200 Einwohner.

384 Vgl. dazu: Werner Wintersteiner, Das „"Wunder"" von Gorski Kotar: Ein alter Mann als Friedensstifter, in: FriedensForum, Ausgabe 1 / 1993

385 Zitiert nach Werner Wintersteiner, Das „"Wunder""" von Gorski Kotar: Ein alter Mann als Friedensstifter, in: FriedensForum, Ausgabe 1 / 1993

386 Bezüglich der Friedenschule von Gorski Kotar siehe z.B.: Valentina Otmačić, Friedensschule im Krieg. Franjo Starcevic und die Friedenspädagogik, in: Wissenschaft und Frieden 3/2021 (W&F 3/2021), Veröffentlicht am 07/10/2021. Werner Wintersteiner/Marjan Sturm, Visionen und Wege. Zivilgesellschaftliche Kooperationen im Alpen-Adria-Raum, in – Kärntner Jahrbuch für Politik – Klagenfurt 2021, 277 ff., insbes. S. 281. https://www.jahrbuchkaernten.at/fileadmin/user_upload/Jahrbuch_Politik_2021.pdf: Das Beispiel der Friedensschule Gorski kotar. In: „etc ppf". Zeitschrift der Pädagoginnen und Pädagogen für den Frieden. Siegen 1995, S. 30-32. Pucher, Wolfgang, FRIEDENSSCHULE GORSKI KOTAR, Glück, Schweiß und Träume, 25-26,ÖFD, Jahresbericht , 4/01, Graz,00/01, oefd@Eunet.at http:// www.demut.at/friedensdienst. Tiffinger, Helga (1999), „Die Friedensschule Gorski Kotar geht über die Grenze", in: FriedensDienst, Jg 4, Nr. 4; http://www.demut.at/friedensdienst/Zeitung/4 99/8 _4_99.html

387 Werner Wintersteiner, Das „Wunder" von Gorski Kotar: Ein alter Mann als Friedensstifter, in: FriedensForum, Ausgabe 1 / 1993

388 Vgl. dazu etwa: Stefan Osterhaus, Dortmund; in: NZZ v. 04.07.2022, 16.30 Uhr; https://www.nzz.ch/sport/subotic-ld.1688799 und https://nevensuboticstiftung.de/cms/wp-content/uploads/2019/12/Neven_Subotic_Stiftungsreport_2018_web_gesamt.pdf

389 Vgl. dazu: https://www.stiftungen.org/stiftungen/stiftungszwecke/gesundheit-und-sport/kick-off-stiftungen-und-fussball/neven-subotic-stiftung.html, S. 42.

390 Stefan Osterhaus, Dortmund; in: NZZ v. 04.07.2022, 16.30 Uhr; https://www.nzz.ch/sport/subotic-ld.1688799

391 Bezeichnend diesbezüglich auch der Titel seiner Autobiographie: Neven Subotic: Alles geben: Warum der Weg zu einer gerechteren Welt bei uns selbst anfängt. Kiepenheuer & Witsch, Köln 2022

392 So in einem recht ausführlichen Interview mit ihm in: https://nevensuboticstiftung.de/cms/wp-content/uploads/2019/12/Neven_Subotic_Stiftungsreport_2018_web_gesamt.pdf; S. 87 bis 107

393 Zitiert nach Stefan Osterhaus, Dortmund; in: NZZ v. 04.07.2022, 16.30 Uhr; https://www.nzz.ch/sport/subotic-ld.1688799

394 Vgl. dazu ausführlich https://de.wikipedia.org/wiki/Bertha_von_Suttner

395 Das folgende Kapitel wurde entnommen aus: Tanja Stelzer, in: Die ZEIT v. Aktualisiert am 9. Oktober 2022, 20:26 Uhr; https://www.zeit.de/2022/41/massaker-my-lai-vietnam-usa-soldaten/komplettansicht; auch alle Zitate finden sich daselbst

396 Zu den biographischen Angaben siehe https://de.wikipedia.org/wiki/Hugh_Thompson_junior

397 Vgl. https://de.wikipedia.org/wiki/Hugh_Thompson_junior; Die Rettung des Kindes Do Ba aus der Grube der Ermordeten wird bei Tanja Stelzer, in: Die ZEIT v. Aktualisiert am 9. Oktober 2022, 20:26 Uhr; https://www.zeit.de/2022/41/massaker-my-lai-vietnam-usa-soldaten/komplettansicht genauer beschrieben

398 Tanja Stelzer, in: Die ZEIT v. Aktualisiert am 9. Oktober 2022, 20:26 Uhr; https://www.zeit.de/2022/41/massaker-my-lai-vietnam-usa-soldaten/komplettansicht. Daselbst finden sich auch Details vom Massaker, erzählt von den wenigen Überlebenden.

399 Tanja Stelzer, in: Die ZEIT v. Aktualisiert am 9. Oktober 2022, 20:26 Uhr; https://www.zeit.de/2022/41/massaker-my-lai-vietnam-usa-soldaten/komplettansicht

400 Tanja Stelzer, in: Die ZEIT v. Aktualisiert am 9. Oktober 2022, 20:26 Uhr; https://www.zeit.de/2022/41/massaker-my-lai-vietnam-usa-soldaten/komplettansicht

401 https://de.wikipedia.org/wiki/Massaker_von_M%E1%BB%B9_Lai

402 Tanja Stelzer, in: Die ZEIT v. Aktualisiert am 9. Oktober 2022, 20:26 Uhr; https://www.zeit.de/2022/41/massaker-my-lai-vietnam-usa-soldaten/komplettansicht

ENDNOTEN

403 https://de.wikipedia.org/wiki/Massaker_von_M%E1%BB%B9_Lai
404 https://de.wikipedia.org/wiki/Hugh_Thompson_junior und Tanja Stelzer, in: Die ZEIT v. Aktualisiert am 9. Oktober 2022, 20:26 Uhr; https://www.zeit.de/2022/41/massaker-my-lai-vietnam-usa-soldaten/
405 https://de.wikipedia.org/wiki/Hugh_Thompson_junior
406 So das Schlussstatement von Tanja Stelzer, in: Die ZEIT v. Aktualisiert am 9. Oktober 2022, 20:26 Uhr; https://www.zeit.de/2022/41/massaker-my-lai-vietnam-usa-soldaten/komplettansicht
407 Vgl. dazu Ladislaus Ludescher, „Das größte lösbare Problem der Welt", S. 13; https://de.ejo-online.eu/qualitaet-ethik/wenig-aufmerksamkeit-fuer-das-groesste-loesbare-problem-der-welt und Ladislaus Ludescher, in: FR v. Erstellt: 09.11.2022, 15:59 Uhr; https://www.fr.de/wissen/das-groesste-loesbare-problem-der-welt-91905847.html
408 Vgl. dazu https://de.wikipedia.org/wiki/Ibedul_Gibbons und https://de.wikipedia.org/wiki/Palau
409 Vgl. dazu auch die kurze Zusammenfassung zu den Trident Ploughshares in: https://de.wikipedia.org/wiki/Trident_Ploughshares
410 Vgl. dazu Pastor Carsten Hokema https://www.bremenzwei.de/audios/morgenandacht-1336.html
411 Vgl. dazu den recht ausführlichen Beitrag in: https://de.wikipedia.org/wiki/Schwerter_zu_Pflugscharen: daselbst finden sich auch diverse Bibelzitate und deren Interpretationen.
412 Zu den kurzen biographischen Angaben siehe https://de.wikipedia.org/wiki/David_Lange
413 Vgl. dazu https://de.wikipedia.org/wiki/ANZUS-Abkommen
414 Vgl. https://de.frwiki.wiki/wiki/ANZUS
415 Kurze biographische Hinweise finden sich bei https://de.wikipedia.org/wiki/Alyn_Ware
416 Zitiert nach: https://www.atomwaffena-z.info/glossar/w/w-texte/artikel/cdeaf7261ebfcf6bb0577d02775794e4/ware-alyn.html
417 https://www.munzinger.de/search/portrait/Alyn+Ware/0/28098.html
418 Vgl. die Zeit v. 13. Okt. 2009, https://www.zeit.de/politik/ausland/2009-10/alternativer-nobelpreis-preistraeger/komplettansicht
419 https://www.atomwaffena-z.info/glossar/w/w-texte/artikel/cdeaf7261ebfcf6bb-0577d02775794e4/ware-alyn.html
420 https://www.atomwaffena-z.info/glossar/w/w-texte/artikel/cdeaf7261ebfcf6bb-0577d02775794e4/ware-alyn.html
421 https://www.atomwaffena-z.info/glossar/w/w-texte/artikel/cdeaf7261ebfcf6bb-0577d02775794e4/ware-alyn.html
422 https://de.wikipedia.org/wiki/Alyn_Ware
423 https://www.spiegel.de/politik/ausland/alternativer-nobelpreis-helden-im-hintergrund-a-654695.html
424 Zitiert nach Wiener Zeitung v. 27.09.2012; https://www.wienerzeitung.at/nachrichten/welt-europa/weltchronik/489806_Alternativer-Nobelpreis-fuer-Anti-Ruestungskampagne.html
425 taz v. 27.?9.?2012, 10:14 Uhr; https://taz.de/Alternative-Nobelpreise-2012/!5083080
426 Für eine kurze biographische Information siehe https://de.wikipedia.org/wiki/Paul_Walker_(Politikwissenschaftler), Siehe dazu auch Von Lisa Erdmann, in: Der Spiegel online v. 26.09.2013, 10.10 Uhr, https://www.spiegel.de/politik/ausland/alternativer-nobelpreis-a-924467.html
427 Von Lisa Erdmann, in: Der Spiegel online v. 26.09.2013, 10.10 Uhr, https://www.spiegel.de/politik/ausland/alternativer-nobelpreis-a-924467.html
428 Vgl. dazu https://de.wikipedia.org/wiki/Tony_de_Brum
429 Zitiert nach https://de.wikipedia.org/wiki/Tony_de_Brum

ENDNOTEN

https://de.wikipedia.org/wiki/Tony_de_Brum; vgl. auch https://www.pazifik-infostelle.org/news/8600876.html
431 https://www.dbu.de/533bild42357_2362_37288.html
432 https://www.pazifik-infostelle.org/news/8600876.html
433 https://presse.missio.at/news-missio-emotionale-jubilaeumsgala-und-verleihung-des-emil-fuer-eselsarbeit?id=167574&menueid=14220&l=deutsch
434 Vgl. dazu https://www.missio.at/austria-on-mission-awards-2022/
435 https://www.vaticannews.va/de/welt/news/2021-04/dr-kongo-ordensfrauen-fuer-kampf-gegen-kinderarbeit-geehrt.html; Laut dem „Global Slavery Index" der australischen Stiftung „Walk Free" lebten bereits 2016 weltweit mindestens 45,8 Millionen Menschen in Sklaverei. Vgl. dazu Orf.at v. 31.05.2016; https://science.orf.at/stories/2777480
436 https://de.wikipedia.org/wiki/
437 https://goellersbachpfarren.at/weltmissionssonntag-in-goellersdorf/
438 Vgl. dazu den äußerst lesenswerten Bericht von allewelt-Autor Christoph Lehermayr und Fotograf Simon Kupferschmied. Sie recherchierten in den Kobalt-Minen des Kongo ausführlich zu dieser Problematik, nachzulesen unter: https://www.missio.at/kongo-reportage-teil-2/ (2 Teile). Der Beitrag war auch für die folgenden Zeilen sehr wichtig und wurde deshalb immer wieder zitiert.
439 Vgl. Christoph Lehermayr; Fotos und Videos: Simon Kupferschmied; https://www.missio.at/kongo-reportage
440 Vgl. dazu etwa Hartmann Simon, Anatomie globaler Ausbeutungssysteme: eine wirtschaftshistorische Betrachtung des Kongo, wirtschaftshistorische Dissertation, Innsbruck 2008.
441 Zur Geschichte und zur Größe des Ordens findet sich bei https://de.wikipedia.org/wiki/Schwestern_vom_Guten_Hirten eine kurze Information.
442 allewelt-Autor Christoph Lehermayr und Fotograf Simon Kupferschmied recherchierten in den Kobalt-Minen des Kongo. https://www.missio.at/kongo-reportage-teil-2/https://www.missio.at/kongo-reportage-teil-2/
443 allewelt-Autor Christoph Lehermayr und Fotograf Simon Kupferschmied recherchierten in den Kobalt-Minen des Kongo. https://www.missio.at/kongo-reportage-teil-2/
444 Vgl. dazu etwa 19. September 2019; https://automanager.tv/?p=15177; 19. September 2019 von Bernhard Matschl; https://www.emcaustria.at/blog/allgemein/verantwortungsvoller-abbau-von-kobalt/ oder https://www.basf.com/at/de/media/news-releases/2020/p-20-350.html
445 allewelt-Autor Christoph Lehermayr und Fotograf Simon Kupferschmied recherchierten in den Kobalt-Minen des Kongo. https://www.missio.at/kongo-reportage-teil-2/; Zitate daselbst
446 allewelt-Autor Christoph Lehermayr und Fotograf Simon Kupferschmied recherchierten in den Kobalt-Minen des Kongo. https://www.missio.at/kongo-reportage-teil-2/; Zitate daselbst
447 Vgl. dazu Francesca Borri, in: Taz v. 3.7.2022, 18:52 Uhr https://taz.de/Afghanistan-unter-den-Taliban/!5865143/
448 FR Erstellt: 26.10.2022, 09:31 Uhr; https://www.fr.de/politik/schule-trotz-taliban-ich-will-dass-unsere-nation-eine-andere-wird-afghanistan-per-path-volunteers-91872119.html
449 Zitate ebd.
450 PS: Bei Google finden sich unter dem Suchbegriff „Geheime Schulen in Afghanistan" Dutzende Hinweise und Zeitungsberichte zu diesem Tatbestand!
451 FR Erstellt: 26.10.2022, 09:31 Uhr; https://www.fr.de/politik/schule-trotz-taliban-ich-will-dass-unsere-nation-eine-andere-wird-afghanistan-pen-path-volunteers-91872119.html
452 FR Erstellt: 26.10.2022, 09:31 Uhr; https://www.fr.de/politik/schule-trotz-taliban-ich-will-dass-unsere-nation-eine-andere-wird-afghanistan-pen-path-volunteers-91872119.html

453 So Silke Diettrich, ARD-Studio Neu-Delhi, zurzeit Kabul, Stand: 11.08.2022 00:14 Uhr; https://www.tagesschau.de/ausland/asien/afghanistan-schule-103.html

454 FR Erstellt: 26.10.2022, 09:31 Uhr; https://www.fr.de/politik/schule-trotz-taliban-ich-will-dass-unsere-nation-eine-andere-wird-afghanistan-pen-path-volunteers-91872119.html

455 So laut einem Reportage von Julian Busch, Kabul, in: Die ZEIT online v. 24. Juli 2022, 11:51 Uhr; https://www.zeit.de/politik/ausland/2022-07/afghanistan-taliban-maedchenschulen-ausbildungsstaetten-verbot/komplettansicht

456 n-tv v. 12.08.2022, 15:30 Uhr; https://www.n-tv.de/panorama/Geheime-Schulen-widersetzen-sich-den-Taliban-article23522445.html

457 Vgl. dazu Francesca Borri, in: Taz v. 3.7.2022, 18:52 Uhr https://taz.de/Afghanistan-unter-den-Taliban/!5865143/

458 So in einer Reportage von Julian Busch, Kabul, in: Die ZEIT online v. 24. Juli 2022, 11:51 Uhr; https://www.zeit.de/politik/ausland/2022-07/afghanistan-taliban-maedchenschulen-ausbildungsstaetten-verbot/komplettansicht

459 Vgl. dazu 21.08.2022, 19:18; https://www.stern.de/politik/ausland/schulverbot-der-taliban--mutige-lehrerin-unterrichtet-maedchen-in-hoehle-32640036.html

460 n-tv v. 12.08.2022, 15:30 Uhr; https://www.n-tv.de/panorama/Geheime-Schulen-widersetzen-sich-den-Taliban-article23522445.html

461 FR Erstellt: 24.10.2022, 17:17 Uhr; https://www.fr.de/politik/angst-vor-drohungen-der-taliban-afghanistan-pen-path-volunteers-91872116.html; Aufgezeichnet von Elisa Rheinheimer.

462 So in einer Reportage von Julian Busch, Kabul, in: Die ZEIT online v. 24. Juli 2022, 11:51 Uhr; https://www.zeit.de/politik/ausland/2022-07/afghanistan-taliban-maedchenschulen-ausbildungsstaetten-verbot/komplettansicht, Zitate daselbst.

463 Vgl. dazu den recht ausführlichen Berichte bei https://de.wikipedia.org/wiki/Betty_Williams

464 Vgl. zu ihrer Biographie die relativ ausführliche Zusammenstellung bei https://de.wikipedia.org/wiki/Mairead_Corrigan

465 Vgl. https://de.wikipedia.org/wiki/Betty_Williams

466 Die Verwendung des Preisgeldes von umgerechnet knapp 80.000 britischen Pfund sorgte für einigen Unmut innerhalb der Peace People: Statt wie angekündigt Projekte in Entwicklungsländern zu unterstützen oder es für Projekte der Organisation zu verwenden, behielten die Frauen auf Initiative von Betty Williams jeweils ihre Hälfte der Summe für sich. Williams erklärte 1986 in einem Interview, dass sie zu dieser Zeit vollständig mittellos gewesen sei und das Geld angesichts ihrer gescheiterten Ehe und dem zeitaufwendigen politischen Engagement dringend für ihren Lebensunterhalt gebraucht habe. Vgl. dazu https://de.wikipedia.org/wiki/Betty_Williams

467 Vgl. Vgl. https://de.wikipedia.org/wiki/Betty_Williams

468 https://de.wikipedia.org/wiki/Mairead_Corrigan. Mittlerweile wurde aus Bradly eine Chelsea Elizabeth Manning, vgl. dazu https://de.wikipedia.org/wiki/Chelsea_Manning

469 Die Angaben zu ihrer Biographie wurden entnommen von https://de.wikipedia.org/wiki/Jody_Williams

470 So Harald Wendler, vgl. 6. Mai 2015; https://mg-heute.de/friedensnobelpreistraegerin-jody-williams-unermuedliche-vordenkerin-und-menschenrechtsaktivistin

471 Hans-Arthur Marsiske; 06. Dezember 2015; https://www.heise.de/tp/features/Nichts-worueber-Menschen-entscheiden-ist-unvermeidlich-3376965.html?seite=all

472 Hans-Arthur Marsiske; 06. Dezember 2015, https://www.heise.de/tp/features/Nichts-worueber-Menschen-entscheiden-ist-unvermeidlich-3376965.html?seite=all

473 Zitiert nach: Harald Wendler 6. Mai 2015; https://mg-heute.de/friedensnobelpreistraegerin-jody-williams-unermuedliche-vordenkerin-und-menschenrechtsaktivistin

474 Zitiert nach: 30. Juni 2022; https://www.puls24.at/news/entertainment/jody-williams-vergewaltigung-wird-als-kriegswaffe-eingesetzt/269021 und Hans-Arthur Marsiske; 06. Dezember 2015, https://www.heise.de/tp/features/Nichts-worueber-Menschen-entscheiden-ist-unvermeidlich-3376965.html?seite=all

475 https://www.landmine.de/infos-ueber-minen-und-streumunition/wo-sind-minen-verlegt-und-wie-viele/

476 Veröffentlicht von Statista Research Department, 24.01.2022, https://de.statista.com/statistik/daten/studie/1076003/umfrage/verletzte-und-tote-durch-landminen-weltweit/

477 https://www.geo.de/wissen/23622-rtkl-125-jahre-nobelpreis-zehn-spannende-fakten-zum-friedensnobelpreis

478 Tiroler Tageszeitung, Dienstag, 9.12.2014, 10:04: https://www.tt.com/artikel/9362291/weltruhm-skandale-und-heimlichkeiten-der-friedensnobelpreis; Marius Gerads, in: Wirtschaftswoche v. 09. Oktober 2015; https://www.wiwo.de/politik/ausland/friedensnobelpreis-so-wird-mit-dem-nobelpreis-politik-gemacht/12429590.html

479 Marius Gerads, in: Wirtschaftswoche v. 09. Oktober 2015; https://www.wiwo.de/politik/ausland/friedensnobelpreis-so-wird-mit-dem-nobelpreis-politik-gemacht/12429590.html und https://geboren.am/nobelpreise/frieden

480 Vgl. dazu https://de.statista.com/statistik/daten/studie/2014/umfrage/friedensnobelpreistraeger-nach-geschlecht-seit-1901/, die Zahlen wurden auch von Autor überprüft.

481 Tiroler Tageszeitung, Dienstag, 9.12.2014, 10:04: https://www.tt.com/artikel/9362291/weltruhm-skandale-und-heimlichkeiten-der-friedensnobelpreis.

482 Die Zahlen wurden aus verschiedenen Internetquellen erhoben.

483 https://rp-online.de/thema/nobelpreis/ und https://www.geo.de/wissen/23622-rtkl-125-jahre-nobelpreis-zehn-spannende-fakten-zum-friedensnobelpreis

484 Vgl. dazu etwa Sven Felix Kellerhoff im Gespräch mit Änne Seidel | 06.10.2019; https://www.deutschlandfunk.de/friedensnobelpreis-es-waere-besser-ihn-retrospektiv-zu-100.html

485 TT v. 9.12.2014, 10:04: https://www.tt.com/artikel/9362291/weltruhm-skandale-und-heimlichkeiten-der-friedensnobelpreis und https://www.ardalpha.de/wissen/nobelpreis/bittere-politik-nobelpreise-100.html

486 https://www.geo.de/wissen/23622-rtkl-125-jahre-nobelpreis-zehn-spannende-fakten-zum-friedensnobelpreis

487 Marius Gerads, in: Wirtschaftswoche v. 09. Oktober 2015; https://www.wiwo.de/politik/ausland/friedensnobelpreis-so-wird-mit-dem-nobelpreis-politik-gemacht/12429590.html

488 So Sven Felix Kellerhoff im Gespräch mit Änne Seidel | 06.10.2019; https://www.deutschlandfunk.de/friedensnobelpreis-es-waere-besser-ihn-retrospektiv-zu-100.html

489 TT v. 9.12.2014, 10:04: https://www.tt.com/artikel/9362291/weltruhm-skandale-und-heimlichkeiten-der-friedensnobelpreis

490 Eine Zusammenstellung aller Preisträger:innen seit Beginn findet sich bei https://de.wikipedia.org/wiki/Liste_der_Tr%C3%A4ger_des_Right_Livelihood_Award

491 Zur Person von Jakob Uexküll siehe: https://de.wikipedia.org/wiki/Jakob_von_Uexk%C3%BCll

492 Vgl. Monika Köpcke, in: Deutschlandfunk v. 09.12.2020; https://www.deutsch-landfunk.de/40-jahre-alternativer-nobelpreis-internationales-100.html

493 So Monika Köpcke, in: Deutschlandfunk v. 09.12.2020; https://www.deutsch-landfunk.de/40-jahre-alternativer-nobelpreis-internationales-100.html

494 Vgl. dazu das Buch von Lüpke, Geseko von Projekte der Hoffnung: Der Alternative Nobelpreis: Ausblicke auf eine andere Globalisierung, München 2010. Vgl. dazu auch Jakob v. Uexküll u. Bernd Dost (Hrsg.) Projekte der Hoffnung. Der Alternative Nobelpreis, München, 1990, wo über die ersten 10 Jahre des Preises (und die Reden der Preisträger:innen) berichtet wird.

495 Martina Frietsch, https://www.planet-wissen.de/geschichte/persoenlichkeiten/nobelpreistraeger/pwiederalternativenobelpreis100.html

496 Zusammengestellt aus: https://de.wikipedia.org/wiki/Liste_der_Tr%C3%A4ger_des_Right_Livelihood_Award

497 Siehe dazu z.B. Sonja Hövelmann, in: Aus Politik und Zeitgeschichte, 05.03.2021; https://www.bpb.de/shop/zeitschriften/apuz/bevoelkerungs-schutz-2021/327998/das-internationale-humanitaere-system/ vgl. auch https://de.wikipedia.org/wiki/Kategorie:Humanit%C3%A4re_Hilfsorganisation

ENDNOTEN

DANKSAGUNG

Jedes Buch hat diverse Mütter und Väter, die zur Produktion beitragen und denen es zu danken gilt. Es braucht meist eine längere Zeit, bis sich ein Thema so weit verdichtet, dass daraus ein Buch entsteht. Dies gilt auch für die vorliegenden Seiten. Viele Diskussionen und Gespräche im Freundes- und Bekanntenkreis führten letztlich zu den »Humanitären Sternschnuppen«. Selbst recht pessimistische Weltsichten motivierten den Autor immer wieder dennoch nach positiven humanitären Beispielen zu suchen. Im Endeffekt wurden dann viel mehr davon gefunden, als hier wiedergegeben werden konnten.

Aus der Fülle der Personen, denen es zu danken gelte, nenne ich nur ganz wenige. Allein die Diskussion zu den verschiedenen Buchcoverentwürfen bedurfte einer ganzen Menge an E-Mails innerhalb des »Team Globo«.

Martin Nussbaumer hat versucht den ersten Rohtext von Fehlern zu befreien. Christine Rainer tat dies ebenso und hat zudem das wunderbar zum Buch passend Covergedicht verfasst. Meine Gattin Gundi fotographierte die Passionsblume für das Cover. Paul Tschurtschenthaler bemühte sich akribisch, in den Druckfahnen noch Fehler zu finden. Last but not least möchte ich mich bei Robert Buratti von der Studia bedanken. Wenn es so etwas wie eine ruhige und gute Seele bei der Produktion von Büchern gibt, dann ist er es. Ohne ihn wäre dieses Buch auch nicht in dieser Form entstanden.

Bleibt nur zu hoffen, dass das Lesen des Buches die eine oder andere Person elektrisiert und aufmerksam macht, dass es doch auch viele recht erfreuliche Aktivitäten auf unserem Globus gibt. Ja, dass humanitäres Handeln sich immer auszahlt.

Innsbruck, im März 2023   Josef Nussbaumer

Publikationen vom teamglobo

Unser kleines Dorf
Eine Welt mit 100
Menschen
978-3-9502786-2-0
Paperback, 2010
€ 27,90

Hoffnungstropfen Tirol
978-3-903030-77-0
Paperpack, 2019

€ 19,90

Die Graphen vonTirol
978-3-902652-32-4
Paperback, 2012

€ 24,90

Globo
Eine neue Welt mit 100
Menschen
978-3-903030-98-5
Paperpack, 2019

€ 19,90

Leidenswege
978-3-902652-96-6
Paperpack, 2015

€ 19,90

**Neukirchen in der
Viechtau**
Kleine glokale Dorfchronik
vergriffen - Print on
Demand

€ 22,50

Hoffnungstropfen
978-3-903030-44-2
1., Auflage
Paperpack, 2017

€ 19,90

**Aufbruch in andere
Welten**
978-3-99105-015-5
Paperpack, 2021

€ 19,90

TEAMGLOBO - Karitativer Forschungsverein für nachhaltige Entwicklung

Schon im Jahr 2009 entschlossen sich die Autoren dazu, den Reinerlös aus dem Verkauf von "Unser kleines Dorf", Vortragshonorare (teilweise) und Geldgeschenke wohltätigen und karitativen Menschen und Einrichtungen zu spenden, die sich um die Ärmsten der Armen in unserem globalen Dorf kümmern.

Dank unserer tausenden Leserinnen und Leser haben wir nun insgesamt **EUR 285.000,–** (Stand August 2023 gespendet. Darunter finden sich die Städtische Herberge in Innsbruck genauso wie Bischof Erwin Kräutler, Projekte in Zimbabwe, Haiti, Laos, Kolumbien und Rumänien.
Weitere Informationen über den Verein: https://www.teamglobo.net/